本书系宁波市2025年度学校德育研究专项课题"聚焦·协同·延展：图书馆推动家长'整本书阅读'的实践研究"（课题立项编号：25DB001）研究成果。

傅卫平
曹 欢
陈淑雅 /主编

父母的学习

• "甬上家长共读一本书"分享精选 •

宁波出版社
NINGBO PUBLISHING HOUSE

图书在版编目（CIP）数据

父母的学习："甬上家长共读一本书"分享精选 / 傅卫平, 曹欢, 陈淑雅主编. -- 宁波：宁波出版社，2024.12. -- ISBN 978-7-5526-5373-1

Ⅰ．G792；G782

中国国家版本馆 CIP 数据核字第 2024V1T827 号

父母的学习
"甬上家长共读一本书"分享精选

FUMU DE XUEXI

YONGSHAGN JIAZHANG GONGDU YIBENSHU FENXIANG JINGXUAN

傅卫平　曹　欢　陈淑雅　主　编

责任编辑	陈　静
助理编辑	傅于真
责任校对	叶呈圆
出版发行	宁波出版社
地址邮编	宁波市甬江大道 1 号宁波书城 8 号楼 6 楼　315040
装帧设计	金字斋
印　　刷	宁波白云印刷有限公司
开　　本	787 毫米 ×1092 毫米　1/16
印　　张	18.75
字　　数	240 千
版　　次	2024 年 12 月第 1 版
印　　次	2024 年 12 月第 1 次印刷
标准书号	ISBN 978-7-5526-5373-1
定　　价	49.00 元

如发现缺页或倒装，影响阅读，请与出版社或印刷厂联系调换

电话：0574-87248279（出版社）

　　　0572-87328764（印刷厂）

前言

尊重·沟通·共情，培养健康的现代人

■ 南志刚

2022年6月，宁波大学园区图书馆推出"甬上家长书房"的精品项目——"甬上家长共读一本书"，邀请家长一起走进阅读的世界，围绕经典名作进行共读打卡。打卡期间，每天都有专家领读，读者进入打卡小程序，跟进打卡，分享收获和感受。每本书共读结束后，邀请专家举办阅读分享会，开展线上、线下的指导、交流与答疑，提升家庭教育能力，实现家长和孩子的共同成长。收入该书的十九篇文章，就是"甬上家长共读一本书"系列活动的成果，凝结着专家、教师、家长和工作人员的辛勤努力。这既是全民读书活动的有效见证，也是宁波大学园区图书馆聚焦社会教育、家庭教育的重要"绩效"。

一

书籍记录、保存、传播人类意识，与语言文字、文学艺术、科学技术发展密切相关。它不仅记录着人类的知识和经验，也承载着人格，承载着情感，

承载着人类未来的可能性。书籍是人类进步和文明的重要标志，是人类进步的阶梯。读书是人类的一种高级精神活动，是人类自我体认、自我期待和自我完善的必由之路。

人类所有的创造物都记录着人类进化的信息，石器、陶器、青铜器、铁器等，不仅是"物质"存在，也记录着人类意识的进步，属于"书物"。"结绳记事"中大大小小的"绳结"体现了人类记录意识、保存知识、传播智慧的自觉性追求。文字产生和发展的过程中，石、木、竹、骨、陶、青铜等曾被当作文字载体，甲骨文、金文、石鼓文、简牍、帛书等记录中国历史重大场面。当时，由于书写材料昂贵、书写难度大、书写过程复杂等，"书物"几乎不可复制。蔡侯纸和印刷术发明后，"书物"可以批量复制，而现代电子信息技术更是把人类带入高速复制的大众传媒时代。自古及今，尽管"书物"的材料和书写方式发生了天翻地覆的变化，但其记录、保存、传播人类知识和智慧的本质功能不变。读书仍然是人类进步的必由之路。读书作为人类自觉、自由的主体性活动，已经成为人与动物的本质区别之一。读书促进人的全面发展，促进社会的不断健全，促进人类的不断进步。

该书作为"读书"成果的结晶，可以分为两个系列。一个系列是"家庭教育"，主要面向家长，嘉宾们带着"共情"的理念，集中解读教育学、心理学、社会学名著，回应家长们的困惑和疑问，多层次、多方位地探讨家庭教育问题；一个系列是"经典解读"，主要面向小学生和中学生，嘉宾们用深入浅出的语言，或揭示经典作品的精神内核，或揭示经典作品的价值，或示范经典作品的阅读方法。

二

"家庭教育"系列主讲嘉宾多为教学名师、名班主任，有多年教书育人的经验。他们结合各自培养人才的经历、经验，为家长和学生提供阅读指导。他们倡导富有共情、同理心的家庭教育环境，强调尊重、沟通、理解、爱、共同成长在家庭教育中的关键作用。

王晶晶老师按照个人成长、个体发展、学校影响、家庭熏陶等主题分享《教育世界的萤火虫》，认为家长需要不断学习、不断改进、不断修整，和孩子进行示范沟通，与孩子一起成长。刘称莲老师带来《陪孩子走过小学六年》《陪孩子走过初中三年》和《陪孩子走过高中三年》，分享"与孩子并肩，陪孩子长大"的经验，强调孩子属于未来，而不属于家长自己。她希望家长不忘初心、牢记使命，与孩子并肩前行，让孩子体验到自己的存在感和力量感，体验到价值感和意义感，拓展孩子的天赋资源。李军杰老师聚焦安全沟通环境，认为只有家长用身体倾听、用大脑倾听、用心灵倾听，孩子才会说；主张师和生之间、家长和孩子之间不是施与的关系，只有师和生、家长与孩子相互成全，学生或孩子才会听话。俞成效老师和徐畅老师配合解读梅拾璎的《唤醒孩子的内驱力》，明确教育的本质是唤醒。他们希望家长循着爱的直觉探究孩子的成长规律，通过引导、身教和亲切的聊天，让教育艺术在父母与孩子的朝夕相处中，潜移默化地唤醒孩子的内驱力，把自主权还给孩子，培养孩子形成内在目标。陈舒恩老师和赵婧而老师推荐日本作家黑柳彻子的自传体小说《窗边的小豆豆》，强调理解、尊重、陪伴，给予孩子成长的时间和空间。励娜老师解读《蛤蟆先生去看心理医生》，告诉家长，心理咨询是一个非常复杂的过程。每个人的心理健康都是动态的，每一种觉醒都带着痛苦。心理咨询的本质是在心理咨询师的陪伴之下走过艰难痛苦的自我觉察之旅。石晓为老师解读乔希·西普的《解码青春期》，提出三个思维模式转变——青少年比看起来更需要你，游戏规则已经改变，你需要帮助。其强调教育在于培养值得尊敬的成人。肖新奎老师聚焦非暴力沟通中以

"需要"为核心的育儿意识来解读《非暴力沟通·亲子篇》,希望家长关注孩子言行背后美好的动机和愿望,体会孩子的需要,先"通情"再"达理",用"同理心"与孩子沟通。赵建强老师和胡波老师配合解读安心的《在远远的背后带领》。胡波老师强调"共情"在家庭教育中的核心作用,提醒家长放下身段,走近孩子、理解孩子、拥抱孩子。赵建强老师认为,在科技、经济快速发展的今天,应该抛开子女学业上的成功,更多地关注如何保持人性最初的温暖。作家徐海蛟介绍科举的演进,为阅读《不朽的落魄》提供了背景知识,并告诉所有的读者:人生充满了可能性和未知性,我们的生命不是只有考试一个可能。陶志琼教授用个性化的教育实践诠释《睿智的父母之爱》,从语义学视角解读"爱的教育",认为"爱"是从小就培养孩子为人父母的责任感,意味着倾听能力、责任和义务、价值、珍视;爱是永恒、永久的,每个儿童都是一个完整的世界,希望家长根据孩子的特色培养孩子,不要用一把尺子去衡量孩子。

三

书籍的世界浩如烟海,如何从中找到并阅读"好书"?"向经典致敬"无疑为一条行之有效的捷径。经典之所以被称为经典,是因为其经过百千年"遴选经典"的捶打,经过数代学人与时俱进的阐释,承载着远远超出其本身内容的历史内蕴。阅读经典、感悟经典、解读经典、传承经典,是现代教育不可或缺的内容。本书中,诸多专家带着"消除与经典的隔膜"的愿景,感悟经典的文化意蕴,解读名著的精神境界。樊星教授以"快乐的天才、兴趣的慰藉、幽默的精神"连通苏东坡和林语堂,辨析传统人文生活,解读林语堂《苏东坡传》的写作动机,凸显传记的意义。王红元老师强调维多利亚·希斯洛普《岛》的悲剧精神,辨析作品的生与死、自由与禁锢、健康与疾病的象征书写,探究人的精神归宿。钟艳老师从

"作家"和"作品"、"纪实"和"文学"、"态度"和"关怀"三个层面解读斯诺的《红星照耀中国》,主张做一个优秀的纪实文学的阅读者,为善呐喊,摈弃恶。

对于学生而言,阅读经典的途径与方法至关重要。本书中,许多名师结合个性化阅读体验,为学生示范阅读方法,有的放矢,解决学生阅读经典的"入口"问题。程载国老师"依体而读,细品精思",从着眼文段的微观读法、着眼全书的宏观读法、联系现实的研究探索这三个层面,分享《乡土中国》的阅读体验。吴蓉老师抽丝剥茧、层层深入,提炼《红楼梦》的递进式阅读方法:回目提纲挈领法、细节字斟句酌法和延伸比较联系法。邵灵琳老师以"纯净的热爱,深沉的忧思"为主题解读沈从文的《湘行散记》,主张初中生通过专题式的梳理、比较,感受沈从文对故乡风土人情的热爱,读懂乡土悲悯意识和悲痛隐忧。吕新辉老师从能力提升与思维训练、情感陶冶与思想启迪、生活休闲与文化传承三个层面,示范阅读《西游记》的方法和步骤:浏览——运用思维导图,串联故事情节;筛选——按照传记模式,记录人物成长;聚焦——抓住重点内容,分析矛盾冲突;探究——选择合适角度,分享独特发现;改写——深刻理解内容,表达个人见解。张亚波老师从儿童文学角度去解读名著,分享"众神归来——关于成长的隐喻",讲解《西游记》的故事结构,以定心猿、守信念、祛意驰、洗心虑分析主要人物形象,在"个人+团队=成长"的辨析中,阐释成功秘诀。徐巍博士科学阐释成功、动机和目标的辩证关系,从制订计划实现目标、发现自我强化动机和自我控制保障成功等方面,解读霍尔沃森的《成功,动机与目标》。

四

我们欣慰地看到,无论是主讲嘉宾报告、主持嘉宾引导,还是家长互动环节,"甬上家长共读一本书"活动从家庭教育出发,关注如何培养一个"好孩子""好学生",更继承了现代教育精神,关注如何培养健康发展的现代人。从"好孩子""好学生"的培养,到"现代人"的培养,该书既接地气,又有高度,不仅提供了家庭教育的技术支持,也提供了现代教育的精神滋养。

100多年前,现代仁人志士寻求救国救民之真理,探索振兴中华之路径,将塑造、培养"现代人"视为立足世界的关键。"人的发现"进入现代意义阶段,"人的解放"成为时代主旋律。梁启超倡导"新民说",大声疾呼"少年智则国智,少年富则国富,少年强则国强,少年独立则国独立,少年自由则国自由,少年进步则国进步"。陈独秀"敬告青年",追求"自主的而非奴隶的,进步的而非保守的,进取的而非退隐的,世界的而非锁国的,实利的而非虚文的,科学的而非想象的"。鲁迅提出"首在立人",认为社会革命首先是人的革命,社会改造首先是人的改造,社会解放首先是人的解放,要做真正的人、完全的人。

教育的目的在于培养全面发展的人,不仅是一个人,不仅是一代人,而是所有人。"孩子"是一个"独立"的个体,是一个完整的"人",属于未来。家庭教育和学校教育不能用"占有"的方式培养孩子,而应该用"存有"的方式,用"生产性的""爱的艺术"将孩子培养成人——一个完整的、健康的、具有现代精神的人。

目录

上篇 / 家教有方 共同成长

萤火虫照亮了你和我 / 3
分享嘉宾 / 王晶晶　　图书 /《教育世界的萤火虫》

与孩子并肩 陪孩子长大 / 15
分享嘉宾 / 刘称莲　　图书 / 刘称莲"陪孩子走过"系列

倾听 共情 同理 / 27
分享嘉宾 / 李军杰　　图书 /《如何说孩子才会听 怎么听孩子才肯说》

让每一朵花都绽放 / 45
分享嘉宾 / 俞成效　徐　畅　　图书 /《唤醒孩子的内驱力》

探寻教育的真谛 / 61
分享嘉宾 / 陈舒恩　赵婧而　　图书 /《窗边的小豆豆》

成为更好的自己　／　79

　　分享嘉宾／励　娜　　　图书／《蛤蟆先生去看心理医生》

青少年比看起来更需要你　／　96

　　分享嘉宾／石晓为　　　图书／《解码青春期》

与孩子一起成长　／　106

　　分享嘉宾／肖新奎　　　图书／《非暴力沟通·亲子篇》

安心陪伴，不越界　／　122

　　分享嘉宾／赵建强　胡　波　　　图书／《在远远的背后带领》

史上最牛落榜者的命运与时代　／　135

　　分享嘉宾／徐海蛟　任茹文　王　静　　　图书／《不朽的落魄》

如何做睿智的父母　／　154

　　分享嘉宾／陶志琼　　　图书／《睿智的父母之爱》

下篇

共读经典　智慧传承

一位快乐天才的生活哲学　／　165

　　分享嘉宾／樊　星　邵灵琳　　　图书／《苏东坡传》

目 录

毁灭与重生 / 185

  分享嘉宾 / 王红元　　图书 /《岛》

依体而读,细品精思 / 195

  分享嘉宾 / 程载国　　图书 /《乡土中国》

抽丝剥茧,层层深入 / 203

  分享嘉宾 / 吴　蓉　　图书 /《红楼梦》

纯净的热爱,深沉的忧思 / 216

  分享嘉宾 / 邵灵琳　　图书 /《湘行散记》

做一个优秀的纪实文学的阅读者 / 229

  分享嘉宾 / 钟　艳　　图书 /《红星照耀中国》

把一本书读活 / 243

  分享嘉宾 / 吕新辉　张亚波　　图书 /《西游记》

认知自我,走向成功 / 268

  分享嘉宾 / 徐　巍　　图书 /《成功,动机与目标》

后　记 / 284

上篇

家教有方　共同成长

萤火虫照亮了你和我

扫码观看活动视频

分享嘉宾　王晶晶
主持嘉宾　陈　瑛
活动时间　2023年12月17日

图　书　《教育世界的萤火虫》
作　者　王晶晶
出版社　浙江大学出版社

嘉宾简介

　　王晶晶，宁波教育学院教授，曾荣获宁波市新时代教师队伍建设工作先进个人、宁波文化百科大讲堂"最受欢迎的主讲教师"等称号。出版《教育家办学：改造学校之路》等专著，发表学术论文四十多篇，主持完成二十多项省、市级课题，主持、参与的多个项目获宁波市高校教学成果奖。

　　陈瑛，宁波高新区外国语学校高级教师，宁波市名班主任，首届骨干班主任，百优班主任，高新区骨干班主任，市、区两级名班主任工作室领衔人。

陈瑛

尊敬的王教授,亲爱的家长朋友们,大家下午好!我是本次活动的主持人——宁波高新区外国语学校的陈瑛。本期活动的嘉宾是《教育世界的萤火虫》的作者,来自宁波教育学院的王晶晶教授。参加本期活动的还有一同参与读书打卡的家长和孩子们。欢迎大家的到来!

读者朋友们,我们在阅读的时候会发现,书中的许多随笔都是王教授曾经发表在书刊上的,且发表的时间跨度非常长。有的文章是王教授作为亲历者的感悟,也有一些是她从一个旁观者的角度进行的思考。今天,我就替读者朋友们问问王教授:"您是怎么想到要写这本书的呢?作为亲历者,或者是旁观者,您对教育的思考又是怎样的呢?"接下来,有请王教授与我们分享。

王晶晶

各位读者朋友,大家下午好!非常感谢大家喜欢《教育世界的萤火虫》这本书。我比较喜欢写教育随笔,其中有些陆陆续续地发表在了《宁波日报》《宁波晚报》上。后来,我觉得要给迄今为止的教育经历做一个总结,所以就把这些文章都收集了起来。等到基本成稿后,我发现把每篇文章串联起来也是很有意思的一件事,所以就有了今天的这本书。

这本书呈现了我个人成长的多个视角。其中,一个是我自己作为"一个人"的成长,一个是我作为一名教育工作者、一名教师的专业成长。与此同时,我看到了我的孩子从儿童走向成年的成长过程。随着时间的不断流逝,我又进行了一些思考。此外，本书中还有一些独特的视角，比如，我作为一名家长如何看待教育，如何看待学校，如何看待教师的影响力；作为一名教育工作者，我观察孩子在学校里是如何发展的，什么样的老师对孩子有什么样的影响；等等。这些都是我的视角。

因为我是做中小学教师培训的，所以一直想和老师们探讨两个问题：第一，一个孩子是怎样成长起来的？第二，作为教育工作者，我们对孩子们施加什么样的影响才能使他们获得更好的发展？我的这本书将个人的成长、个体的发展、学校的影响，还有家庭的熏陶等几个方面编写在一起，希望能给中小学老师们提供一些参考。

相对来说，我的文字还是比较感性的，不像学术论文那样严谨、抽象，也比较适合家长阅读。这些年，我一直是宁波市文化百科大讲堂讲师团的成员，做了好多场讲座，常常和家长进行交流，所以我也希望这本书的内容能给家长们提供一些参考。

陪伴孩子，共同成长

陈瑛

最早的那几年，我对女儿的陪伴有点缺失。我觉得自己当时太年轻了，一味地忙着工作而忽略了陪伴的重要性。慢慢地，到孩子大一些的时候，我参与得多了起来。在照顾孩子的过程中，我发现她似乎每天都有一些变化。这让我感到很欣喜。再后来，孩子经历了一些生活中的挫折，我也为此有过一些迷茫。我看了很多的书，了解到这个时期遇到这些问题也是正常的，所以我就跟孩子爸爸一起寻找了一些解决问题的办法。通过我们的陪伴，问题得到了解决，孩子得到了进步和成长，所以我特别有成就感。我觉得，自己也在陪伴她成长的过程中慢慢地成长和成熟了起来。这个过程是很幸福的。

王晶晶

在成长过程中，很多人会觉得自己在被匆匆忙忙地推着走。我们读完小学读中学，读完中学读大学，读完大学就毕业工作，然后成家立业……总有一股力量在推着自己往前走。你很少回顾过去的经历，也很少有时间去回想很多事情。孩子的出现给了你一个很好的契机。你可以从旁观者的角度，从容淡定地去观察孩子的整个成长过程。这时候，你的心态就会不太一样。

孩子出生以后，我觉得她的每一个变化都是新的。开始，我还下了一个决心，每天都给她做成长记录，看看她有什么变化。后来，我发现孩子出生以后的成长是非常迅速的，各种各样的变化让我应接不暇，记都来不及记。所以，我只记了四个月的笔记就实在记不下去了，因为女儿的变化实在太多了。我自己成长过程中的很多缺失和不足，都可以在她身上得到弥补。我自己的一些经验和教训，也可以适时地告诉她，帮助她发现问题，为她提供解决方法。比如，经常闹矛盾的同桌，将来有可能是温暖你一生的力量；你现在那几个要好的同学有可能一辈子都会支持你的发展。在读书的时候，你只知道读书很辛苦，你不知道他人对你的作用有多大。也许当时没有意识到，但当我自己长大成人，有了阅历以后，慢慢就感受到——在一个人的成长中，哪些东西对于孩子而言是非常重要的，哪些东西是值得关注的，哪些东西是值得留恋的。

当然，孩子表现出来的方方面面，我都很有兴趣跟她一起去探讨，一起去研究。在陪伴孩子成长的过程中，我其实感到很开心。有的家长可能会说，"哎呀,孩子暑假的时候把家里弄得鸡飞狗跳,真想快点开学,让'神兽'回笼",仿佛巴不得孩子一天到晚都在学校,不要回来。而我认为,跟孩子在一起成长的过程是非常幸福的,你可以重温你的童年,重温你的青春。而且,情感是流动的,我跟孩子一起成长、一起享受,反过来,现在她长大了、懂事了,也会帮助我。现在,我有很多事情得靠她来指导我,给我温暖和支撑。

做家长还是一个需要不断学习、不断改进、不断修正的过程。教育工作者学的是教育学,但并不代表他们就会是成功的家长。有些人做老师很成功,但这不一定代表他们教育孩子也很成功。实际上,教育学这门学问我们好多人都没有好好学过。我在大学里虽然学过,但也没有学得很深入。学习需要将理论与实践相结合,所以在孩子成长的过程中,我也不断地充实和修正自己对教育的理解。比如,孩子在读小学一年级的时候,我一直都认为孩子的学习成绩无所谓,只要快乐就可以了。但是后来,我就发现了其中隐含的内在逻辑关系。学习是孩子的主业,假如她学习成绩不好,那就可能会变得自卑,会觉得抬不起头。她的自信心会受到打击,她的发展肯定会受到比较大的影响。所以后来,我的理解也变了。我不是为了关心她的成绩而去关心她的成绩,而是因为关心她的发展才去关心她的成绩,因为她的成绩会直接影响到她的成长。后来,我对她提的要求是:我对你的成绩不一定关心,但是你一定要有认真负责的态度,这才是我所关心的。这背后的因果关系就是——当你以一种认真负责的态度去面对学习的时候,学习成绩估计也差不到哪里去。而且,认真负责的态度是可以迁移的。孩子在读书的时候很认真负责,那她对工作也会一样认真负责。所以,教育孩子,其实也是家长不断思考和修炼的过程。

因为我在做教育方面的工作,所以平时跟家长接触得也比较多。我确实觉得很多家长有许多很好的想法和做法,在培养孩子方面做得非常成功,有很多值得我学习的地方。相比之下,我的做法还是比较马虎,需要不断充实的。每个孩子的成长都有自己的规律。孩子刚开始确实会带给我们很多幸福,但是随着他们一路长大,有时候他们也会带来猝不及防的烦恼。所以,家长需要给予孩子无私的爱,陪伴他们去经历、体验生活中的一些磨炼。我们也需要通过学习不断积累智慧,并分享给他们。这些是我们送给孩子的最好的礼物,也必定会转化为孩子生命的底色,带给他们向上的力量。

孩子的发展是全面而长远的

我们要从全人生的视角来解读儿童的发展。通俗而言,孩子的成长是分阶段的,又是一个连贯的过程。孩子从出生到成年,要经历漫长的过程。所以,我们的眼光要放长远,不能只盯着眼前的一个点。孩子的发展过程也不是一条直线,它往往是一条曲线,或者是螺旋式上升的。作为家长,我们至少得大概知道孩子的阶段性特点。比如,有些孩子一岁左右的时候,突然就不大说话了。父母就会很疑惑:孩子为什么突然就不吭声了?其实这个时候,孩子可能正在学走路,而他的注意力是有限的,分配不过来,所以很少主动说话。但是他的大脑还在不断地吸收语言。所以这时候,我们家长还是要不断地去跟孩子说话,而且要尽量说完整的话,锻炼他语言方面的能力。这就是孩子的阶段性特点。再比如,孩子三四岁的时候可能会对音乐比较敏感,四五岁的时候可能会对第二语言比较敏感,到了五岁的时候可能会对数学比较敏感,这也是阶段性的特点。小学阶段是一个相对稳定的阶段。到了初中阶段,青春期来了,孩子们进入了由童年向青年过渡的一个时期。我们会发现,初中生的学习成绩两极分化非常严重,因为这是一个人抽象逻辑思维发展的关键时期。家长如果对孩子整个成长过程中各个阶段的特点了然于心，就能大致知道在什么阶段给孩子施加什么影响。

我们常讲希望小学"零起点"，是因为过早学习会浪费学生的时间。很多知识如果放在幼儿园学，孩子可能花了一天的时间才学了一点点；但是到了小学，孩子的智力发展达到了一定水平，对知识的吸收能力大大增强，同样的知识，孩子学会花的时间就少多了。再比如，孩子在幼儿园阶段学写字，小手上的小肌肉还没有发育好，多写字容易受伤。所以说，孩子的变化都是有规律可循的。大家要掌握孩子主要的发展过程，去了解、去理解孩子，做到心里有数。

各位家长也要用全视界和广视角来认识孩子的发展。一个孩子的成长受很多因素的影响，比如，家庭教育、学校教育、个体主观能动性等。学校教育的影响又可分很多小因素，比如，来自老师、同学的影响。在小学阶段，孩子受家庭的影响比较大；到了中学阶段，受他的同辈群体的影响比较大。所以，孩子到了中学阶段，老师不一定要直接教育，也不一定要让家长教育，而是可以选择让他的同学来教育他，即同伴示范。那么，我们家长要做什么呢？家长就要关注孩子的方方面面，通过一些很小的细节推断孩子的整体情况。打个比方，女儿读书的时候，我比较关注她跟同学的关系、跟老师的关系。她在家里讲"这个老师我喜欢"，那我会觉得从今以后这门课就基本不用去管。孩子面对的是她喜欢的老师，估计该门学科的成绩也不会差。她跟这个同学关系好，跟那个同学关系也不错，那接下来我在交友方面也可能不用去管她了。如果她在她很要好的老师或同学那儿能找到归属感，那她的整个精神状态肯定是不错的，上课状态也不会差。相信从我举的例子中，大家已经可以发现关注细节的价值了。我们常讲"牵一发而动全身"，一个小细节可能酿成大麻烦。常有家长问我，孩子厌学了怎么办？我觉得到了厌学这一步，说明前期孩子已经累积了很多负面影响，已经经历了很长时间。所以我说，你以前忽视了多少陪伴孩子的时间，你就得用多少时间来弥补。这种情况并不是说专家或老师今天跟家长说了某几句话，家长就可以恍然大悟地把孩子拉回正轨的；而是说，家长长期没有在意孩子的情绪变化和心理波动，那可能就得用一两年的陪伴来了解孩子，这样才有可能再把孩子拉回正轨。孩子的发展是方方面面的，每一个小的方面可能都会影响到他的整体，即产生蝴蝶效应。有些家长说自己没时间关注孩子，其实，你每天多多少少跟他聊几句，总归会了解到一些他最近的情绪。我的孩子放学常常是由我去接的。看她放学回来高高兴兴的，我就放心了；如果回来的一路上都挺不高兴的，那我就会想方设法地引导她，让她把内心的东西宣泄出来，尽量不要积压在心底。偶尔几次，孩子放松一下，关系不大。人生那么长，偶尔放松一下不会影响到孩子的整体发展，这就是孩子的成长规律。孩子成长犹如小树生长，需要风雨，也需要阳光。

从教育学的角度来讲，幼儿园阶段是跟孩子建立亲密关系的关键时期，小学阶段是孩子接受教育的黄金时期。所以有些家长等孩子长大了，再想和孩子建立感情就会有点困难。感情不好，交流就会有问题，这是一个连锁反应。到了中学，如果父母一天到晚教育孩子，效果就不会太好，因为孩子内心已经装了一些想法和见解，要把它们抹掉很困难。所以，家长要更多地倾听孩子的内心，让他的内心保持积极、阳光。同时，家长要注意和老师配合。如果家长和老师没有形成一个合力，老师往东走，家长往西走，那处在中间的孩子的内心就会产生极大的撕裂感，不知所措。

我很赞同陶行知先生所提倡的生活教育，即我们的日常生活中蕴含了很多教育的哲理。教育和我们的生活是相通的，并不是说教育是教育，生活是生活。我觉得家长需要考虑长跑加油式的教育，将孩子视作长跑运动员。短跑讲求速度和冲刺，长跑追求耐力和体力。跑长跑不能开头就冲太快。要是一下子把所有的劲都用尽了，那么后半程就会有点难度。学生要经历漫长的读书生涯，肯定会很辛苦，也肯定会有受打击的时候，因为无论他读到什么程度，依然是山外有山，人外有人。我希望家长要把孩子看作长跑运动员，在他们需要你的时候帮他一把，家长要时常去关注孩子的状态，给他一些鼓励、支持和陪伴。陪伴的形式可以是多样的，发信息和视频通话也是一种陪伴。

另外，我也倡导植树浇水式的教育。不是所有的花草都需要每天浇水，每种花草都有它自身的特点和需求。所以，家长要对孩子有足够的了解，需要具备充分的细心和耐心。

当然，中医调理式的教育也是值得参考的。中医重在标本兼治，西医更多强调的是对症下药。比如发烧，西医就会给你打退烧针，但是中医可能会望闻问切、寻找病灶。我经常跟老师们讲，学生今天上课打瞌睡了，不一定是他不愿意认真听讲，背后可能有很多原因。千万别立马给他贴上标签。这就像看中医，可能得经历好几个疗程，不是打一针就能了事的。这不仅在调理孩子，而且也在锻炼家长的耐心。习惯是可以养成的，我们要慢慢去修炼。

家庭教育成为"育人"关键

这几年，国家出台了一系列教育政策，如"双减"政策。它已经落地了，想必大家已经直观地感受到了它给老师、家长带来的一系列挑战和变化。它告诉我们：如果家长这股力量没有得到充分利用，单靠学校是很难达成我们的教育目标的。当然，单靠家庭也不行，家校一定要形成合力，才能对孩子产生更好的影响。因此，现在社会各界对家校合作、家校协同越来越关注了。今天这个场合，

就是搭建了家校社协同育人、社会有效支持的小平台。借此机会,我想和大家交流几个在家庭教育中的关键点。

第一,希望家长意识到,好家长不是天生的。孩子在成长,你也要成长,你们可以站在同一条起跑线上向前奔跑。一个人的人生观、价值观不一定通过这次讲座就能改变,但可能会受到影响。家庭教育是否成功跟家长的学历和专业没有特别大的关联,更重要的是家长要以身作则,让自己成为孩子的榜样。

第二,看待孩子的成长时,我们要把眼光放长远,因为孩子的潜力是无限的。人的发展是持续的,有些人就是要等到某一天才会突然开窍,之后就变得完全不一样了。所以我觉得,家长要用一颗平常心来看待孩子的发展。当孩子发展得很好的时候,不要太骄傲,来日方长;如果他发展得不好,也不要去跟别人比较。只要家长持续地关注孩子,给他一个稳定的家庭环境,他将来一定会向上发展。

第三,培养习惯和品性很重要。在学习上,好的习惯包括课前预习、课后复习、建立错题本等。考试前把错题本翻一翻,有时候可以起到事半功倍的效果。我常说在小学阶段,家长不要给孩子整理书包,不要什么事情都替他做。整理书包的过程就像孩子整理脑子的过程,两者是相通的。还有,有些家长可能觉得让孩子做家务会耽误他的学习,但实际上,做家务也能训练孩子的逻辑思维,让他学会思考如何才能提高效率。对于品性问题,相信大家有更深的感受。如果孩子做任何事情都没有毅力、没有耐力、没有吃苦耐劳的精神,那他是很难取得成功的。所以,这一点特别值得我们强调和关注。

第四,有效沟通。我们在跟孩子相处时,要懂得"近水知鱼性,近山识鸟音"的道理。只有你跟孩子在一起,你才可能知道他的喜好。大家可以扪心自问:我对孩子有多了解?家长如果什么都不清楚,当有一天孩子出问题的时候,就会无从下手。在与孩子的沟通中，我们要做情绪的主人，保持冷静，控制情绪，给孩子做示范。我们常说孩子到了青春期，脾气就像火一样，一点就着，但家长也应该反思自己是不是一点就着。沟通中很重要的一点就是示范，教育的时候不生气，生气的时候不教育。

家长朋友们经常问我能否教他们一些教育方法。其实方法非常多，我给大家举几个例子。比如，如何增强情绪的弹性？怎样让孩子的情绪相对稳定？情绪要有弹性，那睡眠就要充足，饮食也要健康。另外，积极的人际关系也很重要，因为它有利于孩子保持乐观的沟通心态。当孩子因考试而紧张的时候，可以深呼吸、运动、听音乐等。这些都是比较好的方法。还有就是习惯养成的问题。刚开始的时候，孩子可能会觉得自己受到了逼迫，但后来孩子就会养成习惯。我为什么会喜欢写教育随笔呢？因为我父亲在我读初一的时候就让我写日记。我开始的时候很不情愿，就每天写"今天天晴""昨天下雨"，应付了事，但是后来就养成习惯了。再后来，我不写两句就难受。所以习惯是可以培养的，关键是要慢慢引导。反过来也是一样，要一个人改掉一个坏习惯，也需要坚持一段时间。

最后，我再总结几点。首先，对孩子要全面关心，要关心孩子的全世界，不能只关心孩子的成绩；其次，要将心比心，有同理心；再次，要宽容，有耐心，教育孩子来日方长，父母不能对孩子失去信心，要一直对他们保持支持；最后，家长要以身作则，以理服人。

陈瑛

谢谢王教授的精彩分享。刚刚分享的时候，王教授提到了她生活中一个个鲜活的例子，给我留下了特别深刻的印象。我同时也在总结：做好家长，真的是一个不断陪伴、不断修炼、不断成长的过程。

所谓陪伴，意味着在这个世界上有人愿意把最美好的东西给你。真心希望做家长的我们，在日复一日的陪伴中养成一种习惯，一种成就孩子的习惯，这也是一种能让我们自己走向幸福的习惯。让我们再次用掌声感谢王教授的精彩分享。

读书使人充实，会谈使人敏捷。今天，《教育世界的萤火虫》把我们吸引到这里，大家一起围坐谈书，谈教育，也谈生活。今天下午是闪亮的，也是温暖的。萤火虫是夏夜的精灵，有了它，夜空才变得浪漫多彩。此刻，我想说：阅读是点亮生命的心灯，常阅读、常思考，我们的人生也会变得精彩万分。我们深深祈愿每个人的生命都因阅读而充实、幸福。感谢大家的参与和陪伴。

文字整理：叶凯明

与孩子并肩 陪孩子长大

扫码观看活动视频

分享嘉宾 刘称莲
活动时间 2023 年 4 月 15 日

图 书 《陪孩子走过小学六年》
作 者 刘称莲
出版社 北京联合出版公司

图 书 《陪孩子走过初中三年》
作 者 刘称莲
出版社 北京联合出版公司

图 书 《陪孩子走过高中三年》
作 者 刘称莲
出版社 北京联合出版公司

嘉宾简介

刘称莲,著名家庭教育研究者、践行者,国家二级心理咨询师,高级家庭教育指导师,百万级畅销书作者,著有《陪孩子走过小学六年》《陪孩子走过初中三年》《陪孩子走过高中三年》《学习没有那么难》,以及童书《我的爸爸是农民》等。

刘称莲

大家好,特别感谢各位家长朋友愿意花时间和精力阅读我的书:《陪孩子走过小学六年》《陪孩子走过初中三年》《陪孩子走过高中三年》。上一次和宁波的家长朋友们见面已经是十年前的事了。虽然在那之后我也曾来过宁波,但是并没有再在这里做分享。所以,非常高兴在这里与大家重逢。

今天,我想要与大家分享的主题是"与孩子并肩 陪孩子长大"。关于这个主题,我想说——家长要把身段放下来,与孩子一起成长。我越来越认为,孩子其实也是家长的老师。想要扮演好家长的角色,我们真的需要把孩子当作老师。

接下来,我将从三个部分和大家分享:第一是不忘初心,第二是牢记使命,第三是并肩前行。这三个标题改编自我们国家一直倡导的口号,我也想把它运用到做家长这件事上。从家长的角度出发,我们也应该不忘初心、牢记使命、并肩前行。

在开始读这三本书之前,我给大家录过一段视频。在视频中,我提出了两个问题,其中一个是"你希望自己的孩子成为一个什么样的孩子?"今天,我依旧要向大家提出这个问题,可能每一个人的心中都会随之出现一些词语,浮现出一些画面。有人会说,希望孩子成为一个德智体美劳全面发展的人,那关于"德智体美劳"这五个方面的具体含义,你有没有仔细地体会过呢?

在这里,我想讲一讲我的理解。

"德"是孩子"爱"的能力,包括孩子是否能体验到爱;是否能感受到自己的需求并满足自己的需求;当自己与他人联结时,又是否能关照到别人。"德"就是一个关于"爱"的概念，所以当我们着重培养孩子的"德"时，应该把"爱"的部分加进来。

"智"就是智力，智力的要素有思维力、想象力、创造力、观察力、注意力等。想要发展孩子的智力，或者换句话说，要想培养一个高智商的孩子，该怎么做呢？这值得我们去思考。

"体"是身体，一个人如果没有了身体就会死亡。即使有灵魂存在，灵魂也已经不留存于身体之内，所以身体是一切的保障。想要在"体"上帮助孩子，最基本的就是要满足孩子的温饱需求，紧接着是要发展孩子的身体，比如，进行一些锻炼和运动。最重要的是，我们要告诉孩子，身体是宝贵的，要学会珍惜和保护自己的身体。另外，很重要的一点是，我们要让孩子学会运用自己的身体。俗话说"四体不勤"，如今孩子运用自己身体的机会太少了，所以家长们要教导孩子学会运用自己的身体。总而言之，身体需要温饱、发展、呵护、运用。

"美"不仅仅指孩子有唱歌、绘画、跳舞等特长，更是指孩子的审美能力。孩子看到一朵花时是否能感知到它的美丽？是否能够体验到自己的美好？美育不只是给孩子报特长班。美育的中心是人，我们要以孩子为中心，让孩子具备审美或是创造美的能力。

"劳"，我们常称之为"劳动"。通过劳动，孩子可以体验到自我价值。比如，通过帮家人拖地、洗碗等家务劳动，孩子可以发现自己是有价值的。当一个人可以体验到自我价值的时候，他就会拥有生活的动力。

所以，家长朋友们如果有想让孩子德智体美劳全面发展的愿望，可以写出这五个方面的内涵，描画心目中孩子的理想形象，把它当作一个目标。这样，当把教育付诸实践时，就有了方向。

不忘初心：与孩子的生命联结

不知道各位家长朋友现在有什么样的感受呢？

不论你原先的心情如何，此时此刻，我邀请你和我一起深呼吸，深深地吸气，缓缓地吐气。

我也邀请你闭上眼睛，留意此时的呼吸是深是浅，是轻是重。当你可以感受到自己的呼吸时，也就能把注意力放在自己的身体上了。请留意此时你的所思所想，跟随着我来看一看孩子的生命。

各位家长，当你知晓自己即将成为父母的时候，有怎样的感受呢？那一刻，你的孩子，就像一粒种子一样，已经着床在母亲的子宫里。如果你是母亲，当有一天感受到了腹中孩子的胎动，那一刻你会有什么样的感受？可能你还经历了妊娠反应，你知道，那是生命的力量。如果你是父亲，当你看到孩子在踢妈妈的肚子，切实地感受到了小生命的存在，你的感受又是怎样的呢？

当一个小婴儿呱呱坠地，你还记得初见他时，你的感受吗？会不会觉得眼里只有这个小生命，除他之外，整个世界都黯然失色？你还记得他皮肤的样子吗？吹弹可破，那么脆弱，甚至让人不敢触碰。

你见证了这个小婴儿一天天长大。当他第一次冲着你笑的时候，你的感受是怎样的？当他学会翻身，会坐、会爬的时候，你的感受又是怎样的？你还记得孩子刚刚开始学走路时的样子吗？刚开始他站都站不稳，甚至一迈步就会摔跤。现在再看看你的孩子，你的感觉是怎么样的？

你会发现，孩子每一步都走得努力和用心。刚开始，孩子可能会向后爬，但是后来他学会了向前；刚开始走路的时候，孩子总是会摔跤，但是他一步一步地学会了如何走得又稳又快。

你是否记得第一次听到孩子喊"爸爸""妈妈"时的心情?

你是否还记得,当你心情不好的时候,孩子把你的眼泪擦干,抱着你说"不要难过,我会保护你"的时候呢?

你是否记得,孩子上幼儿园的时候,大声地说"爸爸,再见""妈妈,再见",或者是他舍不得你,赖着不想上学的样子?

你是否记得孩子放学回来,叽叽喳喳地和你分享学到的新知识的样子?

你是否还记得孩子上了小学,从刚开始不认识几个字,也不会算数,到慢慢成长为一个"小专家",跟你谈论的内容也已经截然不同时,你内心的感受?也许你的孩子现在已经上四年级或五年级,或是已经上初中了,你会发现你的孩子已经满腹经纶,甚至开始超越你。你的感受是什么样的呢?

也许你的孩子是个"小学霸",抑或是所谓的"学渣",但仔细去想,你会发现,他从来没有停止过成长的脚步,他一直想让自己变得更好。

也许你的孩子正处在青春期,你会觉得他有些叛逆。可你知道,他叛逆,是因为有了自己的想法。他已经不再是别人口中的小孩,他学会了为自己争取。

此时此刻,当你与孩子的生命联结的时候,你的体验是怎样的?无论大家当下有怎样的体验,我想请大家送一份欣赏给自己的孩子,欣赏他的成长、他的努力、他的进步;也请大家送一份感谢给自己的孩子,正是因为他,让我们懂得了什么是生命,什么是爱,什么是被爱。

你可以在你现在的感受里沉浸一会儿。

现在,睁开自己的眼睛,环视周围的家长,他们和你一样有爱。大家可以用眼神交流,就像用心在对话,请告诉你身边的人:"我爱我的孩子。"虽然我通过屏幕无法看到每一位现场的朋友,但我能体验到此刻的温暖。我想,为人父母者,将自己与孩子的生命联结在一起的时候,那种感觉是美好且动人的。所以,各位家长、各位小伙伴,如果我们可以常常用这种方式与孩子建立联结,也许再看孩子的时候,就不会感到那么焦虑了。

所以,此时此刻,你还与自己的初心建立着联结吗?在 2021 年的时候,有部特别流行的电影叫《你好,李焕英》。我特别喜欢电影里的一句台词:"我未来的女儿,我就让她健康快乐就行了。"很多家长也会说,希望自己的孩子是幸福的、开心的。当你与你的初心建立联结的时候,我们可以思考:我的孩子觉得自己的生命是有价值、有意义的吗?我的孩子能感受到生命的美好吗?

牢记使命:孩子属于未来

不知道大家有没有思考过"父母的使命"究竟是什么。是什么让你选择成为父母?为人父母要完成什么样的使命呢?接下来,我想把我体悟到的东西分享给大家。

纪伯伦在一首诗中写道:"你的孩子不是你的孩子。"这句话的意思是,孩子是出于他自身的渴望,经由父母来到了这个世界,所以父母相当于扮演了"管道"的角色。

《人类简史》一书中有两张图,第一张叫"我们有成千上万的祖先"。如果你处在这张图的最下方,你会发现,你能继承到无数的祝福和智慧,你是如此富足。第二张图叫"我们将有好多好多子孙后代"。你处于这张图的最上端,你的孩子将继续繁衍下一代,代代相传。从这个视角出发,我们会发现家长和孩子在价值上是平等的,用萨提亚的话来说,我们都是"宇宙同一生命能量的独特展现"。家长和孩子拥有同一股生命能量,是平等的,所以我们要保持一份谦卑,放下家长的傲慢。我们之所以成为父母,不是我们自己要成为父母,而是宇宙赋予了我们做父母的权利，或者说，是我们需要完成宇宙赋予我们的使命。

父母的使命是"生孩子、养孩子、爱孩子"，这就足矣，我们没有必要塑造孩子。就像纪伯伦认为的那样，孩子属于未来，而不属于我们自己。

并肩前行：与孩子共同成长

既然我们已经知道何为初心、何为使命，第三步就是采取行动。和孩子并肩前行，就是指去掉"家长"和"孩子"的角色标签，把孩子当作一个平等的人来看待，与孩子一起前行，共同成长。

如何并肩前行呢？

第一，建立坚定的信念。这些信念属于家长，也送给孩子。

第一个信念——我的孩子是可爱的。就像刚刚我带着大家与孩子的生命联结的时候，你会发现你看到的那些画面中，孩子都是可爱的，这也就是"爱"最本质的部分。不仅是孩子，包括我们自己，每个人都是可爱的。

第二个信念——我的孩子是独特又复杂的。各位家长会不会感觉你的孩子和别人家的孩子不一样，同时又觉得自己的孩子总是不可捉摸？每个人其实都是一个小宇宙，所有的孩子都是不一样的，所以你没有办法将某个标准答案套用在孩子的身上。

第三个信念——我的孩子有足够的能力帮助自己成长。无论你有没有这样的信念，孩子都是有足够的能力成长的。无论孩子现在是怎样的，他都没有放弃努力。说话、走路这些能力，看似是家长教出来的，其实都是孩子本身具有的。

第四个信念——我可以支持我的孩子成长。实际上，家长们一直在支持孩子的成长——每天做饭给孩子吃，带着孩子出去玩，给孩子找老师，等等。如果保持这个信念，你就对自己多了一份认可和欣赏。

第二，让孩子体验到自己的存在感和力量感，体验五种自由。

如果一个人想要体验到存在感和力量感，就需要一定的自由。可以想象，人如果被捆绑着手脚，他就只能体验到痛苦，而没有存在感和力量感。由此可见，一个孩子如果没有自由，他也就体验不到存在感和力量感。

在这个部分，我想和大家分享萨提亚提出的五种自由，这五种自由与眼、耳、口、舌、身是相关的。

第一种自由，即自由地看和听，来代替"应该如何看、如何听"。家长要允许孩子自由地看、自由地听。比如，看到公园里有情侣在接吻时，家长可能会捂住孩子的眼睛不允许他看，这就是限制孩子"看"的自由。

第二种自由，即自由地说出所思所想，来代替"应该如何表达"。童言无忌，孩子可能会说一些不礼貌的话，所以很多家长在某些场合会不允许孩子随便说话。这样的做法可能会培养出一个内外不一致的孩子，导致孩子不敢表达出心中所想。

第三种自由，即自由地感受，来代替"应该如何感受"。比如，当孩子委屈得掉眼泪的时候，有些家长会说："你委屈什么，你还有脸委屈？"这种不理解和指责会导致委屈的感受变成一种羞耻。如果我们常常不允许孩子感受，我们的孩子就会有羞耻感。这种羞耻感是自我否定、自我价值低下的一种表现。所以，要允许我们的孩子有感受，并自由地感受。

第四种自由，即自由地去要求自己想要的，来代替"总是等待对方允许"。

孩子可以为自己争取想要的。你有拒绝的权利，但是孩子也有争取的权利。家长要允许孩子有"想要"的权利，比如，孩子想要昂贵的鞋子，我们可以拒绝他的请求，但我们不能说"你不能要这么贵的鞋"，而可以说"我知道你想要这双鞋，但妈妈没有那么多的钱买它"。当然，如果我们无节制地满足孩子的要求，对于孩子的成长也是不利的。

第五种自由，即自由地冒险，来代替"总是选择安全妥当的路，而不敢兴风作浪摇晃一下自己的船"。萨提亚的语言也非常有趣，"敢兴风作浪摇晃一下自己的船"就是指家长要允许孩子有冒险精神。不允许孩子大胆地尝试，就会限制他的创造力；不允许孩子冒险，他又如何去创造新的东西呢？这种自由，对于孩子自我价值的实现意义非凡。

当然，自由的界限是安全——不伤害自己，也不伤害他人。正如我刚才举的例子，孩子想要昂贵的鞋子，但你的收入并不高，如果答应了孩子的请求，家庭生活就受到了影响。我曾经有一位来访者是一个 14 岁的孩子，拥有 22 双名牌鞋。其实，孩子的母亲经济条件并不好，但她却满足了孩子所有的要求，使得这个孩子变得很跋扈。事实上，无条件地满足孩子是在剥夺他爱人的能力。所以，自由是有界限的，家长要把握好度。在这里，我给大家推荐一本非常好的书——《为孩子立界线》，所谓"为孩子立界线"就是"我爱我的孩子，我给我的孩子自由，但这种自由是有界线的。"

第三，让孩子体验到归属感。

关于归属感，我特别想要跟大家说，在培养孩子的过程中，我们一定要让孩子有"双赢"的概念。我们总是强调"竞争"，而忽略了"共赢"，所以我们的孩子就特别脆弱，一旦发现别人优于自己就会不舒服。我自己从小到大也都被教育

要与他人竞争,所以我用了很多年才放下这种思维。

大家可以留意我们的孩子,当他的小伙伴比他好的时候,他表现出来的情绪是嫉妒、羡慕,还是祝福呢?家长们一定要培养孩子共赢的思维,这不仅关乎孩子的成长,还关乎我们的城市、社会、国家的发展。北大的钱理群教授提出了"精致的利己主义者"的概念。其实,这类人在我们的生活中处处可见。共赢思想倡导建立和谐、一致的关系,在表达自己情感和思想的同时,又能体谅他人的想法和感受。

第四,让孩子体验到价值感和意义感。

我刚刚提到,"德智体美劳"中的"劳"可以让孩子体验到价值感和意义感。孩子是否能够体验到价值感和意义感,首先跟他的目标是挂钩的。我一开始让大家思考过自己培养孩子的目标是什么。那么,我们有没有帮助孩子设定他的人生目标呢?帮助孩子设定的人生目标又是什么呢?人生目标是跟孩子的幸福挂钩。什么最能让一个人持久地感觉到幸福呢?那就是自我价值的实现。

马斯洛的需求层次理论中就包括了自我价值的实现,并将其作为最高层次的需求。所以,家长在帮助孩子设定目标的时候,要把目标与孩子自我价值的实现相关联。当我们和孩子一起讨论他的目标的时候,不要将他的目标设定在考什么大学,而是要计划将来如何实现孩子自身的价值,可以为这个国家做出什么样的贡献。

我们在帮助孩子设立目标时,要确保这个目标与孩子的人生价值相结合。如果孩子有一天对你说,他想成为一名厨师,那你就要问他觉得做厨师的意义是什么,而不是直接否定他。他说,"看到那么多人吃我做的饭让我感到开心",这个时候,我们就要为孩子竖起大拇指。即使有一天孩子的理想与你的设想相背离，你也不要对孩子的理想做出负面的评判。我在《与孩子并肩的人：从陪伴学习到学习陪伴》这本书中非常详细地写了设定目标的步骤，大家想了解更多的话可以去看一看这本书。

第五，家长要拓展孩子的天赋资源。

我一开始就说，孩子其实是"本自具足"的，那他的天赋资源有哪些呢？萨提亚提出来的一个概念叫"自我环"。"自我环"包含生理的、理智的、情绪的、感官的、互动的、情境的、营养的、灵性的这几个维度。这些维度都是我们生命的资源。这些资源都是为生命服务的，它们彼此之间互相影响、互相支持。"身体是灵魂的圣殿。"如果身体不好，就会影响感觉的灵敏度，情绪也不会好，智力也不会高，人际互动就会很艰难。每一个部分都非常关键，所以，我们要在每一个维度上都去拓展孩子的天赋资源。

第六，我们要进行自然而然的教育。

人本来就是自然的一部分，所以我们要对孩子进行自然而然的教育。自然就是不要有那么多的"应该"。我的一位来访者说："老师，我觉得我的孩子应该比现在更好。"我问这位家长："如果他应该比现在好，那他到底应该是什么样子的呢？"家长回答了我一串形容词，但当我反问他"现在孩子什么样？"的时候，他却愣住了。其实，孩子是什么样的就是什么样的，就要了解、针对孩子现在的样子做工作。

拿种子打比方，橘子就要种在南方，种在北方就无法结果。所以，家长要自然而然地进行家庭教育，去看我们的孩子到底是什么样的。我们要了解孩子有什么样的感受和期望，孩子的生命状态是怎样的，他的个性又是怎样的。

在这里，我邀请大家关注我的其他书，包括我和我女儿合作写的《学习没有那么难》。如果孩子在上小学或者幼儿园，我推荐大家读我为了纪念我的父亲而写的一本绘本——《我的爸爸是农民》。

我今天的分享就到这里，谢谢各位！

文字整理：施晓宇

倾听　共情　同理

扫码观看活动视频

分享嘉宾　李军杰	图　书　《如何说孩子才会听
主持嘉宾　曹　欢	怎么听孩子才肯说》
活动时间　2022 年 1 月 22 日	作　者　［美］阿黛尔·法伯
	［美］伊莱恩·玛兹丽施
	出版社　中央编译出版社

嘉宾简介

李军杰，浙江省奉化中学党委书记，正高级地理特级教师，浙江师范大学研究生实践导师，宁波大学教育学院兼职教授，宁波市首届名班主任，宁波班主任工作指导中心研究员，浙江省基础教育课程改革专业指导委员会委员，浙江省第二批、宁波市首批名班主任工作室领衔人，宁波市领军和拔尖人才（第二层次）。曾获得"浙江省教坛新秀""浙江省劳动模范""浙江省师德先进个人""全国第九届中学地理教育优秀工作者""宁波市十佳班主任"等荣誉称号。

曹欢，女，宁波大学园区图书馆副馆长，高级讲师。

父母的学习
"甬上家长共读一本书"分享精选

曹欢

各位读者好,欢迎大家来到"甬上家长共读一本书"读者分享会。今天,我们非常荣幸地邀请到了奉化中学校长——李军杰。李校长是正高级地理特级教师,宁波市名师,是一位非常优秀的老师。李校长将就我们读过的这本书《如何说孩子才会听 怎么听孩子才肯说》,进行阅读指导。有请李校长!

李军杰

其实,除教师身份,我的另外一个身份是两个孩子的父亲,而且是两个男孩的父亲,所以我和各位家长有着一些共同的烦恼。这本书中的很多内容是具有操作意义和价值的,我们可以来深入地谈一谈,在生活中,我们如何与孩子沟通。我先来讲一个真实的案例。这是一段家长接孩子回家后发生的对话。大家可以评评,这是一段成功的对话吗?如果不成功,那它的问题在哪里,我们又该如何做?

一位家长在接孩子晚自习回家的路上,看到孩子的情绪不是特别好,一直闷闷不乐的。因此回到家以后,这位家长就问孩子:"你怎么不开心呢?发生什么事情啦?"接着,她就让孩子坐到了桌子的对面。当时孩子可能有点不太想说话,家长就催促了:"到底怎么了?你说嘛,我听着。"平时,这位家长和孩子之间的关系还可以,所以孩子过了一会儿就开始说了。他说:"小张和我是很好的朋友,我们中午、晚上都是一起吃饭的,但他现在总是和小李在一起吃饭,我还听说他在背后说我比较娇气。他怎么能这样呢?"说完,孩子就哭了。这位妈妈觉得，这不是什么大不了的事情。所以，这位家长就和孩子说："这有什么大不了的，他不跟你在一起有什么关系，你一个人就过不了了吗？"许多家长很喜欢讲道理，这位家长就继续说："每一个人都有跟别人在一起的自由。他现在不想跟你一起，这也是他的自由。你也可以另外再找一个朋友呀，那不就公平了吗，对不对？"听完，这个孩子哭得更伤心了。看见孩子哭得更伤心了，家长就以为自己讲到他的心坎上了，就开始继续补问题、补情况。"唉，你成绩本来就不好，又为这件小事情烦恼那么久，你的成绩肯定又要受影响了。你看看有必要吗？你应该把更多的精力放在学业上。这种小事情就不要去想了，没什么大不了的。"说完，孩子比之前更伤心了。家长还以为是因为讲到成绩了，伤到孩子了，就想着要赶快圆回来，毕竟孩子哭，妈妈也心疼。家长又说道："我知道你可能还在为小张说你娇气这件事情生气，那我明天跟班主任去交流一下，好不好？"结果，孩子直接转身就走，把门"砰"的关上了。整场对话到此为止。大家想想，你身边也有这样的场景吗？面对孩子的困扰，我们是不是也会这样去讲道理，而且还自我感觉良好？

曹欢

对，李校长刚刚谈的这个场景让我觉得非常熟悉，仿佛就是日常发生在自己或者周围很多朋友身边的事。我们习惯于、急于跟孩子讲道理，觉得自己讲了，孩子一定能够听进去，一定会有效果。但是，作为家长，作为普通的读者，我觉得事实并不是如此，所以想请您来指点一下我们。

李军杰

好，大家可以对照刚刚这个例子，来思考一下我后面要分享的一些想法是

否有道理。它们不一定全部正确，因为这只是我自己的一些想法。

交流是构建关系网的核心

我想跟大家分享一下我对成长的一点思考。首先，我们要厘清人是怎么长大的。我们每一个人都是从母体里出来的，父母的结合促成了我们的诞生。孩子和父母构成了一个连接关系。就此，孩子在这个世界上的第一个定位就产生了。父母满足孩子吃喝拉撒的需要，孩子也开始成长了。当孩子出了母体以后，爷爷奶奶等亲戚就与他建立了连接。从他们身上，孩子得到了关爱，获得了其他物质需求，孩子继续长大了。然后，孩子开始有了玩伴，从他们身上懂得了什么叫友情，什么叫关爱，什么叫责任等。后来，老师进入了孩子的世界，社会网络上的各种角色都与孩子产生了连接。从他们身上，孩子又学到了不同的东西，继续成长。听到这里，我不知道大家认不认同，人就是在构建关系网的过程中慢慢长大的。在这之中，最重要的就是交流。我们见面、交流，在这一过程中产生了思想的碰撞。在对话当中，我有了一些启发，有了一些新的思考，它们让我成长了。然后，通过我的主动交流，我们保持了联系，这条交流的线就变得更粗、更宽了，随之向我输入的能量也更多了，我又得到了成长。这就是我理解的成长和长大。

在这个过程中，交流是非常重要的。这个交流指向的是交流对象的成长需要，即"交流要指向需要"。按照马斯洛的需求层次理论，"需要"分成初级、中级、高级三个层次。生理和安全的需要是最低层次的，比如温饱；再高级一点，当人到了开始思考、寻找自我的阶段，孩子就有了被爱、被理解、被尊重等社会需要。大家可以回顾一下，我们在和孩子进行交流的时候，交流内容是不是还停留在安全阶段?

有了这样的认知,我再来总结一下我们和孩子交流时需要满足的条件。第一,被关爱、被理解的需要,我相信这是我们每个人都需要的;第二,被认同、被尊重的需要;第三,成功与成长的体验;第四,被重视和被他人需要的体验。所以,家长在和孩子交流的过程中,让孩子感受到这几种需要了吗?如果孩子感受到了,那么这种交流就是指向他成长的,他自然会愿意听你讲;如果没有,他不听你讲也是正常的。这就是我要和大家一起去厘清的第一个问题——成长。理解了成长,就知道了需要,知道了交流的指向。

我们再回顾一下刚才的那个案例。这位家长和孩子交流的时候,她满足了孩子的这些需要了吗?孩子为什么哭?

曹欢

显然没有满足,家长可能忽略了很多。我也觉得奇怪,为什么我们家长在进行亲子沟通的时候,总会自觉或者不自觉地忽略孩子的需要。作为一个人,即使是孩子,他也有情感上被满足的需要,但是家长就是会自然而然地忽略这种需要,直接跟孩子讲道理。

李军杰

这是我们的天性:没有一个人是天生就会换位思考的。成人会自然地觉得自己比孩子站得更高、看得更远,所以在与孩子交流时往往代入自己的角色,而不是代入孩子的视角。一旦代入自己的角色,家长就会觉得,"我经历了这么多年的生活,这有什么大不了的。这是小事情,没必要关注。"这些都是家长从自己的角度出发给出的观点。这是我们在与孩子交流时最容易犯的错误之一,

就是听到孩子的观点,马上就想要去评判、去指导、去讲道理。为什么呢?就是因为过分代入了自己的视角。因此,我想分享的一点是,我们要先学会听。

倾听孩子的三个层次

在我准备分享这本书时,我就在想,对于这本书的标题,我更喜欢把它倒过来说,就是"怎么听孩子才肯说 如何说孩子才会听"。我觉得听是第一位的。我当了十二年班主任,听到许多学生的父母跟我说,"我们很愿意听孩子讲,是他不肯说、不肯讲",但真的是这样吗?在孩子的感觉中,可能你不是想听,你只是想要教育他而已。所以,我们家长首先要学会倾听,再去学会说话。

很多家长会觉得,倾听就是听孩子讲话,然后再时不时地猜一下孩子的意思。其实,倾听是一门需要自我克制的学问。这本书在倾听方面涉及得比较少,但也有一些很有价值的观点。比如,营造一个安全的表达环境,让孩子有安全感,让他愿意说。我觉得,这一点是我们在和孩子交流的过程中需要优先注意的。给孩子营造一个让他愿意表达的安全环境的前提,就是家长要减少评判与指导。如果你都评判好了,孩子还跟你讲什么呢?所以,不要预设性地去评价、去责备孩子,也不要先讲道理。只有这样,孩子才会觉得自己的表达是安全的。以前,作为老师,我习惯于讲道理。但自从我有了第二个孩子以后,我就开始反思自己,开始克制自己想要去指导孩子的冲动。先听孩子讲,就能慢慢地构建起一个适合交流的环境。

同时,倾听也分成几个层次。第一个是"身体的倾听",我来示范一下。我这样(向后躺在椅子上)坐着和你对话,你有什么感觉?

曹欢

感觉你是不太愿意和我讲话的。

李军杰

没错。身体的姿态能使孩子敏锐地捕捉到你到底愿不愿意听他讲。虽然家长可能嘴巴上说"我愿意",但是你手头在忙什么更加说明问题。你一边手上拿着手机发短信、忙工作,一边又让孩子说。孩子能跟你说什么呢?你的注意力根本不在他身上。在刚才的案例中,妈妈感受到了孩子的情绪,想让孩子跟自己说说情绪不好的原因,已经做得很好了。但是妈妈让孩子坐到桌子对面这一个细节做得不够好。这个时候,妈妈就应该把孩子搂在怀里。孩子是能感受到这些细微的动作变化的。家长如果保持身体前倾,眼睛注视孩子,孩子会觉得自己在被关注、被关爱,才会愿意倾诉。除此之外,家长还需要把手头的事务放一放,让孩子觉得你正在全身心地投入到和他的交流中。这是我要讲的第一点,即身体的倾听。

第二个层次要求稍微高一点,称为"大脑的倾听"。所谓大脑的倾听,就是我们要排除自己已获得的那些认知。

曹欢

就是您刚说的,不要有个人的代入感。

李军杰

对,就是这个意思。家长不要自然地觉得自己所学所知的东西,孩子也知道。你积累的处世智慧,想要让他轻易习得,这是不可能的。因此,我们要进入孩子的世界。在上面的案例中,孩子因为朋友不和自己一起吃饭而情绪低落。在成人的世界中,换个朋友很正常,但作为一个中学生,孩子在这个年龄阶段最重视的就是主动远离父母的身边,成为新的自己,建立自己的社交圈。有些初、高中阶段孩子的家长会说,"我的孩子好像都不太愿意跟我说心里话了。"其实,这才是正常的,他就是要去构建一个自己的世界。这个世界的构建方式之一就是跟同伴相处。所以你会发现,他在乎你的感受的时刻逐渐少于他在乎同伴的感受的时刻。

曹欢

我觉得李校长刚刚说得特别好,因为最近我朋友也有这个烦恼。她的孩子开始非常依赖她,但渐渐就不太愿意和她讲话,甚至直接把门关上学习。她还得敲门,经过孩子的允许才能进去。这就是您所说的,孩子要获得成长,需要经历这种疏离、脱离父母,再慢慢融入社会的过程。

李军杰

是的,还有一个要点是尊重孩子私人空间的扩张。你不要总是去探寻他的私人空间,因为自己不知道他在干什么而感到担心。私人空间的扩张就是长大成人的起点。一个成人不可能没有自己的私人空间,所以,"大脑的倾听"就是要求大家把自己二三十年的经验积累清空,进入孩子的年龄视角,以他当下的学识与认知为基准去倾听、去表达。这就是我们启动对话的关键一步。

第三个层次叫作"心灵的倾听"。人都是生命体,我们在交流中是会同频共振的。大家都有心灵共振的频道,因此我们把它叫作"心灵的倾听"。怎么进入孩子的心灵世界呢？那就是去感受孩子的情绪。孩子焦虑了，你要和他一起感受焦虑，和他产生共鸣，进入他的心灵。只有进入以后，你才能够体验他内心的那份痛苦，才能去指导他。

我刚才讲了倾听的几个方面。首先，营造一个安全的环境；其次，做到身体的倾听，进入对话的场景；再次，做到大脑的倾听，进入孩子的视角；最后，做到心灵的倾听。我想，家长如果做到了刚才讲的这几点的话，孩子应该是会跟你倾诉想法的。

对孩子"说"的五个要点

本书涉及的第二个内容是"如何说孩子才会听"。这里我也和大家分享几个要点。首先，请大家来听听我是怎么处理"孩子倒翻牛奶"这件事的。我的小儿子上幼儿园小班的时候比较调皮，总是喜欢在沙发上跳来跳去，我就在旁边看着他。有一次，茶几上放了一杯牛奶，他在跳的过程中就把牛奶打翻了，地上都是牛奶。很多家长面对这个场景可能会本能地大喊"怎么这么不小心，为什么要跳来跳去？你看，把牛奶打翻了吧"，然后自己拿抹布清理了。如果是这样，孩子就不会因此而长大。在你声嘶力竭的怒吼当中，孩子只会感到害怕、恐惧，就会缩在那里不敢动。我来跟大家分享一下我的处理方式。那个时候，我是微笑着的，孩子也突然一下就呆住了。我说："牛奶打翻了，你觉得应该怎么处理一下？"牛奶打翻了，事情发生了，我们作为家长，就应该教会孩子做人做事。他就说"我去擦掉它"，然后他就把茶杯拿到其他地方，拿抹布来擦，擦得不是那么干净。然后我再问，"那抹布怎么办呢？"他说，"我会去洗一下。"孩子力气比较小，洗得不是很干净，但我没说他洗得不干净，也没说他擦得不干净。在这个过程中，孩子心里就留下了一个烙印："任何事情都有解决的途径。"这是很重要的。如果我们每一次都是通过这样的方式来教育孩子，孩子就会越来越自信。但是，这还不够。接下来，我们要开始启发式的交流。我问："牛奶为什么打翻了？"他会说："因为我跳来跳去。"我就说："你看你在沙发上跳来跳去会造成这样的结果，是不是不好呀？"这句话让孩子的行为和结果建立了一种连接，让他懂得人生是有因果的。之后，我就开始跟他讲以后遇到这种事该怎么处理。这件事情现在发生了，以后可能还是会发生的。所以，我们要通过一些细节行为上的引导让孩子慢慢地成长。关于这个案例，我想和大家说，我们首先要学会转化，改发泄情绪为解决问题。

正如我刚刚提到的那样，人会在社会关系网中确定自己的位置和价值。刚才讲的例子中，我就是想帮孩子在这些关系网中学习和成长，确立自己对待这个世界的方式。所以，很多孩子的不恰当行为，可能源自家庭在他身上留下的行为烙印，这就是刚才我希望大家"改发泄情绪为解决问题"的原因。

我想说的第二个处理对话的原则是共情和同理心，就是当孩子和你交流的时候，你不要先进行判定，而是先表达你对他的理解，让孩子感觉到他这样想是没错的，让他得到认可。我所说的共情和同理心，就是用你的言语对他当下的情绪和认知做出支持。我举个生活中常见的例子。孩子把空调开到了19℃，你进去以后感觉很冷。这时，你该怎么办呢？把孩子骂一顿吗？我建议面对这种情况，家长要和孩子沟通一下，以确认他这样做的需求，同时让孩子知道其他人的需求。首先，你要先表示自己对孩子把温度调到19℃的理解；接下来，你可以表达你的感受，并主动询问、商量空调开几度合适。经过交流，孩子会理解你们共同的目标，这样我们的目的就达到了。这就是同理心在沟通中的作用。

大家有没有感觉，你的孩子在小学的时候经常会讲，"我爸爸说""我妈妈说",从小学五年级或六年级开始,就很少说这类话了。

孩子之前会说,是因为他认为你和他是一体的。随着年龄的增长,他的认知水平也日益提高,他渴望独立,渴望被尊重。此时,他想要远离你去构建自己的世界,可他没有实现这一目标的客观能力。还有,你能感受到孩子的"言行不一"。家长经常会听到孩子说"我想怎么样",但是孩子没做到,家长就会批评他言行不一,说他没有恒心。其实,这个阶段正是需要我们展现同理心的时刻。大家要知道,孩子设立目标的时候是很真诚的,他是真的想做好,想成为这个理想中的"我",但现实是他往往没有能力做到这一点。这是一种身心分离的情况。这种分离什么时候才能合一?有的人一辈子都无法实现。所以,家长不要轻易地否定孩子的想法,说他言行不一、空谈、虚假,因为他说那些话的时候,是真的认为自己要这样做,只是他没法做到。现实中,孩子是比较"矮"的,他的认知无法与现实能力相统一。因此,我们要努力引导孩子实现身心合一。如果此时,我们能用一颗同理心去引导孩子的个人成长,那将会事半功倍。

第三点,我们在交流的时候,一定要"对事不对人",就当下发生的事情去说。牛奶打翻了就打翻了,不要和孩子说"你总是跳来跳去,以前也打翻过别的东西",开始追究以往的过错。我们只要就"牛奶"这个事情进行教育、交流就好了,否则孩子会觉得"一直以来,我在你心中就是那样一个不会进步的角色。你从来没有关爱过我、尊重过我、认同过我"。在追究中,你不是在解决事情,而是在批判孩子。你对孩子的判断超出了这次谈话的内容,就没有意义和价值了。这对孩子提高自我认知,以及你建构自己与孩子的关系都没有好处。所以,我们要有"对事不对人"的态度,不要向前追究,并把问题扩大到孩子的品格上。

第四点,我个人总结其为"改要求和命令为期待和建议"。人,生而渴望自由,不希望被束缚和掌控,而要求和命令就包含着掌控感,这种感觉不是对话双方所期待的。就像刚才那个牛奶的例子,我没有主动要求孩子把这个地方清理干净,孩子就会觉得"我是我自己的主宰""我只是做了自己想去做的事""我实现了我的价值""我自我感觉很好",而不是"你要求我做,于是我做了,这只是满足你的要求,我没有价值实现感"。虽然最后孩子可能按照你的建议做了,但他是不会承认的。我的大儿子就是这样。他不会承认自己是听了我的建议,但是他就是这样去做了。我对孩子的成长态度比较开放,会尊重孩子多元的选择。到了初三冲刺阶段,我就问孩子有什么想法,他跟我说能不能给他联系两个老师。我就说,这有点麻烦,但我会努力去做。同时,我也建议他每天针对这两门课去问老师问题,自己也多多合理地安排学习计划。他就问我怎么安排,我说了一些自己的想法。他虽然当时没说话,但我看他的安排,是采取了我的建议的。这个就是我要说的"改要求和命令为期待和建议"。

第五点,我们要"改评价论断为感受和思考"。当你的孩子对你有点不尊重的时候,你可能会很生气,然后开始讲道理。但我觉得,家长得先表达自己的愤怒。我对待我的孩子、学生都是这样的。当对方听到你在很愤怒地表达时,也会表现出对你的共情。孩子毕竟年龄小,不太会主动共情,但是你可以通过你的言语表达让他与你共情。共情和同理心是相互的。家长要学会表达感受。不喜欢表达自己的感受是中国家长的特点。但其实,如果你的亲生孩子跟你说了一通伤害你的话,你肯定是心痛的。这个时候,你就要把这种情感表达出来,这是很重要的。同时,我们要多多阐述我们的思考,把自己对事情的想法告诉孩子,让对话变得有质量。大多数家长虽不具有教育专业背景,但家长是孩子最重要的人生导师,因为孩子的人生观、价值观都更多地受到家长而非学校的影响。我举个例子,这是一个教育故事。一位老师的孩子有一段时间很痴迷于玩米,总是把米缸里的米倒在地上。那位妈妈就对孩子歇斯底里地吼叫、抱怨。后来，我私下跟她打电话，说："你是不是可以换种方式跟孩子说话？"孩子很小，不懂得米的用途，也不知道它是怎么来的，家长可以带他去了解米。这样，孩子既长了见识，又纠正了错误。在这里，我想跟大家分享一个理念：孩子的每一次错误都是上天赐予他的成长机会。家长要抓住这个机会，给予孩子成长的体验。这样一来，孩子和家长的关系就会越来越融洽，孩子也会成长得越来越健康。家庭是社会最基本的单元。如果孩子能在家庭的关系网当中汲取越来越多的能量，那么当他迈入社会这个大关系网当中时，也一定会成长得非常好，获得更多的守护。

曹欢

特别感谢李校长！我觉得，不仅是孩子要学习，家长也是要学习和成长的。我们宁波大学园区图书馆举办这样的读书会，邀请名师名家来指导我们读书的初衷便在于此。以前我觉得，读书应该是比较私人、比较自我的一件事。一个人读书，可以读得很快，但是很多人读同一本书，再加上专家的指导，就可以读得很深。真的特别感谢李校长，让我收获很多。

快问快答

读者1

李校长，我想问您两个问题：第一个是关于孩子"身心分离"的问题，我们怎样才能帮助孩子去"身心合一"呢？第二个问题是，我们家也有两个男孩，一个是初中二年级学生，一个是小学一年级学生，老大跟老二之间会有很多的冲突和矛盾。我想问一下，您在养育两个孩子的过程中充当着什么样的角色，或者说在他们发生冲突的时候您是怎么解决的？谢谢！

李军杰

谢谢这位家长的问题。第一个问题，孩子一定会经历一个理想的"我"和现实的"我"不停斗争的过程，从中再慢慢地找到一个真正的自我。这是孩子成长的规律，也是必经之路。那么，怎么帮助孩子慢慢实现"身心合一"呢？我们可以多多跟他用探讨的方式解决问题，不要空谈，不要止步于笼统的东西，而是要与孩子一起学会解决身边的具体的问题。当然，这种能力也不能强加于孩子，而是应当建立在孩子想进步的基础之上。

第二个问题，两个孩子吵架，有矛盾，怎么办？"家庭战争"是很正常的。许多孩子是独生子女，在家庭中很少有竞争、妥协、宽容、悦纳的经历，以及与同龄人进行交流的机会，而两个兄弟之间的相处就是在学习如何妥协、竞争和协调。最根本的还是家长自己要解决认知上的问题，要认识到孩子之间吵吵闹闹是正常的。在吵闹的过程中，孩子们会从中学习，只不过这个学习的过程可能需要你的指导。比如，孩子们吵架了，我们要通过探讨的方式来商量怎么做。天底下没有"应该"的事情。每个孩子都是生命个体，凭什么"我"就应该。所以，我们要学会沟通，并在生活中以身作则。我觉得这样的方式会更合适一点。

读者2

李老师您好，我想问一下：父母应当如何做到言传身教，特别是身教？谢谢！

李军杰

我和我夫人坚信一个观念，就是只有我们做得更好，才能让我们的孩子做得更好。也就是说，你想让孩子有理想、有信念，那你在孩子面前也要有自己的理想和信念。一个美好的生命不是你要求出来的，而是在他感受到你的引领后自发形成的。你只有让自己向越来越好的方向前行，你的孩子才会慢慢跟上你的步伐。还有，尽可能不要在孩子面前呈现消极或者太过于低级的价值取向，比如在孩子面前怨声连连。这些看似自我的抱怨，在孩子心底埋下的是很负面的东西，不利于他去积极地创造自己的幸福生活。我现在带大儿子住在寝室，一周当中见到小儿子的次数并不是太多，但我每次回家，呈现的都是工作中幸福的状态。潜移默化中，他也会觉得工作是一件很幸福的事情。这对他养成积极的人生观是有很多好处的。我以这样一个例子来回答这个问题是想说明，言传身教就是努力去拥有一种有理想、有幸福感受力的生命状态，让这种状态去影响你的孩子，让他从中学习。

读者3

李校长，您好。我的大儿子现在是初二学生，他跟我们表达过他"知道自己想要什么"的这个观念，但是对于规划，我们没有系统或者书面地制订过。比如，周末两天，我们在家陪孩子学习，他的状态就挺好的，一回到学校，他的状态就不对了。尤其是他还在打篮球，是校队主力，训练时间很长。一周七天里，只有周末两天是能好好学习的，整个初一的第二学期就是这么一个循环的状态。所以我作为家长也很困惑，为他花的时间挺多的，但就是没有成效，整个家庭都处于很焦虑的状态。我们也知道规划和方法是家长要去修炼的能力，但当下，

我想让李校长指导一下怎么快速解决这些问题,谢谢。

李军杰

这也是一个很现实的问题。您的小朋友是一个在校篮球队里有出色表现的孩子,还是主力,这是很值得欣赏的。专业的人做专业的事。很多时候,我们需要借助专业的力量。这不是我们家长能够凭一己之力去做好的。所以,我们应该积极地和学校的班主任、任课老师联系,邀请大家一起去做规划。小孩在家表现挺好的,到学校就不行了,那可能是因为没有你的严厉监督,他就放纵了。从这个角度上讲,他也许没有自己的目标。我们可以结合孩子擅长的点,去设立一个他可以实现的目标。比如,他篮球打得很好,那么有没有跟篮球相关的升学路径呢?根据这个目标,我们再分析他要达成的条件。一些条件是他已经具备的,比如,他已经是校队的篮球主力,那么接下来要实现的就是继续打篮球,在更好的学校打篮球。同时,这就可能还需要另外一只脚——学业。有了这样一个清晰的出发点,我们就可以开始回溯,比如,每门学科得达到多少分,任务怎么去安排,课后可以怎样做,等等。还有,规划不能只在家里实施,孩子大部分时间还是在学校的,所以我们要家校合作。我觉得可以通过学校的力量,为他做一份更合理的学业规划,然后再用他的兴趣来激励他,一起想一想怎么去实现继续打篮球的目标,效果会更好。

读者4

李校长,您好,我也是两个孩子的家长。老大马上初一了,有时候脾气非常急躁,也不太善于表达。他在学校里也比较易怒,和同学之间的相处不是很友好,经常会为一点小事情产生摩擦。这种情况也持续挺久了。我自己反思了一下，觉得这可能跟我以前的教育方式有关。我希望他的性格能够再平和一点，遇到事情也能跟我们来协商。刚才听您讲了几个例子，第一个有关孩子与同伴一起吃饭的问题。我觉得这个妈妈还是挺幸运的，起码这个孩子愿意跟妈妈说，但我的大儿子就不会说。我在饭桌上也多次尝试问他一些学校里的问题，有时候也给他爸爸使一个眼色。这都是想让他能和我们多一点交流，但他只会说很简单的几个字。其实据我了解，他在学校每天还是会发生很多事情的。但是，这些事我都是从别人口中得知的。所以，我就一直在反思，是不是我自己真的有很大的问题，导致他压根不愿意跟我说。

李军杰

刚才你说自己曾经的教育方式可能使大儿子的性格受了些影响，这是有道理的。一般来说，孩子处理问题的方式往往会受到最亲近的人处理问题的方式的影响。他的处理方式简单粗暴，情绪容易激动，我相信这很可能是受到了家庭的影响。既然你已经意识到了这个问题，那么首先就得改变自己，言传身教。另外，为什么孩子不愿意跟你讲学校里的事呢？因为你希望他可以汇报给你他在学校里听到的或者做的很多事情，都是一些让他感到比较挫败的事情。青春期的孩子肯定不太愿意再去重复体验一次不好的经历，除非他感觉和你讲能得到支持和安慰。如果每次他跟你讲这种事情，都能在你的身上得到支持、安慰，收获价值，他肯定就会愿意来跟你讲了。

要开启这道门也简单，比如，下次你从别人那里听到他打架了，不要明知故问，可以这样说："我知道你在学校里面和人打架了，我知道你内心肯定也不好受。"这句话就体现了你的同理心。如果他今天打架回来，听到你第一句话这么说，就会觉得今天妈妈挺理解我的。然后，你再让他表达他的看法，而不是说"你怎么打人了"。有时候，他打架可能真的有道理。之后，你就可以从他情绪的角度展开，和他讲"以前妈妈这样处理的时候，也感觉到很不舒服，现在平静地处理问题后，感觉舒服多了。我觉得你可以学着尝试一下"。没有命令，没有说教，只是表达自己的感受，把这个原则结合到语言中去。而且你得明白，一两次的沟通不能完全解决问题，他通常还是会抵触的，会觉得只是偶然。但是如果你下次还是这样，再下次还是这样，他是能够察觉到的。慢慢地，他就会发现温和是有力量的。所以，如果你能坚持这样做，我相信你肯定可以收回孩子的心。

曹欢

非常感谢李校长！李校长曾和我说过一句话，让我特别感动。他说："做一个合格的老师，可以给学生、给身边的人带去美好的帮助。"李校长，我今天就感受到了您所说的这个"美好的帮助"，也非常希望自己能够向您学习。感谢李校长，也感谢我们所有的家长朋友，今天的读书会到此结束，期待我们在下一期再见。

文字整理：郑艳霞

让每一朵花都绽放

扫码观看活动视频

分享嘉宾　俞成效　徐　畅
主持嘉宾　周春芳
活动时间　2023 年 5 月 27 日

图　书　《唤醒孩子的内驱力》
作　者　梅拾璎
出版社　江苏凤凰科学技术出版社

嘉宾简介

俞成效，鄞州区邱隘实验小学高级教师，"浙江省春蚕奖"获得者、宁波市名班主任、宁波市首届中小学校园阅读推广人、宁波市中小学生幸福成长促进计划导师。

徐畅，宁波市镇安小学教师，鄞州区骨干班主任、区优秀德育导师、区优秀德育工作者、"视像中国"远程拓展课程优秀指导教师、区语文教坛新秀，曾获得区班主任基本功比赛一等奖。

周春芳，宁波市鄞州区华泰小学教师，宁波市骨干班主任、鄞州区学科骨干教师、"十佳"少先队辅导员。获长三角地区中小学班主任基本功大赛特等奖、浙江省中小学班主任基本功大赛一等奖。

父母的学习
"甬上家长共读一本书"分享精选

周春芳

各位书友,大家下午好!欢迎大家来到宁波大学园区图书馆举办的"甬上家长共读一本书"活动。我是周春芳,来自鄞州区华泰小学。下面向大家介绍我们工作室的领衔人,也是我的师父——俞成效老师。他是鄞州区邱隘实验小学高级教师。另外一位是来自宁波市镇安小学的徐畅老师。

各位家长朋友,大家是否遇到过这样的问题?我们每天花大量的时间来监督孩子学习,但效果并不理想。一旦你不监督,孩子学习又拖拖拉拉、漫无目的。之所以会出现这样的问题,很可能是因为孩子的内驱力没有被激发出来,他还没有学会如何集中力量去进行学习和探索。《唤醒孩子的内驱力》这本书是北大妈妈梅拾璎老师集二十年教育经验的总结。她在书本中用温润优美的文字,用真实生动的育儿案例,为我们拨云见日,启迪身为父母的我们去寻找孩子的自驱按钮。下面,有请徐畅老师为我们做阅读分享。

徐畅

各位家长和书友,大家下午好,非常荣幸能够和大家一起分享这本书。我们当时推荐这本书是有原因的。第一,是家长方面。在我们平时的生活中,很多家长会跟我们说,自从"双减"政策实施以来,校外的辅导班、培训班都变少了,所有的压力和教育责任都回归了家庭……家长们固然都希望自己的孩子能有好成绩,想要花时间来帮助孩子,可关键是孩子自己没有意识到学习的重要性。第二,在平时生活中,我们的孩子会出现春芳老师刚才说的做作业拖拉,或者学习主动性欠缺的问题。表面上看起来，这些都是很小的行为习惯，但其实它们是浮现在水面之上的冰山一角。第三，从长远来看，很多孩子毕业后进入公司工作，却仍不知道自己究竟是为了什么工作，可能就只是为了挣一份工资而已。还有很多孩子，大学毕业之后脱离了爸爸妈妈的管控，不知道自己每天要做什么，没有目标感。基于以上原因，我们工作室决定与大家共读这本书。

让孩子的内驱力"醒来"

什么是"内驱力"？就像梅老师在书中说的，"内驱力"是调动一个人全部力量不断学习和探索的动力。《唤醒孩子的内驱力》在开头的第一篇有一段非常好的话："在某个时候或者某一段时间，血液冲进大脑，肾上腺素激增，一种可能性产生，一种边界向外扩张，感到时间紧迫，急于接近目标，或者忽然感觉生命的隧道裂开一条缝，一缕光线照射进来，照亮了统治我们很长时间的混沌与虚空，力量充盈，生命似乎有了盼头。"我想采访一下俞老师，您有没有过这样的感受？

俞成效

我觉得这段话描写的更多的是自身的感觉，就像你刚才说的肾上腺素，是一种激素。每个人都需要这种内驱力，包括孩子和家长，只有用这种内驱力策动自己，才能走得更远。

徐畅

是的，谢谢俞老师。通俗来讲，孩子的内驱力是什么呢？如果我们把孩子的成长比作一辆汽车，那么内驱力就是发动机。一辆汽车最重要的部件之一是发动机，只有把发动机的马力提高了，这辆车才能驶得更快更远，成功驶到目的地。

我们再来看看内驱力是何时"醒来"的。每个人内驱力苏醒的时间不一样。幸运的孩子在很小的时候就能发现自己身上蕴藏的力量。但也有些人，比如，美国著名画家摩西奶奶，在77岁的时候才发现自己很爱画画。她的内驱力很晚才"醒来"。

内驱力的划分也包括很多不同的维度。从狭义上说，内驱力可以指孩子努力学习的一种动力，但如果我们把眼光放得更宽广一点，从广义上说，孩子内心产生的所有热情和冲动都是内驱力。比如，某孩子对园林艺术很感兴趣，或者对鸟类、昆虫研究很感兴趣，这就是他的内驱力。我们还可以把内驱力划分成身体上的内驱力和精神上的内驱力。身体上的内驱力是不需要我们花很多精力来实现的，因为身体自然会长大，但精神上的内驱力是需要被唤醒的。

作者梅拾璎女士在书中已经给我们罗列了好多培养内驱力的方法，我来简单总结一下。第一点，要爱孩子，无条件地爱能帮助他们建立自我意识。我们平时经常说要多鼓励孩子，让孩子在各方面都感受到爸爸妈妈的爱。第二点，要理解孩子的"浪费时间"。在孩子学业压力很大的情况下，许多家长或老师都会觉得，只有学习才是孩子要干的正事，下课后去操场上玩，或者周末去爬个山、看个电影，都会被认为是浪费时间的行为。我们要改变这样的观念。这些孩子喜欢，但与课业无关的事情，并不一定都是浪费时间的。可能孩子在做这些事的过程中，他的内驱力就产生了。第三点，要扩展孩子涉猎的范围和领域，要让孩子发现其自身的价值所在。周末，很多家长可能会带孩子去体验各种各样的活动，比如，登山远足、做手工、捡垃圾，等等，拓宽孩子的个人体验。第四点,要尊重孩子,尊重他作为一个独立个体的存在,让孩子做自己的主人。"尊重"这个词我们听到过很多遍,说说容易,但做起来却很难。比如,孩子不听话的时候,家长火气上来了,可能就会忘记"尊重"这个词。这一点是我们要注意的。第五点,要敢于放手。这背后的理念是要相信孩子。现在,我教的是二年级学生。他们的爸爸妈妈经常会质疑:"这事我孩子能做吗?"比如,孩子能把卫生打扫干净吗?生活中也有很多这样的现象,背后隐藏的是家长对孩子的不信任。这个观念是我们要改变的。第六点,要适当地助推孩子。梅拾璎女士在书中也跟我们说了,当孩子遇到困难的时候,我们要去助推他。

影响内驱力的因素是很多的。梅拾璎女士在这本书中也给我们罗列了许多。第一点是给孩子自由,第二点是父母不放弃自我成长,第三点是不焦虑,第四点是走进自然,第五点是点亮阅读之灯,第六点是体育运动。大家看到这六个方面以后,内心有什么感受?我的感受是舒缓、开心和放松。看到"自由",我就感觉自己像是在音乐厅或者书吧,非常放松;看到"不放弃成长",我好像看到了父母和孩子一起努力学习的场景;看到"不焦虑",还有"走进大自然",我仿佛看到了父母和孩子一起在大自然中奔跑、放风筝的景象;还有"点亮阅读之灯",这是多么温暖的一个词语;再看"体育运动",我的脑中马上浮现出孩子在操场上奔跑、追逐、踢足球、打篮球的场景,活力十足。梅拾璎女士在这本书中提炼的词语,带给我们的主要感受就是放松和开心。看完这本书之后,我也感同身受。

在这里,我要着重提醒家长们,在培养孩子内驱力时,要谨防"自驱力偏差"。我去搜索了一些资料,发现自驱力偏差是有很多类型的。第一种是破坏者类型。比如,孩子故意捣蛋,故意说很多影响老师上课的话,或者在家里跟爸爸妈妈唱反调。第二种是爱好者类型。这类孩子有广泛的兴趣爱好,但是不喜欢学习。第三种是无力者类型。这种孩子常常默默无闻，只有老师让他做什么，爸爸妈妈让他做什么，他才会做。推一步，走一步。第四种是完美者类型。这类孩子会特别在乎别人的看法，一旦某件事情没有做到完美，他就会很担心、很紧张。对待这四种类型的孩子，我们的处理方式是不一样的。比如，破坏者类型的孩子为什么会有这么多的破坏举动呢？可能是因为在平时，我们家长缺少对孩子的关注，所以他这么做是在引起我们的关注。对于爱好者类型的孩子，我们要多和他聊聊他的困难和他需要的帮助，慢慢地把他引到学习这条路上。无力者类型和爱好者类型是有些像的。无力者类型的孩子需要更多的鼓励和支持，而对于完美者类型的孩子，我们就要帮助他放低内心的期待。

成为"非焦虑临在"的父母

接下来，我将挑选几个话题和大家聊一聊。首先，我要聊的是关于焦虑的话题。去年，我带的是一年级的学生，当时遇到的家长焦虑现象特别多。比如放学后，有些爸爸妈妈就会提出一大串的问题："我的孩子最近好像生字注音错了几个，怎么样才能让他记住呢？""他很多生字不认识，我担心……"这种现象就是"家长的焦虑"。

我们先来看看，焦虑为什么会产生。我个人认为，焦虑的产生是因为我们心中有很大的不确定性。确定和熟悉的事很少会引起焦虑。比如我去上班，我知道如果 7：20 出发，我一般可以提早 10 分钟到学校。这样，我就不会因为上班时间而焦虑。如果你不知道未来的路是怎样的，你可能就会焦虑了。所以，我们就需要去把握未来的不确定性。我很喜欢的一句话叫"与不确定性共舞"。我们身处社会中，不知道明天会发生什么，或者下一秒会发生什么。不确定性时时刻刻围绕在我们身边。如果我们心中有不确定的感觉，就意味着我们面临的问题通常是暂时无法解决的。既然无法解决，那何不尝试与不确定性共舞呢？如果能把这样的理念植入自己的内心，那么你也能把孩子成长中的波折看作是一种很自然的现象。

在成长的过程中，孩子难免会出现问题。比如孩子上一年级时，肯定会出现一些行为规范上的缺点，也可能会遇到学习上的问题：拼音、识字、阅读……遇到这些问题，我们要把它们当作孩子成长过程中的自然现象。如果你有这样的心态，你的内心就会平和很多。有的时候，太多的唠叨和督促，反而会给孩子造成一种无形的压力。作为父母，我们要打开格局，减少给孩子的压力，给孩子足够的安全感。

下面，我要和大家说两个消息。一个是坏消息：焦虑是会传染的。我们成人其实有很多压力，比如，经济压力、工作压力。然而，就像我刚刚提到的一样，孩子会因为你给他的压力产生不安全的感觉，从而也会感到焦虑。如果你无法调整压力，让它溢出来了，并且不断地传递给孩子，其实就是在进行压力的二手传递。不过，各位家长也不用悲观，我还有一个好消息：平静的心态也是可以传染的。焦虑是可以通过自己内心的改变来缓解的。作为父母，在平常焦虑、紧张的时候，我建议大家要先给自己一个放松的时间，让心情先平复一下，然后再跟孩子去交流。这样，孩子就会较少地接受到你给他的压力、唠叨和指责了。作为家长，最重要的是要成为"非焦虑临在"的父母。"非焦虑临在"这个词可能有点学术性，我想请俞老师说说，您是怎么理解的？

俞成效

望词生义，我觉得它首先在呼吁我们不受焦虑干扰。"临在"这个词，可能是指过滤焦虑的一种主体性内需。具体何为"非焦虑临在",我们还是请徐老师来谈谈她对这个词的看法。

徐畅

谢谢俞老师,差不多就是您说的这个意思。"非焦虑临在"要求我们给孩子一份安定的心。这也是我想和大家聊的第二个话题。让我们成为孩子的一颗定心丸,让他们感到安定。

第一,我们要让家变成一个安全的地方,一个安全的港湾。我们去上班,单位就像是我们的另一个家。假设一下,如果我们一到上班的地方就不得不忙个不停,一会儿必须要做这个事情,一会儿领导又催你做那个事情,总有人不停地向你布置一些任务,那你是不是一整天都会觉得压力很大?我们的孩子也是一样的。他放学回家前,经历了学校一整天的学习,已经很辛苦了,想休息一下是很正常的。如果爸爸妈妈在这个时候,马上逼他写作业,他的心里会有很大的压力。所以,我们要站在孩子的角度去考虑他们内心的感受,把家打造成一个温馨的港湾。孩子累了,我们可以让他们先休息一会儿,再去做该做的事。这样在无形当中,孩子的内心就会产生一份坚定。

第二,给予孩子更多的欣赏。"欣赏"这个词也像"尊重"一样,说起来容易,做起来难。其实,孩子身上有很多值得我们欣赏的东西,只是我们没有看到。比如有的孩子,他的成绩也许不那么好,但他特别勤快,在学校会主动帮老师倒垃圾、整理台面;有的孩子,他比较内向,但非常善良,在别人哭的时候,他会递上一张纸,或者看到植物角有棵植物快要枯萎的时候,他会去给它浇浇水。这些都是多么大的闪光点呀!所以,我们要学会欣赏孩子。

第三,管好自己的事。很多父母对这句话可能有点疑惑。我先把话题缩小到在教育孩子时，我们应该怎么管好自己的事。在你心里，你希望你的孩子成为一个什么样的人？我相信大多数家长会说，学习好、体育好、乐观、外向、问题解决能力强，等等。可孩子真的能做到吗？我们自己已经做到这样了吗？不太可能，很少有人会做到，那我们就要想办法。以阅读为例，很多爸爸妈妈都想让自己的孩子成为一个喜欢看书的小小阅读者。但如果我们每天看手机、刷短视频、看电视，那你想想孩子每天耳濡目染的是什么？有些爸爸妈妈会说"我假装一下，前面放本书"，但孩子真的很聪明，他们是很敏感的，能感受到你在做什么。既然想让孩子成为一个爱看书的人，我们作为家长就要起到示范作用，让自己先成为一个喜欢阅读的人。同理，如果我们希望孩子成为一个喜欢运动、体魄强健的人，那我们就趁周末时间，带孩子去运动、去锻炼，成为孩子的榜样。

第四，要接纳现实。你们看我伸出来的5根手指，有长有短。有些孩子可能是大拇指，有些孩子可能是小拇指，还有些孩子可能是中指。他们能做到一模一样吗？这是永远不可能的。既然是这样，那我们就好好接纳自己的孩子。比如，我们班有个孩子，一年级的时候，其他小朋友都把书包整好了，他却怎么也整不好，就急得哭起来了。这个时候，如果他的父母看到了自己的孩子和班里的其他小朋友的对比，大概会非常焦虑，甚至还会觉得自己的孩子有点丢脸。如果这个时候，家长接纳了孩子的处境，会发生什么？当他遇到问题的时候，我们可以走过去跟他说"你看看其他同学是怎么做的"，让他先观察一下，或者和他说"没关系，慢慢来，妈妈回家教你怎么做"。既然孩子不会，我们就伸出援助之手，接纳他，帮助他成长。这样，孩子才会拥有坚定的信念。

帮助孩子成长的六句话

接下来,我给大家分享一些有利于孩子成长的"小工具",即我们可以经常跟孩子说的几句话。第一句话是,"你特别特别懂你自己,你可是自己的专家哟"。每一个阶段的孩子都在变化,爸爸妈妈的观察可能会滞后。比如,有的孩子曾经还挺喜欢数学的,可到了五年级之后,就变得很讨厌数学。这个变化很值得我们家长去关注。为了找出它背后的原因,我们可以跟孩子说,"你最懂你自己,你有什么想法的时候,要及时和爸爸妈妈沟通,这样爸爸妈妈才能了解你的感受",鼓励他说出心里话。

第二句话是,"你脖子上长着自己的小脑袋哟"。这句话是告诉孩子,遇到困难的时候,只有自己可以帮助自己。这句话让我想到前几天我们班发生的一件事情。前几天刚好是我们学校的家长开放日,所以我们就把很多孩子的优秀手工作品、文创作品放到一楼的宣传栏。那一天,同学们放学时,教室里留了几名值日生。这个时候,另外一个班的孩子跑上来了,问值日生:"你们徐老师在哪里?"当时,我们有四个孩子在做值日,其中一个孩子就来找我了,一直在找,但没找到。等我回去后,发现学生们的作品都从一楼移上来了。我就问孩子们是怎么回事。一个孩子主动站出来说:"我先问了一下这个同学,他找徐老师是有什么事情,然后他就告诉我是下去搬东西,所以我就让另外几个同学一起下去搬东西,留一个人在教室打扫卫生。"于是,我表扬了这个孩子,说:"你的小脑袋真灵巧,你很会办事,遇到事情的时候会自己动脑筋解决!"后来,我把这件事告诉了全班同学,鼓励同学们要学会独自动脑筋解决问题。

第三句话是,"你要让生活中的一切都有条不紊"。我们会发现,孩子们年级越高,学业越忙。有的时候,孩子会感到烦躁,这也会影响家长的心情。这个时候，我们就可以冷静地跟孩子说："没关系，慢慢来，爸爸妈妈知道你是想把自己的生活安排得有条不紊。虽然现在你可能有一些杂乱，但我们慢慢来，一件件事耐心地做，事情总会做好。"只要孩子有了这种急而不躁的观念，慢慢地，他遇到再难的事都会气定神闲。

第四句是，"我不能因为爱你，就放纵你做决定，因为你的这个决定听起来不太靠谱"。为什么有这句话呢？因为有时候我们会怀疑自己是不是对孩子太放手了。比如，孩子想玩一会儿游戏，就要提前说好时间，说到做到，不可以整天玩。书里有一个章节是关于梅拾璎老师的儿子喜欢玩游戏的，不知道大家还记不记得。其实，梅老师也是有心理波动的。她也是在与孩子不断磨合后才和孩子达成一致意见的。所以，我们也不用担心。有时，我们给予孩子充分的时间，跟他说"你必须玩"，孩子说不定会因逆反而厌倦游戏。等他玩腻了，自然就不玩了。如果你平时管理孩子的方式是比较民主的，那我觉得你可以给孩子一定的自主权。有一种家庭平时对孩子的管控很严，所有事情都由家长来决定，如果突然让孩子自己安排游戏时间，就不能放手太快，要设立一些边界。

第五句是，"我那么爱你，才不会和你吵作业的事"。做作业常常是引起家庭冲突的原因，像是阻挡在我们和孩子之间的一个障碍。家长要让孩子知道，做作业是自己的事情。我们要告诉孩子："爸爸妈妈任何时候都爱你，而不是只有你完成了作业才爱你。"所以，遇到作业上的事情，我们可以先用这句话表明立场，不和孩子站在对立面，再与孩子一起规划应该怎么做。

第六句话是，"你来定"。我在班级里也经常和孩子说："这件事情你来定。"为什么呢？因为有些事情是不需要很多人参与的。你让孩子一个人去完成一件事情，他可能会更加全身心地投入其中，更加有责任心。有的时候，参与的人多了，孩子反而会手足无措，导致坏事。

以上这些话是我们可以经常跟孩子说的,希望大家能够从中获得一些启示。最后,我想跟大家分享一句话:希望这是一本常读常新的书,大家在遇到困难或者心情浮躁的时候,就把它翻出来看一看。我希望每一个家长都能找到孩子的"自驱按钮",让每一个孩子都可以自觉又主动。

周春芳

谢谢徐老师的分享。徐老师在分享中告诉我们,作为家长,我们要平和,不要焦虑,对孩子的态度要和善而坚定。其实这本书不仅记录了梅老师的育儿经验,还融合了儿童教育心理学、儿童发展心理学等领域的理论成果。书中提到自由和谐的成长环境、父母的持续学习、美丽的自然、广泛的阅读、体育运动和温暖敦厚的人情,这些构成了培育孩子内驱力最好的土壤,也是孩子成长、成才的关键因素。俞老师,您也是优秀的学生家长,在激发孩子的内驱力方面,您是怎么做的呢?请您结合这本书,跟我们分享一下您的育儿实践经验。

俞成效

从唤醒内驱力出发,我觉得首先要尊重规律。为什么是唤醒而不是激发呢?因为内驱力是孩子本身就有的,它存在于孩子内心的某个深处,只是不够强大。我看到这本书时,首先就关注到了"内驱力"这个词。美国作家丹尼尔·平克曾在《驱动力》一书中把驱动力分为三类。第一类是我们人与生俱来的,是一种生理上的驱动,比如,婴儿饿了会叫、会闹。第二类是外在的驱动力,我们部分家长朋友平时也会用到,就是"胡萝卜加大棒"政策:进步了夸一夸,惹事、落后了训一顿。这种外在的驱动,如果不能转化为内在的动力,那它可以生效一段时间,但是很难长期奏效。第三个是我们今天所研讨的主题——内在的动力。它是孩子内心的一种欲望，是让自己的世界更能契合自己内心需求的一种能力。这三种能力的培养各有各的方法。

找准孩子内驱力的"支点"

我们先来看看内驱力的诸多好处。第一个是参与度更高。比如，孩子遇到自己喜欢做的事，不用你去催，就能主动去完成。这就是内驱力对于参与度的影响。第二个是行动更持久。比如有些孩子喜欢搭积木，一坐就是两三个小时，一点都不觉得累。第三个是成就感更足。我们会发现，爱跑步的人去跑步是非常开心的，因为他们在分泌多巴胺，这是一种身体上的满足。而我们的内驱力是一种心理上的满足，与一种叫内啡肽的物质相关。内啡肽是一种很吝啬的物质，它是不容易分泌的，所以我们在教育、培养孩子的时候，也应该让他收获这种内啡肽。

雅斯贝尔斯曾经说过，教育的本质意味着，一棵树摇动另一棵树，一朵云推动另一朵云，一个灵魂唤醒另一个灵魂。那如何去唤醒我们孩子的内驱力呢？

首先，我觉得要找到"支点"。为什么我们的孩子会迷恋上手机、网游呢？可能是因为他在现实生活当中受到的肯定、关注比较少。虽然他也有自己向往的英雄人物，但是这个英雄离他太远。所以，他就在游戏中去寻找自己的荣耀，去实现自己仗剑走天涯的梦想。在生活当中，我们家长对孩子的陪伴可能本就不多。所以，我们更要时时反思，去了解自己的孩子。每个孩子都是不一样的。他们的基因是不一样的，他们的天赋是不一样的，所以我们要承认差异性教育。还有，我们不要老用别人家的孩子来贬低自家的孩子，不然他会永远生活在他人的阴影之下。教育要顺势而为、因势利导，根据孩子的特点去找他的支点。

你的孩子是一棵树，就让他长成一棵树；他是一朵花，就让他尽情绽放。你的孩子如果做某一件事情特别陶醉，这就是他具有内驱力的表现。比如，孩子喜欢音乐，就能跟着旋律有节奏地律动。所以，家长要去发现自己孩子的长处。中国人有一个成语，叫作"取长补短"。取别人的长，补自己的短，这太累了。但是，还有一个词叫作"长善救失"，就是把自己的长处发挥到极致。比如孩子的英语好，你就让他专攻英语，获得老师的肯定，受到同学的关注。这种高光时刻是会激励他学好其他学科的。著名的木桶理论认为，一个水桶上最短的板决定了木桶的储水量。但是把这个木桶一斜，我们就会发现，长板越长，它能装的水也就越多。教育孩子也一样，我们要改变思路。用旧方法解决同样的问题，我们只能获得相同的结果。这是我想跟大家交流的第一小点，要找准孩子的"支点"。

接下来，我想跟大家交流的是唤醒孩子的内驱力的具体策略，这里有三种方法。第一，刚才徐畅老师也讲了，就是把自主权还给孩子，不要包办。有些家长喜欢不和孩子商量，就给孩子报各种"兴趣班"，这其实都是变相学习。兴趣班就应当以兴趣为主，如果全是语文培优、数学补差，那孩子对学习还有兴趣吗？他还愿意来学校吗？有一个非官方的统计，它调查了孩子最喜欢和最不喜欢去的地方，其中不喜欢回家的占比很高。我没有去考证过这个调查的真假，但它确实给我们带来一点思考。还有，我建议家长不要陪写作业。老师布置作业的目的是什么？是检测孩子今天一天的学习情况。孩子遇到不会做的题是很正常的，学校存在的意义就在于发现和解决孩子不懂的地方。有些家长为了避免孩子第二天被老师批评，总是想帮孩子把作业写得很完美。但你有没有想过，批评有时候也是一种外在驱动呢？孩子被批评后，可能就会觉得自己要好好学习、好好研究。家长一旦陪写作业，做作业就变成了家长的责任，那我们给孩子布置作业的目的就落空了。

第二，让孩子去体验学习的成就感。现在的学习是有难度的，但我们可以适当地降低难度。我是教语文的，有时候碰到朋友，他们上来的第一句话就是："我的孩子作文写得很差，怎么办？"我就跟他说，我们语文作文的要求有：题目取好，开题写好，第一段要扣人心弦，最后一段要总结，文章当中要减少错别字，语句要优美，还要进行细节描写。如果你让一个本身作文水平就不好的孩子，只听了这些要求就写出一篇优秀作文，我想只有一种途径，那就是你帮他写。这时候，用拆解目标的方法降低难度就很有效。比如这次写作文，我就关注孩子开头写得怎么样，下次我就关注孩子细节描写得怎么样。我们的目标小了，孩子达成目标就容易多了，成就感也就多了。长此以往，我们的终极目标就会达成。

第三，培养孩子的内在目标。刚才我们也提到了，孩子的很多目标其实是我们家长的。我们曾经因为各种各样的原因没有实现自己的理想，所以有了孩子后，总希望他能够超过我们，甚至实现我们的理想。这个出发点可以理解，但孩子是孩子，他有自己的人生。所以，我觉得大家应该听听孩子的真实想法：他想成为一个怎样的人。我们都是普通人，为什么非要让自己的孩子与众不同呢？我们要用一种平常的心态来看待孩子的成长。同时，我们还要给孩子的目标注入快乐的因素。这可以通过三个小方法实现。一是示弱，有时候，我们家长能做的不是直接包办，而是可以对孩子说"你觉得怎么做""你来帮帮妈妈"。二是忽悠，跟孩子比一比："我曾经也不会，如果是你，你会怎么做？"三是折腾，在许可范围之内，让孩子尽力去折腾。孩子的成长是从错误开始的，他要写好字，难道不是写了擦、擦了写，最后才把字写端正的吗？他想学会跑步，难道不是在无数次的跌倒之后才成功的吗？我们在孩子小的时候，有很多的耐心，但是在他长大之后，反而丢失了初心。所以借用刚才徐畅老师的话，我想跟各位家长朋友说，你是自己孩子成长中的教育专家。

教育最重要的是什么？我觉得是关系，只有关系好了，你的教育效果才会好。你说了什么不重要，重要的是你说的十句话当中，有几句是孩子能够接受的。渴望被肯定是人最大的"弱点"，更是孩子对父母最热切的渴望。希望大家在回去之后，能够看见自己的孩子，让他在家庭中受到肯定与关注，获得一种归属感，让家成为孩子的港湾。那么，当他遇到挫折时，就能够在家这个环境当中得到治愈。希望各位家长可以成为孩子最坚强的后盾，谢谢！

周春芳

谢谢俞老师结合教育经验做出的分享，真是干货满满！俞老师向我们介绍了内驱力的好处。它可以让孩子在学习和活动时参与度更高、行动更持久、成就感更足。俞老师还向我们提供了三个激发孩子学习内驱力的策略，一是给予孩子充分的学习自主权，二是让孩子体验到学习的成就感，三是培养孩子的内在目标。家长在帮助孩子确立有效目标的时候，要关注孩子的真实愿望，要在目标中注入快乐的因素。但是无条件的支持并不代表彻底放手不管，而是有所为、有所不为。当家长真正做到了尊重孩子的自主性，孩子才会对自己的事情负起责任来。我很喜欢一段话，它是这样的："孩子的人生是一段发现自我的旅程，路要靠自己一步一步走出来。认识到自己未来会成为一个什么样的人，就像远方的一座灯塔，能够不断照亮前方的道路。"

文字整理：郑艳霞

探寻教育的真谛

扫码观看活动视频

分享嘉宾　陈舒恩　赵婧而
主持嘉宾　王盈盈
活动时间　2023年6月18日

图　书　《窗边的小豆豆》
作　者　［日］黑柳彻子
绘　图　［日］岩崎千弘
出版社　南海出版公司

嘉宾简介

陈舒恩，宁波市鄞州区惠风书院校长，高级教师，教育硕士，浙派名师培养对象，宁波市小学语文名师、宁波市五一巾帼标兵、宁波市优秀教师。

赵婧而，宁波市新城第一实验学校教师，宁波市新秀班主任、鄞州区骨干班主任、鄞州区语文教坛新秀。

王盈盈，宁波市鄞州区姜山镇茅山小学教科室副主任，鄞州区"四有"好老师、语文教坛新秀、区学科骨干。

> 父母的学习
> "甬上家长共读一本书"分享精选

王盈盈

各位现场和线上的书友,大家下午好!欢迎大家来到宁波大学园区图书馆举办的"甬上家长共读一本书"活动现场。人生虽然道路坎坷,但是万幸有好书相伴,浸润我们的灵魂,与我们一路同行。

今天,由我们陈舒恩名师工作室的成员跟大家一起分享一本好书——《窗边的小豆豆》。我是本次活动的主持人,来自鄞州区姜山镇茅山小学的王盈盈。本期的分享嘉宾是鄞州区惠风书院的校长陈舒恩和宁波市新城第一实验学校的教师赵婧而。

当初,读完《窗边的小豆豆》一书后,我的心情久久不能平静。它仿佛一束强光,驱散了我人生的迷雾。日本著名作家黑柳彻子根据童年经历写下了这本自传体小说。它是日本销量最高的书之一,曾被翻译成33种语言,影响了全世界的孩子、家长和教育工作者。让我们跟随这些经典的句段,再次漫步于小豆豆学习的巴学园。

巴学园与小豆豆

"小豆豆以前的学校,大门是气派的混凝土柱子做成的,上面醒目地写着学校的名字。可是,这个新学校的大门却是用矮矮的树做成的,树上还长着绿色的叶子……每一辆电车都非常安静,好像是第一节课刚刚开始。校园不太大,四周种了各种各样的树木,用来作为围墙。花坛里开满了红色的黄色的花朵。"

确实,把废旧的电车当作教室,这样的学校实在稀罕。

"在这里,简直就像是一边学习,一边旅行一样!车里有行李网架,车窗也全部是原来的样子。要说有什么不同之处,那就是把司机的座位换成了黑板,把电车的长椅子拆了下来,换上了小学生用的桌子和椅子……而且,这也是同乘一辆电车'旅行'的伙伴们。"

"接下来,又一次让小豆豆觉得'真特别'的,则是教室的座位。以前的学校里,谁坐在哪个位子上,旁边是谁,前面是谁,都是固定不变的。可是在这个学校里,却可以根据当天的心情和方便,每天都自由选择自己喜欢的座位。"

巴学园的硬件设施确实让人非常难忘,当然,巴学园里的学习生活也同样令人触动。下面有请陈舒恩校长站在一个教育者和学校管理者的角度,为大家解读《窗边的小豆豆》。

陈舒恩

亲爱的大朋友、小朋友,下午好。刚才盈盈老师带着我们漫步了小林校长创办的"巴学园",我们通过文字就可以想象这个学校独特的校园设施和教育风格。我想孩子们一定很向往这样的学校吧。很多家长在打卡的时候,也会分享说:"好羡慕这样的学校!如果我的孩子能读这样的学校,从小在这样的环境中长大,该有多好。"但其实巴学园只有50个左右的孩子,而我所在的学校(惠风书院)现在有76个班级,是一个超大规模的学校。所以我一直在思考,我们读这本书的意义在哪里?因为我们很难改变现状,去到一所只有五十几人的学校。我想,故事中温暖的人物和故事会带给我们许多思考。让我们一起去探寻教育的真谛,用正确的教育理念去教我们的孩子,做好的父母,给孩子好的教育。

《窗边的小豆豆》为我们展示了这样一个教育体系:小豆豆代表了学校中

的孩子，小林校长代表的是学校老师，小豆豆的父母就代表了我们给孩子创造的家庭环境。后半段故事出现了战争，这种冲击和影响正是社会带来的。我想透过这样的视角，从书中的小豆豆开始，跟大家来分享一下这本书带给我们的启发和思考。

相信大家对这本书的开头一定有非常深刻的印象。小豆豆是一个一年级就被退学的小朋友。她上课的时候，会不断把课桌翻上翻下，影响别人。她会站在窗台旁边看外面经过的人，看到艺人时会大声嚷嚷，所以她被叫作"窗边的小豆豆"。作为老师心中的"问题学生"，小豆豆从原来的学校退学，来到了巴学园。我想问问大家，当小豆豆来到巴学园的时候，你觉得她改变了吗？很多人都觉得小豆豆变了。她变得很快乐，也能适应当时的生活，顺利从小学毕业。但是我想说，其实小豆豆没有变，因为小豆豆在巴学园依然会做很多稀奇古怪的事。大家回忆一下我列出的几个章节。比如在"放回原处"中，小豆豆因为好奇，总是想看厕所下面的东西，把自己最心爱的钱包掉在了厕所里，结果她把脏东西全部都掏出来了；在"大冒险"中，小豆豆带着一个患小儿麻痹症的同学去爬树；在"最差的衣服"中，小豆豆每天回到家里的时候，衣服都是破的，甚至连她的内裤都是破的，因为她要钻树丛玩；在"只是闹着玩"中，小豆豆和家里的狗一起玩"狼游戏"，结果玩闹之中小狗差点把她的耳朵咬下来，但是小豆豆说"我不疼"，只是为了让爸爸妈妈不要责怪小狗。从对故事内容的回顾中我们可以看到，小豆豆依然是一个很"特别"的孩子。

我们身边的"小豆豆"

我们身边有这样"特别"的孩子吗？肯定有。我在参加一次培训的时候，有幸听到了一位民办中学校长的讲座，让我印象非常深刻。他是昆明"丑小鸭中学"的校长。我们都知道丑小鸭的故事。丑小鸭小时候是丑小鸭，长大了就变成了白天鹅。校长也是基于这个寓意，给学校取了这个名字。他的学校里的孩子都是什么样的呢？他们是初中阶段不能正常上学的，家长管不住、学校不好管，被社会边缘化的孩子——我们心目中的"问题学生"。其实，这些孩子的家庭大部分都相对优越。他们的父母通常学历高、收入高、社会地位高，且大多来自教育发达地区，如长三角地区、珠三角地区。这些孩子情商高、智商高、颜值高，以前大多在全国各个名校上学。为什么这些优秀的孩子会"沦落"到去这样一所全是"问题儿童"的学校求学呢？因为这些优秀的家长会给孩子设立高标准、高要求、高期待。当孩子能达到这些要求时，他可能会有很好的发展。一旦他长期无法达到这些要求，可能就会陷入自卑、叛逆的情绪中，甚至成为家长心中的问题孩子。

2021年，我曾在央视纪录频道看到一部纪录片，叫作《我不是笨小孩》，它的理念其实跟《窗边的小豆豆》是相关的。《我不是笨小孩》第一集中有一个五年级的男生，他的名字叫笑笑。在上小学之前，笑笑各方面表现得都非常好，能说会道，特别讨人喜欢。但是当他上小学以后，问题就来了。他总是记不住字，不仅写不出来，而且还读不准。平时，他上课坐不住，考试也总垫底。笑笑的爸爸妈妈看到他这种情况非常焦虑，为了辅导孩子的作业，提升孩子的成绩而"心力交瘁"，夫妻间的感情也受到了影响。然而，家长的努力却没有带来丝毫的改变。后来经过专业医生的诊断，大家才发现，原来笑笑有先天性的阅读障碍。在他的眼里，每一个字都是跳动的。他无法记住汉字，这导致他无法像正常的孩子一样来读写、来理解、来做题。大家明白了吗？可能在我们的眼里，这个孩子很调皮。他的某些行为甚至会让我们怀疑他的智力是不是有问题。事实上，

他的生理可能存在一定的缺陷,也就是阅读障碍症。

这让我想起了曾经看过的一部印度电影——《地球上的星星》。影片中的孩子也有阅读障碍症,他被父母认为是问题儿童,并被送到了寄宿学校。后来,他很幸运地遇到了一位能够赏识他的老师。在看这部电影的时候,我正好读到了一本儿童小说——《爬树的鱼》。这本小说的作者本人就有阅读障碍。她将自己的经历改编成这个故事,而且在书中罗列了很多同样有阅读障碍症的名人。在看这些作品的时候,我就在想,当我们的爸爸妈妈和老师发现一个孩子存在各种各样的问题时,不应该选择简单粗暴的方式,把一切失败归咎于孩子不努力学习、态度差或者品行不端正等。作为家长和老师,我们应该耐心地寻找问题背后的原因。它们可能是生理方面的,也可能是家庭环境方面的,或者是我们教养方式方面的。

如何与身边的小豆豆相处

接下来,我想问大家一个问题,你相信爱因斯坦曾经患有阅读障碍症吗?事实上,电灯的发明者爱迪生,电话的发明者贝尔,还有亨利·福特、达·芬奇、丘吉尔、肯尼迪、毕加索等,这些响当当的名字背后的他们曾经也是"小豆豆"。但是上帝为他们打开了另一扇窗,让他们成为一个个伟大的人,甚至改变了这个世界。

我曾根据自己的经历,在公众号上写过一篇文章——《小皮猴变身"大作家"》。那年我接了一个四年级的班,别的老师跟我说,那个班里有一个男孩子特别调皮,而且很有个性。每一次老师说什么,他总是要反着来说,甚至反驳得很有道理。第一次语文课前,我发现因为下了一场雨,学校操场中间的草坪上长出了很多小蘑菇。于是，我改变了教学方案，带着孩子们到操场上去找小蘑菇，观察它们，并且在第二节课进行当场写作。孩子们对这种教学方式特别喜欢。那个小男孩也写了，并且写得非常好。我读他的作文时，第一印象就是错字连篇，多到没有办法忍受的程度，但是他的语言充满了童趣和灵气。如果以普通的思维评判这篇作文，它肯定达不到优秀级别。但当我忽略这些错字，再去看他写的内容时，感受就不一样了。于是，我把这篇文章的错字修改后，打印成了电子稿。第二天，我和同学们说："我要给大家读一篇非常优秀的范文，你们猜猜是谁写的？"我读完以后，大家都很羡慕，但没有一个人猜对。当我说是这个小朋友写的时，全班同学都为这个男孩鼓掌。从此以后，这个男孩对写作产生了极大的热情和兴趣，大到什么程度呢？有一次，搭班的其他学科老师跟我说："这家伙上课很皮，我跟他说，你再皮，就罚你写作文。结果他说，好呀，我最喜欢写作文了。"后来我们课程中有一个作文题目叫"和谁过一天"，这个孩子写的是"和孙悟空过一天"。因为他写得很好，我就让他自己来朗读他写的内容，没想到他的口头表达能力也非常好。于是，我把他朗读的视频拍下来，看到视频的老师都想拿着他的文章作为范文分享给其他班的小朋友。在这样一次次的鼓励中，他信心大增，现在很少和老师起冲突，文章中的错别字也慢慢减少了。

我们学校在4月份的读书节开展了"全校共读一本书"的活动，全校的学生、老师还有家长一起共读了《慢小孩》这本书。我们选这本书的原因是，它启发了我们要接纳孩子的不完美，要包容孩子的慢，用更多的耐心和爱去陪伴孩子。当时，许多家长看了以后都非常有感触。我今天也想给大家分享我自己在2016年做的一次记录。表面上看，它是关于三颗风信子的生长的，但是我们可以把它和孩子的成长进行类比。我们一起来欣赏一下。

12月11日,我买了三颗洋葱头一样的风信子。

12月15日,出差回来,我惊喜地发现,有了水分的滋养,风信子已经抽出长长的胡须。

12月21日,看见那个尖尖的小绿芽了吗?三个娃娃中你长得最快。

12月31日,2016年的最后一天,三个小伙伴携手一起成长,根须已经碰到瓶底了!

1月6日,晚上回到家,发现"洋葱头"已冒出长长、尖尖的绿角,又长大了一些!

1月11日,嫩芽开始绽放!期待你的蜕变!

1月31日,旅游归来,几日不见,容颜大变,能清晰地看到含苞待放的花蕊。比起其他两位小伙伴,你长得最快!

2月4日,突然发现花蕊已高过绿叶了!

2月9日,老大已经亭亭玉立,那婀娜的身姿,太迷人了!其他两个小朋友别着急,慢慢来,做最好的自己!

2月12日,才过三天,又有惊喜。老大一枝独秀,老二露出了花苞,唯有老三最为淡定。每一个生命都有自己的节奏!

2月15日,情人节之后,老二的花苞终于绽放,露出羞涩的笑脸!那花朵,就像女子纤长的兰花指,妩媚动人!无论高的、矮的、红的、黄的,都弥漫着淡淡的清香!

2月17日,许是昨天特别温暖,今晚回家,惊喜地发现风信子已经怒放!粉色的花瓣完全卷起!那白色的,虽个儿不高,但洁白如玉的花朵同样惊艳!唯有老三,不急不缓,期待你的绽放!真正的爱就是给所有的孩子一样的阳光和雨露,然后温暖地看着他们成长,而不是期待他们长得一样高,开一样的花,结一样的果。

2月21日，原本已画上句号的记录仍有惊喜。出差回来，发现粉色风信子原来还藏着另一串花苞，而白色风信子真是疯长，那美貌已盖过了粉色。

2月25日，真没想到白色的风信子后来居上，仿佛要与粉色的一争高下，似乎把所有的养分都给了鲜花。粉色的叶则更修长。

3月13日，生命已近黄昏，但真心钦佩风信子，从一个不起眼的洋葱头，拔节生长为15厘米高的亭亭玉立的美少女。

3月14日，最小最慢的那一位也在蓬勃生长。

3月17日，原来你是蓝色妖姬，积蓄了近100天的力量，尽情绽放吧！

3月27日，10天之后的蓝色妖姬，你还是从前那颗不愿长大的风信子吗？难以置信。

3月28日，每一朵花都在怒放，生命中最美的姿态。

虽然已经过去了很久，但是我真的很喜欢那个时候的心境。这次记录可以让我们更客观地看到，每个孩子都是不一样的，家长需要静待花开。

如果把孩子比成花，花有花期；如果把孩子比作树，树有自己的生长规律。无论是家长还是老师，都要给予孩子成长的时间和空间，多爱他们一点，多包容他们一点。前几天，我与女儿聊天的时候问她："你对爸爸妈妈给你的家庭教育满不满意？你有什么样的想法？"女儿有一句话让我特别感动，她说："如果孩子是一棵树，即使有一根树枝长歪了也一样很美。"我想，我女儿的意思是，孩子希望被看见、被肯定、被鼓励，而不是不断地被否定、被批评、被指责。教育的目的就是让每个孩子用他自己的方式发光。

在我们共读《慢小孩》这本书的时候，有很多家长留言分享他们的感悟。这段话我特别喜欢，与大家分享："要善于发现孩子成长中的优点、闪光点，更要放大这些优点、闪光点，让本来就'慢'的小孩找到自信，进而找到成长的自驱力。"其实，《慢小孩》讲的不仅是"慢"，更是小孩的与众不同。每个孩子擅长的领域都不一样。我们要看到孩子的长处。

在书中，我们会发现理解、尊重、陪伴的品质都出现在了校长这个人物身上。面对小豆豆这样的"问题孩子"，许多大人都把目光聚焦在了"问题"上，无法认可孩子，甚至给孩子贴上"坏孩子""学渣"一类的标签。而校长不是这样，几乎每一次看到小豆豆，校长都会对她说："你真是个好孩子。"培训的时候，我曾听到一个心理学专家说过，幼儿园及小学初段的孩子，其实没有自我评价的能力，他对自己的评价只能来自家长和老师。如果老师和家长对他说"你是一个好孩子"，那他就觉得"我是一个好孩子"。如果大人反复否定他，那么他真的会觉得自己是一个有问题的孩子。所以我们的每一句话，都可能会影响孩子一辈子。正是校长的那句"你真是个好孩子"陪伴了黑柳彻子的一生，让她自信地成长。后来，黑柳彻子成为日本著名的电视节目主持人、畅销书作家。在1984年的时候，她被任命为联合国儿童基金会亲善大使。这本《窗边的小豆豆》印刷数量累计超过了750万本。

回到书中，为了使高桥君、泰明这样身体上有障碍的孩子能够祛除自卑心理，以及"我比别的孩子劣等"的想法，校长先生做了种种努力。当孩子犯错误的时候，我们不要马上想着去指责他、批评他，甚至推开他，让他自己承担后果。在全国政协十三届四次会议举行的第二场"委员通道"中，一位记者问唐江澎校长"什么是教育的真谛"，唐江澎校长说："学生没有分数，就过不了今天的高考，但如果只有分数，恐怕也赢不了未来的大考。分数不是教育的全部内容，更不是教育的根本目标。好的教育应该培养终生运动者、责任担当者、问题解决者和优雅生活者,给孩子们健全而优秀的人格,让他们赢得未来的幸福,造福国家社会。"

《最好的教育是爱》这本书的封面上有这样一句话:"教育的目的不是告诉我们如何功成名就,而是怎样成为完整的人。"教育指向的是成长,是人的幸福,而不是成才。成长是人格走向完整的一个过程。只有人格完整,孩子才会幸福。人格完整的过程,就是身心合一的过程。小林校长无论在美学观念、教育理念,还是他的办学行为上,都能够让我们感受到,他为了孩子的身心和谐发展做了很多很多的努力。就像书中写到的那样:"巴学园的'巴',指的是用两个一黑一白的'巴'形图案组成的徽记,这表达了校长先生的心愿,就是希望孩子们能在身体和心灵两方面得到和谐的发展。"

那么,家长们要怎么帮助孩子呢?校长先生经常说:"过于依赖文字和语言的现代教育,恐怕会使孩子们用心去感受自然、倾听神灵之声、触摸灵感的能力渐渐衰退吧?"在座的各位家长,有没有利用双休日或是寒暑假,带着孩子到大自然中去撒野呢?世界上最可怕的事情,莫过于有眼睛却发现不了美,有耳朵却不会欣赏音乐,有心灵却无法理解什么是真。那些写作文时总觉得没东西可写的孩子,往往就是缺少审美力的孩子。他们不会观察生活,无法发现生活中点点滴滴的美好。我曾经和许多家长分享过,人工智能时代,很多工作都可以由机器人代替完成,但是有三种能力是机器人无法代替的。第一种就是审美力,大自然能给你带来很多发现美的能力;第二种就是创造力,我发现常在大自然里奔跑的孩子,他的朝气和想象力就要比一般的孩子更充沛;第三种是同理心,就是换位思考,推己及人,了解对方的观点后再进行沟通。我们所做的一切,都要让儿童有机会在善良中成长,能以正确的方式去看待人、事物、想法,以及整个人生。

王盈盈

爱是倾听心声，爱是平等对待，爱是用心关注。陈校长结合自身的教育理念、教育实践和她的教学随笔，带大家认识了小豆豆，也解读了巴学园小林校长的生态教育。校长先生把阳光、土壤、雨露播撒给孩子们，然后让他们自由地茁壮成长。其实这本书中，除了学校，小豆豆的父母也给大家留下了深刻的印象。下面有请赵婧而老师站在家长的角度，为大家分享阅读的心得。

做"对"的父母

赵婧而

下面我将从家庭的角度，来说一说我读完这本书的感想。我们常说要"做对的父母"，那什么是"对"呢？我查阅了"对"字的字源，许慎在《说文解字》当中给出了这样的解释："对，应无方也。从丵，从口，从寸。""对"是一个会意字，它的本意就是回答、应答。许慎说"应无方也"，就是回答不拘泥于形式，不拘泥于方法。所以，我们可以用语言去回答孩子，也可以用行动去回答孩子。我想，如果我们在面对孩子的时候，真正做到了倾听和应答，是不是就离"对"字更近了一些呢？接下来，我将从保护好奇心、一起去体验、渴望被看见这三个关键词出发，和大家来做一个简单的分享。

第一，我们要保护孩子的好奇心。对世界充满好奇心是人之常情。孩子在很小的时候，他们的好奇心会非常明显，因为他们对于这个世界的认知还没有完全建立。我们大人觉得很平常的事情，他们也会感到格外好奇。比如，大家可以翻一翻书中"落语"这一部分的内容。落语是日本的一种传统曲艺形式,类似于中国的单口相声。小豆豆很喜欢听落语,原本妈妈对小豆豆听落语这件事不在意,但是有一次拉大提琴的橘常定先生给小豆豆带了香蕉,小豆豆就用落语中的语气回应:"娘啊,这家伙还挺够哥们的。"妈妈对小豆豆这句话的语气很不满意,从此妈妈就禁止小豆豆听落语了。但是通过阅读后文我们知道,小豆豆还会偷偷背着妈妈去听落语,并且听得津津有味。作为父母,我们都希望孩子成为一个言行文雅的人,所以当小豆豆用这样的语气说话之后,她的妈妈就产生了焦虑。读到这里时,我们是不是也从书中看到了自己的影子呢?我也在思考,当孩子对某一个事物充满了浓厚的兴趣时,如果我们一味地打压,是不是也会磨灭他们的好奇心呢?书中,小豆豆的妈妈是很善良的,也是很爱孩子的。但同时,她也是一个母亲,会有情绪,也会有自己的焦虑。如果你是小豆豆的妈妈,当时的你会怎么处理呢?有没有家长愿意来说一说你的处理方法?

读者

可能我当时的第一反应会是:"天呐,她哪里学来的这句话,怎么会这么说?"我在我们家孩子成长的过程中,会尽可能地在最大范围内给予他自由,但是偶尔碰上自己的情绪不在状态的情况,我也会因为小事就感到生气。这时,我就会先跟他说:"哎呀,妈妈今天很累,很不高兴,你先自己去玩一会儿。"

赵婧而

好的,谢谢这位家长。当我们自己情绪平和的时候,作为父母,如果内心不认可孩子用这样的语言和语气同家里的客人交流的时候,那我们可不可以在事后和孩子探讨什么是落语呢?又或者,我们可以去了解孩子为什么用这样的语气，甚至在开家庭会议的时候让孩子来表演一段他喜爱的落语。如果小豆豆的妈妈采取的是类似这样的方式，我想小豆豆对落语的热爱就能得到更好的引导了。

我们家大宝有一次问我说："妈妈，为什么交通信号灯是红、黄、绿这三种颜色，而不能是别的颜色呢？"当时我正在回复一个工作上的信息，所以就很随意地敷衍了一句："规则就是这样的，你记住就好，等你长大就知道了。"现实中，我们很多家长遇到一些无法解决的问题时，都会用"你知道就好""你长大了就知道"来回答孩子出于好奇提出的一些问题。我们换位思考一下，如果你是孩子，当你得到了这样的回答时，会觉得自己的问题被解决了吗？答案当然是否定的。所以为了解决问题，我特意找了一个机会主动和孩子提起了这件事。我记得我当时是这么说的："妈妈也不是很清楚，我们回去查查资料，问问爸爸，或者翻看一下《十万个为什么》好吗？"很多时候，成人的言行和规则可能会在不经意间抹杀孩子对这个世界的好奇心。我相信，孩子一定希望父母能够有时间和他们一起交流，去做一些他们眼中好奇的事情。家长要做的就是保护好孩子对自然和社会的好奇心。

第二个关键词叫作"一起去体验"。在本书的第二个小故事中有这样的一段描述："妈妈眼前好像出现了小豆豆的样子：从来没有见过那样的桌子，觉得特别有趣，就不停地开开关关。这样的话，并不是做了什么坏事。更重要的是，等她对桌子渐渐习惯了，就不会再不停地开来关去了。"读到这段话的时候，我理解了很多孩子调皮的原因。在我们看来，孩子或许是做错了事，但孩子的本意可能并不是犯错。他只是想去体验一下新事物，也许他体验过了，以后再遇到这样的桌子时，就不会再去开开关关了。这样的体验可以保持孩子探索世界的热情，因为在体验当中的孩子，思维会始终处在一个比较活跃的、与世界交流的状态中。通过这些小故事,我也感受到了孩子的体验是很重要的。遇到问题的时候,"疏"比"堵"可能会更有效。

又比如,在"粉笔"这一章中提到,巴学园的小学生,他们从来不会在围墙上或者大马路上乱涂乱画,因为他们在学校的礼堂里已经全部体验过了。这让我想到了心理学的一个概念,叫作"补偿机制"。也就是说,当孩子真正体验过了以后,他可能就对这件事不好奇了。所以,当孩子遇到好奇的事情时,我们可以创造机会,让他们多去体验,并且在体验的过程中告诉他们是非对错和一些要注意的地方。当他以后一个人在生活中真正遇到了类似的事,他可能就不会再冒着风险去尝试了。像这样的体验,在《窗边的小豆豆》中随处可见。正是在这一次次沉浸式的体验中,我们的孩子开始去认识世界,他们用自己的触觉、听觉、视觉慢慢地理解这个世界。

刚刚我主要讲"体验"两个字,其实我觉得"一起去"三个字也很重要,因为无论是小豆豆的妈妈还是小林校长,他们在很多事情上都认可小豆豆的做法,或者说他们同意小豆豆去做。也许他们在行动上没有和小豆豆一起,但是他们在思想上是认可的。当然,我们作为父母,如果能够既认可,又身体力行地和孩子一起去做,那我想孩子一定会更加快乐、幸福,我们的亲子关系也就会更加和谐。

接下来我来分享第三个关键词——"渴望被看见"。书中提到,有一次小豆豆和爸爸妈妈去逛庙会,看到了一只圆乎乎的小鸡。小豆豆当时央求爸爸妈妈买下来。妈妈说:"怪可怜的,不要买了吧。"最后爸爸妈妈强行把小豆豆从小鸡摊边给拖走了,但是小豆豆不停地哭、不停地央求,最终爸爸妈妈屈服了。其实小豆豆在哭的时候是很无助的,她当时一定希望爸爸妈妈看见她内心的想法。在故事的后半部分,我看到了一个伟大的妈妈。虽然当时妈妈没有立刻给小豆豆买小鸡,但回家之后,她就请木匠给小豆豆做了一个带有食槽的盒子,还安装了电灯泡给小鸡取暖。这说明小豆豆照顾小鸡的想法被妈妈看见了,所以小豆豆非常开心。然而,最后这几只小鸡早早夭折,小豆豆也第一次品尝到了别离的滋味。虽然故事一波三折,最后结局也不是很完美,但是小豆豆内心的一些想法被妈妈看见了,妈妈最终也用自己的行动去帮助了小豆豆,陪着她一起体验养小鸡的过程。

我还想跟大家分享一个故事。之前我带二年级的时候,我们班有个男孩很喜欢小虫子。我们的学校非常美丽,有很多的树和花草。在自由活动的时候,这个孩子就喜欢去草丛里捕捉各种奇奇怪怪的虫子。一天,体育老师下课以后跟我说了这件事情,当时我下意识对他进行了批评教育。没想到过了几天,在一次题为"我身边那些有特点的人"的习作中,我们班竟然有六七个孩子都写了这个喜欢虫子的男孩,说他是"昆虫迷",而且举的例子都特别典型,绘声绘色的。最让我感动的是,那个孩子把一些虫子捉回来以后,放到了自己的书包里,因为怕小虫子闷死,所以他还在上面戳了几个洞,让这些小虫子能够呼吸。在孩子的作文里面,我还了解到这个孩子自制了小虫子的透气装置,希望这些幼小的生命能够得到更多的关爱。从中,我看到了孩子的善良,看到了他们的纯真。

我认为,教育很多时候不是居高临下的,而是心贴心的感知。你感知到孩子的喜怒哀乐,孩子也一定能够感受到你的辛苦。作为老师,我们要做到亦师亦友,获得他们的信任,在心理上关爱学生。作为父母,我们也应该与他们平等对话,互相加油打气,去渡过生命当中的一道道难关。希望我们身边的"小豆豆"们都可以快乐地成长。最后我想借用泰戈尔的一句话:"使卵石臻于完美的,并非锤的打击,而是水的且歌且舞。"希望我们都能成为那且歌且舞、像水一样的父母,也希望"小豆豆"们也可以在水的且歌且舞之下,变得愈发闪亮、光彩!

王盈盈

谢谢婧而老师的分享。小豆豆的妈妈温和、宽容,有同理心,不追根究底;小豆豆的爸爸一直在给小豆豆安全感,让她冒险,让她有理想、有追求。其实家庭就是一个系统,小豆豆之所以在老师眼中充满问题,是因为小豆豆从小就生活在一个充满自由和爱的家庭,所以她活泼好奇,不受规矩束缚。这样的孩子在统一化、标准化的学校教育系统中,自然就是"问题儿童"了。但在把自由和独立作为教育最高目标的巴学园里,这样的孩子就是最优良的种子。在听了婧而老师的分享之后,陈舒恩老师还想给大家补充一篇跟家庭教育有关的文章,我们把时间再交给陈老师。

陈舒恩

其实在读《窗边的小豆豆》的过程中,我会不断回想起自己读过的书,其中有一本叫作《君子之道》,是余秋雨先生写的。里面有一篇文章叫作《感谢父母》,我将朗读其中的一段。希望我们也能够成为这样的父母。

"感谢我的父母,没有在我的童年时代和少年时代,骂我一句、打我一下。于是,我在应该建立人格的时候建立了人格,应该拥有尊严的时候拥有了尊严。我正是带着这两笔财富,走进重重灾难。事实证明,灾难能吞没一切,却无法吞没这样一个青年……对于孩子,父母的打骂是一种剥夺,剥夺了他本来就很脆弱的尊严。当尊严已经失去,被打骂所匡正的行为又有什么价值?没有尊严的'正确'又是什么?当然,宠爱过度也是一种剥夺,剥夺了孩子们在莽原长风间

独自屹立的权利。随之,他们也就无法建立完整的人格,再也无法真正屹立了。我的父母,既没有实施这种剥夺,又没有实施那种剥夺,到底是怎么掌握分寸的呢?除了感谢,还是感谢。"

我把这段话分享给各位在座的爸爸妈妈,也希望我们成为最好的父母。

文字整理:潘雯雯

成为更好的自己

扫码观看活动视频

分享嘉宾　励　娜
主持嘉宾　小　羽
活动时间　2023 年 3 月 25 日

图　书　《蛤蟆先生去看心理医生》
作　者　［英］罗伯特·戴博德
译　者　陈　赢
出版社　天津人民出版社

嘉宾简介

　　励娜，中意宁波生态园实验学校校长，余姚市心理援助协会名誉会长，高级教师，国家二级心理咨询师、国家中级社会工作师、中级绘画心理分析师、浙江省社会组织领军人物、浙江省普通话测试员。宁波市教坛新秀、宁波市"四有"好老师、宁波市三八红旗手、宁波市家庭教育讲师团成员。

　　小羽，余姚人民广播电台晚高峰节目主持人。

小羽

在孩子成长的过程中,很多父母都在探索与学习的路上。今天,我们邀请各位书友来到活动现场,与励娜老师面对面交流。励娜老师是中意宁波生态园实验学校的校长,也是我的恩师。在这里,我想分享一段我与励老师的故事。小学一年级的时候,我遇到了励老师。此前,我在洛阳长大,回到余姚之后听不懂方言。面对陌生的环境,我的心理压力很大。但励老师常常鼓励我,并且帮我报名了许多演讲、朗诵比赛。一开始,我拒绝了,但励老师跟我说:"你可以的,因为你说普通话没有口音。"没想到长大后,我成了一名播音员。如果没有遇到励老师,我应该不会走上播音员这条道路。所以我觉得,在孩童时期遇到一位关爱学生的好老师非常重要。今天,我非常开心能够在现场和大家一起来分享这本书——《蛤蟆先生去看心理医生》。

励娜

小羽是我刚工作五六年时教过的学生。我们现在是一起成长的朋友。我非常高兴能和我们现场以及屏幕前的书友一起交流。

作为一名母亲,我曾经也经历过几次孩子的升学焦虑,在婚姻和家庭中遇到过一些心理方面的问题;在工作经历中,我也曾看到过很多老师在面对学生的心理问题时的手足无措。因此,我再一次拿起了心理学专业书籍,开始了新的学习。2016年,我获得了国家二级心理咨询师的资格证,并协同余姚当地部分心理咨询师成立了一个公益组织——余姚市心理援助协会。目前,该协会是一个专业的非营利性组织。无论是作为心理咨询师,还是面对我的学生、家长,我都能感受到心理健康的重要性。

《蛤蟆先生去看心理医生》这本书非常适合初次接触心理学的人阅读。很多人对心理咨询抱有一定的好奇,但同时又有一点排斥。这本书可以帮助大家了解心理咨询是怎么一回事。

与蛤蟆先生一起看心理医生

这本书主要讲述了蛤蟆先生通过十次心理咨询,终于找回了快乐和自信的全过程,非常浅显易懂。在书里,我们可以看到心理咨询中所运用的倾听、共情、沟通等专业技巧。事实上,全书也是一个比较完整的心理咨询流程的呈现。当然,在不同的心理学流派中,咨询的模式会存在差异。比如在精神分析中,弗洛伊德流派的咨询时长在一年左右,甚至更长,而书中的流程属于贝克认知流派中短程心理咨询的过程。

本书作者是罗伯特·戴博德,曾任教于英国的亨利商学院。此外,他也是一位心理学的研究者和临床实践者。他的两本专业著作,《咨询技巧》和《组织的心理分析》都是英国畅销的心理学类教科书。这本书的主人公是蛤蟆先生,他平时活泼开朗,如今却郁郁寡欢,经常失眠,而且懒得打扮。为什么会这样呢?通常我们认为,一个人的状态若是精神萎靡、眼神无光,可能是因为他存在一些情绪问题。当然,情绪低落不一定都是心理问题,但它可能是心理问题的表现之一。如果一个人阳光四射,眼睛里闪着幸福的光芒,聊天的时候声音比较响亮、语速相对比较快,一般而言,这个人的精神状态比较好。而蛤蟆先生所经历的是每个人都有可能会经历的一个过程。通过他的十次咨询,我们会知道

一个人会如何从抑郁的状态慢慢走向阳光开朗,恢复正常生活。

蛤蟆先生咨询的地点在苍鹭小筑,咨询师是苍鹭。文中提到蛤蟆先生一共咨询了十次,但也有人说是十一次。关于这个问题,我的答案是——通常在心理咨询中,第一次来访属于初诊接待,一般不计入总次数。咨询一开始,苍鹭问:"谁让你来的?"蛤蟆不假思索地说:"是河鼠。"但苍鹭却摇摇头说:"能让你来的只能是你自己。"这段对话可以说明,只有自己主动进行的咨询才有意义,在别人强迫下开始的咨询可能会出现受访者来一次就再也不来了的情况。在做教师或是为别人做心理咨询的过程中,我会接受到很多负面的信息,比如,当我看到某个孩子的父母双方不和时,会希望这对父母能来了解一下心理咨询以缓解家庭矛盾。但如果那对父母自己不主动询问,出于心理咨询师伦理问题的考虑,我无法强制让他们来参与心理咨询。我们不能帮助不想改变的人,或者无法迈出咨询这一步的人。一个人必须为自己的人生负责,不能指望别人来"救赎"自己。不过,在心理咨询当中,我们通常不会使用"救赎"这个词语,因为你就是你,我们相信你有自我成长的力量。

刚才介绍的内容被我们称为初诊接待。初诊接待其实也是我们对来访者进行初步的了解和判断的过程。

初诊接待示范

小羽:"你好,励老师。"

励娜:"你好。"

小羽:"我感觉最近工作压力特别大,家里的琐事特别多,开始烦躁、失眠,想请您来疏导我一下。"

励娜:"你能具体描述一下失眠的状况吗?"

小羽:"就是躺在床上,脑子里面有很多事情会自己跳出来。"

励娜:"这样的情况大概持续多久了?"

小羽:"大概有两个月了,一直睡不好。"

励娜:"两个月是吗?你能描述一下具体是一种怎么样的状态吗?"

小羽:"主要的状态就是我特别想安静下来,但我的脑袋就是安静不下来。"

励娜:"你每天大概睡多久?"

小羽:"三四个小时。"

励娜:"是晚上睡得比较迟,还是早上醒得比较早?有中途醒来的情况吗?"

小羽:"中途会一直频繁地醒过来。"

励娜:"那么你的饮食情况怎么样?"

小羽:"有食欲不振的情况。"

励娜:"可以具体地描述一下食欲不振的情况吗?"

小羽:"就是不吃我会觉得很饿,但是看到食物又觉得没有胃口。"

励娜:"一天大概吃几餐?"

小羽:"一天吃一到两餐。"

励娜

以上就是受访者初次来到咨询室时一个简单的对话示例。初诊接待是为了了解受访者来咨询的原因,并大致判断他的整体状况。一般我会通过二十分钟左右的对话来决定是否接手这个个案。比如,重度抑郁的个案我是不能接的,因为患者要进行药物治疗,需要在医院的精神科进行咨询。而我不是精神科医生,没有出具药方的权利。因此在正式接待之前,心理咨询师要判断是否接收受访者,并了解受访者来咨询的意愿,之后再确定受访者来咨询的频率和

时长，如一个礼拜咨询一次，每次一个小时左右。

初诊接待后，蛤蟆先生首先经历了七次咨询。在书中，这几次咨询逐步扒开了蛤蟆先生童年的伤口。在心理咨询中，咨询师经常会问："这件事你怎么看？""你有什么感觉呀？""你会怎么样去做呀？"比如说，我刚才和小羽示范的时候经常提到："你能具体描述一下吗？"这种提问在心理咨询当中被叫作"澄清"或者"具体化"，其目的是让受访者具体地描述他当时的状态。

一般情况下，心理咨询师会在第二次咨询中做一件事，叫作个案概念化。个案概念化是指心理咨询师根据来访者的状况，并从个人所属的心理学流派出发对其进行分析解读的过程。比如，认知流派的咨询师就会从认知流派的角度去分析来访者可能存在什么心理问题，接下来用什么方式引导来访者发现自我，找到自我成长的力量。不同的心理学流派会对同一个人有不一样的个案概念化，所以来访者不适应咨询师所属流派的咨询方式的情况时有发生。如果你在咨询的过程中感觉不是很舒服，可以尝试换一个咨询师。当然，虽然心理学有很多流派，但是基本的技巧是差不多的。例如，心理咨询师一定要做到共情、倾听。在心理咨询的过程中，来访者倾诉完之后，情绪一般都会变好很多。

回到蛤蟆先生的心理咨询，其中有一个重点的内容是"要不要与生活和解，你自己说了算"。这恰恰又跟初诊接待的内容相吻合了，"生活能治愈的，是自己愿意走出来的人"。任何一个流派的心理学者都相信，每个人都有自我成长的力量，每个人都想要变好，没有一个人想永远陷在泥潭当中。只要你愿意走出来，我们就会给予相应的力量来支持你。

在蛤蟆先生第八次和第九次咨询的时候，我们可以看到一些心理学的专业术语，比如"人生坐标"和"自证预言"。"自证预言"在有些地方会被翻译成"自我实现的预言"，它像是我们从小在心里种下的一颗种子。如果这颗种子是善良的,便会开出善良之花;如果是丑陋的,就可能会让人对自我和世界产生负面看法。我们经常说,家长在引导孩子的时候,要用正面而不是负面的语言。例如,一个常常被家长评价为"懒惰"的孩子,长大以后就觉得自己真的很懒惰。像小羽刚才说的,我在她小的时候反复和她强调我相信她能行,她就会渐渐给自己力量,并且告诉自己"我能行"。这种情况就被称为"自证预言"。

等到第十次咨询的时候,蛤蟆先生给自己的情绪打了9分。其实在心理咨询的过程中,我们也常常运用到情绪刻度。

情绪刻度示范

励娜:"小羽,你刚才说你比较焦虑是吗?"

小羽:"是的。"

励娜:"能具体说一说哪件事情引起了你的焦虑吗?"

小羽:"主要是我觉得孩子马上就要幼升小了,身边的小朋友可能都已经在上培训班,或者由爸爸妈妈在家里辅导小学一年级的题目了。可是我每个周末只会带孩子去看看花啊,看看动物啊,想让他变得轻松一点。但是,周围的孩子好像都不轻松。"

励娜:"你能具体说说哪一件事情触发了你特别焦虑的情绪吗?是不是在幼儿园里和伙伴交流的时候呢?"

小羽:"触发我焦虑的事情是身边的家长会跟我说,他的孩子在接受了英语一对一的辅导之后,已经学会了几个单词,已经能够进行简单的交流。他的孩子已经到了某种高度,我的孩子可能还没有入门。"

励娜:"你说的是与孩子同学家长的某一次聊天,那么你能回忆一下那个场景吗?"

小羽："那个场景里,他应该还是蛮自豪的,因为他觉得他的孩子已经超越了同龄孩子的平均水平。但是当时他跟我讲的时候,我回答他的是我只希望我的孩子现在还是开心的,感受不到压力的。我觉得他以后能学会这些题目。"

励娜："你在说这些话的时候,其实也会感到很焦虑,对吧?"

小羽："对,可能说一两次我不会焦虑,但其他家长经常这样来跟我交流。说多了,听多了,我就开始焦虑了。最近一次是因为刚刚提到的那位家长又来问我:'你们报辅导班了没有呀?我们已经报了很多个辅导班了。'我一想,我给孩子报的都是篮球等他喜欢的项目,目前还没有强迫他去学什么。"

励娜："那么,这个朋友来与你交流的时候,你焦虑的情绪产生了,是吗?你觉得你当时除焦虑之外,还产生了哪些情绪呢?"

小羽："有点压力,开始觉得好像是我在拖孩子的后腿了。"

励娜："对于这个'好像是我在拖孩子的后腿',如果用一个词语来形容,你觉得是哪一种情绪呢?"

小羽："自责,觉得别的家长好用心,我好像只会带孩子周末去玩一下。"

励娜："除了自责、焦虑,你刚才还讲到了压力,这个压力是……"

小羽："这个压力就是孩子马上要上一年级了。"

励娜："你心里还是比较沉重的,对吗?还有别的情绪吗?"

小羽："我觉得自己目前可能还没有代入家长的视角去看孩子,我还是希望能跟孩子成为朋友,能够知道他的需求、他的爱好。至于将来他所要面对的压力,我觉得不管怎么替他选择,他都要经历他应该经历的那些。"

励娜："你刚才讲到的情绪有焦虑又有自责,那我想问,如果0分是最低分,10分是最高分,你会给当时的焦虑打几分呢?"

小羽："我给自己打5分吧,中间。"

励娜："那自责呢……"

小羽："自责更多一些,我想给它打个 8 分吧,因为我不知道孩子未来的成绩如何,能不能跟得上。但是我会开始想当孩子在起跑线上时,别的家长那么努力,我却还没有开始行动,就会感到很自责。"

励娜

刚才,我们简单地演示了一遍衡量焦虑的过程。在真正的心理咨询过程中,如果来访者和咨询师还没有产生信任感,来访者常常会对真实情况有所保留。来访者对咨询师的信任是咨询中最关键的因素。如果我们之间没有建立信任的关系,那咨询基本上就是来访者单方面输出自己想象的观点的过程。刚才我的演示主要是为了让大家更明确我们如何为情绪"打分数"。一般情况下,我们会从大的描述开始,慢慢缩小到触发情绪的具体瞬间。其实,人的情绪是非常复杂的,我们很多时候会以为情绪只有喜怒哀乐,但汉字当中与情绪相关的词汇其实有数百个。在刚刚聊天的过程中,小羽至少提到了三四个情绪,但她一开始只提到了焦虑。实际上,心理咨询师的作用就是引导来访者挖掘自己内心中的想法,认识自我中更复杂的那一面。当人们无法了解自己时,心理咨询师的作用就是来帮助你了解自己,并点出你所不了解的那一部分。

一般来说,开启一次咨询后,心理咨询师会通过提问进入来访者想聊的话题,并引导来访者采用以上的方式给情绪打分。在咨询进行到大概第 50 分钟的时候,咨询师会回顾整个咨询的过程,并再次要求来访者给自己的情绪打分。我们会发现,第二次的分数往往会低于第一次,这表明来访者的焦虑情绪有下降的趋势,他的整体状态变得好起来了。如果来访者为自己负责,他就会知道自己有力量改变环境和自己。所以,是心理咨询师改变了来访者吗?不是,是来访者自己了解到了自己的负面情绪,并在咨询过程中使这种情绪减少了,它对应的分值自然也就随之降低了。

"人生坐标"也是书中非常重要的一个概念。"人生坐标"反映着一个人怎么看待自己和他人。在"人生坐标"中分布着"你好,我不好""我好,你不好""我不好,你也不好""你好,我也好"这四个象限。一个人若是处在"你好,我不好"的象限区域内,就会存在自卑的情绪,常常会认为自己很差劲,别人都比他好。这就是贝克认知行为疗法中的"核心信念",我本人在学的也正是这个流派。认知行为流派的咨询过程比较短,十次左右就可以对缓解焦虑有比较好的效果。像刚才小羽所说的"自责"和"焦虑",我们称其为"自动思维"。一个人在一瞬间所产生的情绪就来自他的自动思维。在对话的过程中,心理咨询师会引导来访者从自动思维慢慢过渡到中间信念,即探索造成来访者自责的原因是什么。比如,来访者小时候,她的爸爸妈妈可能对她不太关注,当她自己做了妈妈之后,当发现自己对孩子关注不多时,可能就会产生自责的心理。此外,自我的缺失也可能投射在自己孩子的身上,比如,自幼缺少家长陪伴、鼓励,或是没有发展兴趣爱好的家长也可能会希望自己的孩子能获得与缺失部分相对应的弥补。但弥补并不是一种真正的积极心态,因为孩子是独立的个体,而家长是家长自己。

回到坐标,在"我好,你不好"的这个象限区域内,可以看到一部分父母的状态——常常让人觉得高高在上,喜欢教育别人。很多时候,一些教师也会处于这种状态。工作中,我发现孩子可以清晰地感受到一个老师是不是喜欢自己。因此,各位教师要时刻注意,自己偶尔一句无心的话可能就会伤害到孩子。家长也是如此,很多家长总以说教的方式去要求孩子,但是现在的孩子都会把自己当成一个独立的个体,这种说教的方式往往不会起到任何作用。

在"你好,我也好"这个理想境界中,我们相信自己,也相信他人。这一境界是我们都要努力去达到的。最后是"我不好,你也不好"的象限区域,出现在这一象限的人会把自己紧紧地包裹起来,觉得活在这个世界上没有意思,甚至会做出极端的选择。当然,"人生坐标"是动态的,一个人不可能永远处于理想境界之中,也不可能永远陷入抑郁情绪。

通过以上的对谈,我们已经知道,心理咨询师的作用是陪伴来访者看见他的情绪,同时让来访者慢慢地知道,自己是一个足够好的人,或者说自己是一个可以好起来的人。

或许大家常常会感到困惑,心理咨询到底有什么用?心理咨询的意义是什么?在之前对书本内容的介绍中,我们提到了"初诊接待"一词,它最主要的作用是让心理咨询师知道,你是主动来的,是抱着为自己负责的态度来的。我们需要心理咨询,正是因为情绪的积累让"自我"生病了,心理咨询的过程就是让生病的自我慢慢好起来的过程。当然,"自我"生病不像感冒发烧,很容易查出病因,也有药可治。自我太复杂了,它跟我们的经历、记忆、情绪、认知都有关系。它的病因很难找,而且因人而异。刚才在我与小羽的演示中,我们可以知道她焦虑的背后其实埋藏着更多的自责,这也是从自动思维到中间信念,再到核心信念的一个过程。不过,想要治疗"自我",还是有线索可循的。自我会生病,一定跟我们当下的思维模式和行为模式有关。书中说,苍鹭用拒绝和追问,让蛤蟆感到不舒服,其实,这正是为了打破蛤蟆习惯的行为模式和思维模式,也就是我们常常提到的"舒适圈"。有破才有立,打破了旧的模式,才能帮蛤蟆建立起新的模式。这就是心理咨询的核心任务,它要给人带来的是改变。

心理健康的程度是一个非常复杂的概念,我们把它分成"心理健康""一般心理问题""严重心理问题""神经症"和"精神病"。现在有很多人依然认为需要心理咨询的人群是"精神病"患者，但我建议大家不要对心理咨询抱有偏见。事实上，一个人无论心理健康还是心理不健康，在心理范畴中都属于正常人。无论是什么样的心理状态，我们都不能以歧视的态度对待他人。

每个人的心理健康都是动态的。你可以把心理问题想象成普通的生理疾病，有的可能睡一觉就好了，有的可能需要吃药，甚至住院治疗。一般来说，普通心理问题大概两个月就可以调理好，不一定要采取心理咨询的方式。但是我们认为，如果症状持续两个月以上，且出现睡眠质量下降、食欲不振、身体机能下降以及影响到参与社会活动能力的情况，就要有意识地寻求心理咨询师的帮助。经历过心理咨询之后的人相对来说会更敏锐一些，这种敏锐来源于自我觉察能力的增强，也是改变的前提。自我觉察的过程一定是痛苦的，正如非常著名的心理学家荣格所说："没有一种觉醒是不带痛苦的。"所以，这个过程或许并不愉快，可能会引发压力、焦虑、愤怒、崩溃等种种复杂的情绪。但人是不完美的，我们拥有不完美的权利。心理咨询的本质，也就是在心理咨询师的陪伴之下走过这趟艰难、痛苦的自我觉察之旅。

初诊接待结束的时候，苍鹭对蛤蟆说："如果我不相信每个人都有能力变得更好，我就不会做这份工作了。"这也是所有心理咨询师的信念，我们相信每个人都能够变好。学习心理咨询对我最大的帮助是，我会带着更加理性的思考和更加包容的心态，用更大的视野去看待周围的一些人。我们常说人生如戏，但是人生这出戏，并不是完全即兴的。很多人在人生早期很可能就写好了脚本，但没有一个脚本是完美的。那我们就在慢慢成长的过程当中，一步一步地去改变我们的人生脚本。心理咨询师的作用就是帮助你识别旧的人生脚本，并陪你一起写出全新的脚本。

心理学家如何理解孩子

接下来,我会给大家介绍埃里克森的人格发展八阶段。这八个阶段囊括了我们个人成长经历的全部过程。相信大家或多或少了解过弗洛伊德的精神分析理论,以及潜意识、意识、自我、本我、超我等概念。埃里克森其实也是精神分析流派的心理学家,他列出的人格发展八阶段和弗洛伊德的理论有类似的部分。

孩子在青春期之前受到家长的影响非常大,但从12岁左右开始,父母对孩子的影响日渐减弱。我认为,父母应该在能够影响孩子的时候,尽自己最大努力让他的人生脚本更加出彩。比如在"婴儿前期"(0~1.5岁,在弗洛伊德的理论中,这段时间被称为"口欲期"),母亲承担了非常关键的角色。这一阶段是发展孩子希望、信任、乐观、勇气、安全和自足等积极特质的重要阶段。如果这段时间母亲没有处理好与孩子的关系,孩子长大以后会一直寻找缺失的这部分积极特质。母亲要知道,在这个时候,孩子和母亲是一体的,孩子会认为"母亲就是我,我就是母亲"。所以在这段时间,母亲要正确处理与孩子之间的亲密关系。例如,抱着孩子的时候,母亲要多注视孩子的眼睛,让他体会到安全感并减少分离焦虑。

在1.5~3岁的阶段中,由于孩子学会了走路,扩大了生活范围,他和父亲的关系也会变得更加密切。在孩子独自行动的过程当中,我们作为父母要极力地支持他,让孩子找到自我价值感。在这个时候,孩子经常会说"不要"。或许很多妈妈都有这样的印象,这个阶段的孩子总是这个也不要,那个也不要。这是因为孩子逐渐了解到自己和妈妈是不一样的,母子(女)之间从一元关系转变为二元关系,此时的孩子也出现了自主和怀疑的意识。

等到 3~5 岁时,孩子进入了"俄狄浦斯期"。这个名称源于《俄狄浦斯王》的故事,即俄狄浦斯杀了自己的父亲,娶了自己的母亲。为什么要用这个名字呢?因为在这一阶段,父亲的角色加入了孩子的世界,随之撑开了刚才所说的——母亲与孩子之间的二元关系。父亲在这一阶段介入的作用在于给孩子做榜样。"俄狄浦斯情结"又称为"恋母情结"。对于男孩子来说,父亲的存在会威胁到儿子对母亲的爱,因此这段时间,儿子常常特别依赖妈妈,甚至要和爸爸抢妈妈。面对孩子的这种情况,母亲可以树立起父亲的形象,例如,鼓励孩子向爸爸学习,努力超越爸爸,用这样的方式来引导孩子朝着健康的方向思考。如果这段时间,父亲的角色是缺位的,那么这个孩子会相对缺少攻击性,或者说缺少可以超越的对象。女孩的这段时期我们称为"伊莱莎情结",也被称为"爱烈屈拉情结"或"恋父情结"。这个名字同样来源于一个古希腊神话故事。它讲的是爱烈屈拉公主的母亲和母亲的情人杀死了她的父亲,公主为了给父亲报仇杀了自己的母亲。从理论中我们也可以看到,在 3~5 岁的阶段中,孩子会产生较强的自我独立性,他们存在"我能成功地执行自己的计划吗?"这一中心问题。所以在这一段时间里,父亲和母亲同样重要。不过,大家也不需要产生特别焦虑的情绪,因为教育是最不可预测的。我觉得作为父母,只要尽到自己的努力,竭尽所能做到最好,便也足够了。

  关于父母的焦虑情绪,我想用一个例子为大家补充一下这方面的认知。假设你家住在 18 楼,这栋楼的电梯老是出故障。有一天,你拎着两大袋东西,看到两部电梯中间立着"电梯正在维修"的牌子,可是你按电梯上升键,却又能将电梯打开,于是你走进了电梯。在电梯门彻底关上之前,远处跑来一个阿姨,冲你大喊:"别!"但此时电梯门已经关上了,你又无法腾出手来控制电梯。在电梯从 1 楼上升到 18 楼的过程中,你身边的电梯也在不断发出异响。这时候你一定会思考，阿姨究竟是也想上电梯，还是想阻止你的行为，同时在为这部电梯会不会中途掉落而感到恐慌。这种复杂的心情随着你到达了18楼，在你跑出电梯的那一刻才渐渐平复。或许有敏锐的书友已经发现，18楼意味着孩子到了18岁。孩子成年之后，父母能够关照到他的方面越来越少。但家长在养育孩子的过程当中，往往会带着类似例子中乘坐电梯的焦虑一步步走来。我们要把孩子当成人来看，因为他是一个独立的人。还有一个很简单的方式叫作无条件地爱孩子、接纳孩子，用一种温柔而坚定的方式包容他。只要站在"孩子是一个独立个体"的角度教育孩子，我相信孩子会找到属于自己的人生意义。

在书中寻找答案

在这里，我还想给大家推荐一些心理学方面的书籍。第一本是《也许你该找个人聊聊》。这本书的特点是书中的心理咨询师自己也在接受咨询，大家可以把它看作《蛤蟆先生去看心理医生》的升级版。其中，很多来访者有不一样的心理问题，心理咨询师本人也在自己的生活中面临着种种问题。人类其实在共同面对一种相通的、无法逃避的痛苦和烦恼。

《死亡与生命手记》是由欧文·亚隆和他已经过世的妻子玛丽莲·亚隆合写的一本书，书中探讨了爱、失落和存在的意义。欧文·亚隆作为心理咨询师，也难以消解妻子离去的痛苦。人人都是平凡人，心理咨询并不能使人的心理强大到无坚不摧的地步，而是能让人的内心更具弹性，从而更好地应对生活中的不幸和悲伤。

接下来推荐的这本书是阿德勒的著作——《自卑与超越》。阿德勒也是我非常欣赏的心理学家，因为他会让你知道，改变靠的是自己的力量。此外，关于阿德勒的心理学理念，岸见一郎和古贺史健写过一本"访谈录"叫《被讨厌的勇气》。我觉得大家可以先看这一本书，再看《自卑与超越》，因为《被讨厌的勇气》采用了对话体的形式，读起来比较轻松。

之后大家可以再看看弗兰克尔的《活出生命的意义》，其中重点介绍的"意义疗法"会让读者觉得人生充满价值感。还有一本是弗洛姆的《爱的艺术》，这本书探究了爱究竟是什么，其中的某些观点甚至颠覆了我对爱的理解。《人生的智慧》这本书是叔本华晚期的作品，会教你怎样获得幸福。

除此之外，我很欣赏武志红的《为何家会伤人》，不过他的书籍个人色彩会比较浓厚，其中部分内容只是他所经历的个案情况，并不代表大众，但是肯定会对大家有所启发。

如果各位家长对家庭教育问题仍然有很多疑惑，我比较推荐《P.E.T.父母效能训练》，这本书讲到了很多沟通方法，例如，父母倾听的技术、多孩家庭如何交流等。此外，我还想向大家推荐《了不起的我》《成为我自己——欧文·亚隆回忆录》等帮助各位家长自我成长的书。最后，我祝福在座的伙伴们和你们身边的所有人，都能成为更好的自己。

快问快答

读者

励老师，我怎么样可以在精力不足的情况下更好地控制自己的情绪呢？某段时间，我花了很多精力在工作上，一回到家，看到孩子不做作业，我就会对他发火，有时还会训他。可是训完他以后，我也意识到自己不对，怕对孩子不好。

我想知道怎么样才能在这种情况下更好地控制我自己？

励娜

　　我觉得这是很多现代人的通病。在"控制自己的情绪"这句话中，我想换一个词语，变成"管理自己的情绪"。因为每个人所具有的情绪都是有用的，我们要做的就是管理好自己的情绪。而管理情绪的方法有很多。首先要意识到自己的情绪，尽可能地使情绪爆发的速度变慢。假设说，你看到孩子不写作业想发火，当你意识到自己有情绪时，可以跟孩子说："儿子，我现在看到你不写作业很生气。"说出来之后，可能你 20% 的情绪就消失了，而且孩子也会因此意识到他的行为是不对的。之后你可以选择离开，或者运用我前面提到的三元关系，让孩子的妈妈或爸爸站出来，使得冲突的双方都冷静下来。最后，你可以选择一个让自己比较安心的环境独处一段时间，使情绪渐渐减弱。

　　总结来说，你要有发现情绪的意识，意识到情绪了之后再将其表述出来。表述出了情绪之后，最好邀请他人介入，最后再找一个相对来说让自己觉得安全的环境去待一会儿。我自己在心情不好的时候，偶尔也会把情绪发泄在孩子身上，我的做法是跟他道歉。正如我们之前说的，要把孩子当成独立的人来看待。关于道歉的问题，并不是说家长对每件事情都要道歉。因为家长在教育孩子的过程中要有原则，当孩子触及原则性问题时，家长也不能让步。但是，如果家长真的做错了，就要担负起成年人的责任，勇于道歉。

文字整理：潘雯雯

青少年比看起来更需要你

扫码观看活动视频

分享嘉宾	石晓为
主持嘉宾	徐儿
活动时间	2023年2月25日

图　书	《解码青春期》
作　者	[美]乔希·西普
译　者	李峥嵘　胡晓宇
出版社	湖南教育出版社

嘉宾简介

石晓为，宁波外国语学校英语学科高级教师，宁波市首届名班主任，宁波市首批名班主任工作室领衔人。

徐儿，宁波中学心理高级教师，心理学硕士，国家二级心理咨询师，浙江省心理健康教育教师A证，宁波市骨干教师，宁波市领军和拔尖人才（第三层次）。

徐儿

读者朋友们,大家下午好。欢迎来到"甬上家长共读一本书"的活动现场,我是本期节目的主持人徐儿,来自宁波中学。今天,我们非常荣幸地邀请到宁波外国语学校的石晓为老师,与我们一起分享《解码青春期》的阅读体验。该书作者为美国的乔希·西普。这是一本关于如何养育青春期孩子的书。

说到青春期,这是一个非常漫长又特殊的时期。在这个阶段,孩子的自我意识出现第二次觉醒,想要成为"自己"。在养育孩子的过程中,我们或许会遇到挑战和困难,而这本书恰好能给予我们一些指导。石晓为老师善于和青春期的孩子打交道。在工作中,他常与学生和家长进行沟通和交流,解决了很多青春期孩子与家长们的困扰。同时,石老师是宁波市首届名班主任,也是宁波市首批名班主任工作室的领衔人。

石晓为

大家下午好。我曾经三年两次读《解码青春期》这本书,感受大有不同。第一次看这本书时,我只是泛泛地读,对其中某些内容不是特别认可,又对某些内容感触颇多,故而是挑着读的。三年以后,作为分享嘉宾再次阅读这本书时,我身上就有了责任感。在我完成了21天的导读打卡以后,想到学生们寒暑假每天打卡,深觉这是件非常不容易的事。在读这本书的过程中,你会感受到很多孩子在成长中的不容易,且我们在与他们相处时对他们的评价也过于轻率。

父母的学习
"甬上家长共读一本书"分享精选

青春期到底有什么特别的

我们可以思考，为什么有关青春期的话题如此之热。虽然人在每一个成长时期，婴幼儿时期、青春期、成人时期，都各有难处，但相比之下，青春期话题最为热门。在孩子的婴幼儿时期，我们保障孩子的安全，让他吃饱喝足，给他安全感。比如，他睡觉时，我们要用被子或其他东西挡护着他，保护他不要意外滚落。这一时期，孩子对你有天然的依赖。到了童年时期，孩子对你的依赖减少，也不再全然认可你。但不管是因为敢怒不敢言，还是因为缺少反抗的方式，孩子大多数时候总是会顺从你的安排。

青春期就截然不同。如果你的孩子已经是中学生了，你在辅导他做题时就会发现，你已经比不上他。外界发生的新鲜事，你不一定了解。而孩子比我们更快地了解这个世界的变化，我们很多时候跟不上他们。我是个老师，在家里或多或少地暴露出老师的特性，有一些"居高临下"。即便我的女儿也已经成了一位妈妈，当她不在看书而在刷手机时，我还是会不由自主地说："你要多学习。"但我再想一想，这句话说得不对，看手机怎么就不是在学习了？女儿生产前就通过手机把所需要的装备都买齐了，而我对这些东西完全不了解。这时候我感觉到，我已经落伍了。新生代比我们学得更多，且与外界接轨，而我们正在逐渐脱轨。

按照科学的年龄定义，青春期大约开始于 10 岁，终止于 20 岁。这个阶段，孩子们的学习能力普遍更强。我们"居高临下"地对孩子们说："我们有自己的工作，你们的作业虽然我现在不会做，但我当初做得很好。"孩子听着你曾经的成就的同时，也看得到你无所作为的现在，你曾经的优秀并不妨碍如今的"落魄"。从学习的角度来说，孩子可能会陷入知识无用论。如果你想与孩子进行比拼,要做充足的准备。所以,青春期与其他时期的区别在于,孩子对你的依赖减少了,你不再那么重要,但他此时没能独立,因而也离不开你。

了解科学意义上的青春期并对青春期孩子加以观察后,我发现青春期孩子有两个显著的特点。第一,非常敏感。第二,容易自卑。孩子缺乏自尊,便容易自卑,且随着年代更替,孩子自卑的原因也发生了较大变化。我的第一届学生和我属于同一时代,他们的学习成绩优异,对成长中身体的差异不敏感。不够高,不够帅,不够美,不够白……这些世俗上的东西并没有带给他们太多困惑。而现在的孩子关注的事情广泛,在他们的新年愿望中,放在第一位的往往并不是学习。但是,那些被放置于第一位的烦恼,比学业压力更难消解。有学生抱怨自己的个子太小,和同学们差异很大。有些女孩在目前的审美观念下自审严苛,对身材要求苛刻。有一位女学生体形匀称,身高一米七,体育成绩优异,却认为自己过肥。目前正处于青春期的这一代人,会比我们更易陷入焦虑情绪中。

父母等长辈的关注或许会让孩子们产生压力。无论长辈是直接指导孩子,告诉他们要怎么做,还是背后讨论时被孩子听到,都会让孩子们感到压力。或许我们会觉得,道理听了很多,但还是过不好人生。我的青春期延长、超越了我的生理年龄。我是个幸运儿。读中学时,我的班主任就常常对学生进行人文关怀,讲素质教育。他深刻地影响了我,直到我做教师。即便如此,如今的我仍有很多的困惑。这些困惑与我在青春期时的困惑一致,这说明我无法通过和父母交流、寻求老师的帮助来解决它们。但我回过头去看,这未尝不是一件好事,因为这让我更能够设身处地地了解孩子们所面临的困境。

家长们在与青春期孩子相处时会不自知地站在成人的角度看待问题,但我们反问自己,我们的观念和做法成熟吗?不见得。我们在很大程度上仍是还没长大的"青春后期"的孩子。到了更年期后，我常关注更年期家长与青春期孩子冲突的话题。那些被看作家长会在更年期和孩子说的话，40岁前后的我才会常说，现在的我反而不会再说。很多人无法再将焦虑的原因归结为青春期，便让更年期背锅。

青春期最严重的问题莫过于心理问题。不管外界的压力有多大，我们需要做的是帮助自己和孩子们去应对压力。我们不可能通过取消某场考试或者是延缓某场考试来解决问题，因为考试终究会到来。《解码青春期》的封面上写道，我们要"破译青春期的密码，掌握与孩子沟通的策略，陪孩子度过成长中最具挑战性的时期"。

这本书为谁而写

凡是跟孩子们打交道的人都可以读这本书，在青春期有困惑、过得不顺、想治愈自己的人也可以读这本书。但最直接地说，这是一本写给家长的书。家长是孩子的第一任老师，是最需要关注孩子的人。当然，作为教育工作者，这本书也值得一读。

"Develop Unshakable Trust"意为要与孩子建立不可动摇的信任。无论从老师的角度，还是从父母的角度出发，这都是一个难题。成人世界有很多身不由己，我们为自己不完美的行为找了许多"完美"的理由和借口，又常常担心被孩子戳穿。当我们的谎言被孩子发现，我们与孩子间的信任就会大打折扣。但我们仍然不能对孩子100%诚实，对于某些特定年龄的孩子，全然的诚实是一种残忍。

总体而言，该书的目的是培养一个值得尊敬的成人。当我们阅读这本书时，要常常拷问自己：我怎样解码我的行为？我是否与周围人建立了不可动摇的信任感？我是一个值得尊敬的成人吗？我一直认为，只有先做好了自己，才能教导别人。父母做得好，孩子会看在眼里；老师做得好，学生会看在眼里。这就是言传身教。作者根据自身经历写了这本书，鼓舞着作为普通人的我们。相较于作者而言，我们和我们孩子的成长环境是幸福的。在和家长的交流中，有些家长说，过于幸福会不会不利于孩子的成长。不会的，孩子并不一定需要经历像作者那样的挫折才能成长。依我的想法，成长中的苦痛若能避免，就不要刻意经历。并不是所有的孩子在有了糟糕的经历后都能健康成长。换一个说法，在糟糕的环境中成长的孩子，长歪的可能性更大。

三种思维模式和五大挑战

本书的第一部分不长，但我看得很仔细，它包含了三种关键的思维模式。方向对了，路就不会走错，无非是走得快或慢的问题。所以，我们不能固守当下的思维模式，而是要时常学习和调整。倘若思维模式正确、方向正确，但没有达成我们想要的效果，我们就要思考，是不是我们需要时间，需要坚持，需要更多助力。

其一，青少年比看起来更需要你。现场很多家长都表示，随着孩子的长大，"他看上去没那么需要我了"，这是事实。但也正因如此，我们才说他比"看起来"更需要你。有些家长会说，"他是真的不需要我"，即或许是因为你没有给予他真正想要的。孩子说："妈妈，我的作业完成了，我们聊一聊吧。我们班会课上老师说有两个同学恋爱了，我们应该怎么看待这件事？"然后你回复："第一，你不要谈恋爱；第二，别人恋爱和你没有关系。作业做完了那就再来些课外资料。"这样一来，友谊的小船说翻就翻。那自然，你会觉得孩子不再需要你。

　　如果你和孩子一起讨论这件事，问他："他们是怎样恋爱的？会每天一起吃饭吗？老师又是怎么看待这件事的？"你也可以表现出你的八卦之心，问问你的孩子有没有恋爱的想法，或者分享自己的恋爱经历。这样去交流，走向就截然不同了。我说的"谈恋爱"其实是指中学生之间的好感。但若是在交流中一直向孩子强调"这是好感，而非真正的恋爱"，会让孩子认为自己被低估，被当作小孩，没有被尊重。有些孩子在被老师认为在谈恋爱时会选择否认，强调和"绯闻对象"间的同学关系。但也有些同学会承认在谈恋爱的说法，避免自己成为没有话题、乏味、不受欢迎的人。

　　其二，游戏规则已经改变，因此你的思维模式也应改变。曾经有位家长告诉我，每一个礼拜，家里都会发生"战争"。好的时候，孩子愿意和他交流；不好的时候，孩子不愿意和他沟通。我感到有点疑惑，因为那名学生我很喜欢，和他对话很自然。我问那位家长，"你们的关系一直这样吗？"家长说，"不是的！到五年级，一切都很正常；六年级开始，不知道为什么，一切都改变了。"我问，"不好的标准在哪里？"家长说，六年级之前，他让孩子读哪些书，做哪些课外作业，孩子都听从；六年级以后，孩子就不听话了。然而在我看来，这并不是问题。孩子小学听家长的话也就罢了，要是到了高中还事事听话，这好吗？万一家长做错了呢？孩子在六年级听家长的话，到18岁还是听家长的话，等到需要独立的时候，他们依然无法处理好自己的生活。有些家长觉得，帮孩子做主可以把选择简单化，让孩子更轻松，但人的成长并没有如此简单。等孩子长大了，回顾过去，或许会认为岁月都被浪费了："我怎么可以都听从你的，你的决定并非都是正确的。"我们常讲要让孩子学会独立思考，要知道什么是对，什么是错，不能对任何人言听计从。同时，我们要掌握分寸感，当事件没有对错，需求又确实存在时，耐心地配合孩子,助力他的成长。

其三,你需要帮助。我们需要帮助,孩子的成长也需要我们的帮助。

第二部分,青春期的不同阶段,这部分内容本身较为直白。书里依据年龄给孩子的成长划分了几个阶段。初中生大多为12~14周岁,处于"我是谁"阶段。青少年生活的焦点转向寻求自我,因此,家长的作用是肯定孩子开始显露的长处,应采取的关键行动是多多鼓励。比如,开车带他们去想去的地方,和孩子一起制定一套规则,在尊重的前提下密切关注他们的行踪。这个阶段的孩子们逐渐拥有更多独立行动的能力,所以风险性也更大。如果你不帮助孩子明确他们的身份,其他人就有可能替代你的位置。所以,家长要及时意识到,并认可孩子的独特之处。

年龄只是最简单的划分标准,我们不能刻板地抠住阶段特征进行对照,而是要看到孩子之间存在的个体差异。例如,我班级中的孩子,初一时他们都是12周岁,但身心发展差异很大。有些孩子已经变得有些冲动,喜欢寻根问底、标新立异,理想化、不切实际;有些孩子还很稚嫩,还没有表现出这个阶段的特征。如果根据每个阶段的特征去进行一一比对,你会发现孩子们大多处于交叉阶段。有时他表现得像十一二岁,有时又接近十六七岁。

第三部分分为五个小板块,每个板块都涉及一种具体的挑战。这些小板块分别是人际关系以及交流沟通的挑战,艰难而令人尴尬的谈话,危险或令人不安的行为,青少年使用科技产品带来的麻烦,以及学校和教育的种种挑战。在前三个小板块中,我们不难发现,家长和孩子的沟通交流是诸多问题的核心。在这里我想提一个现象。我们学校对不住校的学生提供晚托管。我对托管本身并不太认同,学生长时间待在学校并非全然是好事,但托管在家长中较受欢迎。原因有很多方面,一是家长工作原因。有的家长上夜班、出差,家中没有人指导孩子。再者，孩子在家没人管束，做事拖拉，在学校两节晚自习可以完成的作业在家长时间完不成，不利于睡眠。二是家庭管理有冲突，家里管教不力便托付于老师，将矛盾转移以避免家庭冲突，减轻家长的负担。这都是可以理解的。

而我说的不太认同，是因为托管以后，孩子和父母的相处时间太少，早上送去晚上接回，回家就到了睡觉时间。如果你是一个非常注重跟孩子交流的家长，孩子大多时间都在学校学习，在家里你就会有意识地找话题，弥补亲子交流的不足。没有类似想法的家长或许是想减轻一些负担，毕竟沟通耗费精力，成年人的压力也不小。孩子在学校的时间久了，与家长交流的缺失就会转为对同伴的依赖。所以在这个年龄，许多孩子更喜欢和朋友而非父母交流。

就我个人而言，我青春期时不愿意与父母交流是因为父母向我们表达得太少。我在农村家庭长大，除学习以外，父母并不关注我生活中的细节。我想举一个小例子。我从初一就开始写日记，但家里没有柜子可以上锁。我想过买锁，但后来我意识到不需要，因为我的父母不会翻阅我的日记，他们并不在意，于是我就随意地放置它。尽管我不认为偷看日记是正确的行为，但我却因父母没有给予青春期的我应受到的关注而失落。别的孩子写日记担心父母看，要把日记本上锁，日记本被打开就会指责父母侵犯了隐私权，而我却没有这种体验。直到我长大，我才知道父母其实在默默地关心着我。在高考前，有位学长写信给我，大致是鼓励我好好读书，考到和他一样好的大学，但这封信我并没有收到。还有一些内容父母未能转达给我，我猜想我父母认为这些内容会影响我的学业，这也促使他们瞒下这封信。在很久以后，我母亲才说漏了嘴，告诉了我那封信的部分内容，责怪这个学长影响我高考的情绪，而她为了保护我，才一直隐瞒着。这封信或许在某种程度上会影响我的人生，但一切已成定局。从我的角度看，我的父母作为老一辈人，已经算是合格水平以上的父母了。对父母的评价，要结合时代背景与个人实际来进行。

再说说第四个小板块，青少年使用科技产品的不良后果。有些家长选择把孩子送到封闭场所，远离电子产品。等孩子高中毕业，上了大学就能得到"自由"。有一位学生家长是大学老师，他在交流时告诉我，在一流的大学里，学生们也会在课堂上使用手机、电脑。如果家长让孩子从中学时代起就培养自制力，学会充分利用科技产品的优势，那么等孩子到了大学，风筝就不会彻底断了线。

最后，该书谈到学校和教育的种种挑战。我相信，读过这本书的读者都会有一个共同的想法：成为更好的父母，更好的老师，更好的教育者。我们想利用书中最有价值的信息，帮助我们理解青少年的问题，以便更有效地帮助他们。读书要追求灵活性，一味地照搬照抄与"死"读书没有区别。我一直告诫孩子们，尽信书不如无书，不能盲目听从课本的内容。课本也是人编写而成的，既然由人编纂，就不可避免地会有错误。报纸上的新闻文章不代表权威，它仅代表了一批人的想法。所以，家长要到现实中去，解码自家孩子的青春期。对教育工作者来说，我们要解码广大学生的青春期。"每一个孩子都与众不同"，抱着这样的想法阅读这本书，会读得更好。

文字整理：王睿宁

与孩子一起成长

扫码观看活动视频

分享嘉宾	肖新奎
主持嘉宾	傅卫平
活动时间	2023年10月28日

图　书	《非暴力沟通·亲子篇》
作　者	[美]苏拉·哈特
	[美]维多利亚·霍德森
译　者	李红燕
出版社	华夏出版社

嘉宾简介

肖新奎,"鹿鸣书友"团队三位核心成员之一,心理咨询师、社会工作师、宁波市未成年人心理热线志愿者,也是两个孩子的母亲。长期组织非暴力沟通亲子关系方面的读书会,具有丰富的育儿理论知识和实践经验。

傅卫平,女,宁波大学园区图书馆副研究馆员,情报学硕士,多年从事阅读推广工作,负责"甬上家长共读一本书""班主任茶座""阅读沙龙"等活动项目。

傅卫平

家庭是社会的细胞，是我们个体成长过程中度过最多时间的地方。家庭是人生的第一课堂，父母是孩子的第一任老师。某种意义上，父母就像一份工作，而这份工作的招聘书上居然写着不需要培训，也不需要工作经验。真的是这样吗？

作为家长，我们虽然在不断学习，但在实际状况面前，我们往往难以做到理想的状态。肖新奎老师是"鹿鸣书友"团队的三位核心成员之一，是心理咨询师、社会工作师、非暴力沟通实践的推广者，也是两个孩子的母亲。让我们以最热烈的掌声有请肖老师分享！

肖新奎

谢谢傅老师，也感谢所有来到现场的书友，还有持续 21 天打卡的家长朋友们。首先要感谢各位对我的信任，感谢大家的坚持，让我们有机会一起来当面探索关于育儿的话题。众所周知，开车要有驾驶证，当老师要考教师资格证，唯独做父母却从来没有上岗证。特别是在当今竞争激烈的社会中，家长们的焦虑日益加剧，孩子们也出现了越来越多的心理问题。作为家长，我们更需要来自各方面的支持，所以非常感谢宁波大学园区图书馆给我们搭建了"甬上家长共读一本书"这样一个平台。

我经常会收到家长的私信，询问如何解决这样或那样的问题。由于每个孩子都是独一无二的，每个家庭的情况也各不相同，因此很难用一两句话来解决

所有问题。我们必须综合考虑当事人所在的家庭、学校等多方面因素。所以，最佳的家庭教育方式，是家长与孩子共同学习和成长。

"非暴力沟通"的背后是"需要"

"非暴力沟通"是一种基于需要意识的、善意的沟通。非暴力沟通认为，无论人们做还是不做某件事情，都是为了满足某种内在的需要，这是马歇尔·卢森堡博士发现的一种关于沟通的原则。这句话的意思是，如果我们要理解、学习、运用非暴力沟通的方法，首先就要从好坏、是非、对错这种二元对立的思维中跳出来，从争执、冲突中走出来，看到言行背后的需要。《非暴力沟通·亲子篇》聚焦关于"需要"的育儿意识，要求我们关注孩子言行背后那些美好的动机和愿望。孩子们的言语和行为不是无缘无故的，而是为了满足某种深层的内在需要。

可能有家长朋友会问，什么是"需要"呢？在《非暴力沟通》中，"需要"是人所有行为的内驱力，是非暴力沟通四个要素中最核心的要素，是真正发挥同理心的源泉所在。"非暴力沟通"实际上就是"同理心沟通"。家长若想做到带着

> 1. 自由选择（自由）：选择梦想、目标、方向
> 2. 纪念：庆祝、哀悼
> 3. 人格完善：真诚、创造、意义、自我肯定
> 4. 滋养身体：空气、食物、运动、免于伤害、休息、触摸、住所、水
> 5. 玩耍：乐趣、欢笑
> 6. 情意相通：美、和谐、激励、秩序、平静
> 7. 相互依存：接纳、欣赏、亲密、归属感、体贴、成长、安全感、倾听、诚实、爱、信心、尊重、支持、信任、理解

需要是生命健康成长的要素，人所有行为的内在驱动力。

摘自《非暴力沟通》（马歇尔·卢森堡 著　阮胤华 译）

同理心沟通,首先要体会到孩子的需要。

为了方便大家理解"需要"的概念,我列了一个表格与大家分享。表格中的词汇都具有美好、正能量、抽象这几个特点,它们普遍被珍视,有利于我们的生命健康成长。

需要					
	安宁 健康 营养 运动 休息 可持续性	意义 连贯性 贡献 初衷 灵性 自我价值	连接 沟通 同理心 相互依存 临在	爱 认可 慈悲 亲密关系 温暖	社群 归属感 陪伴 合作 公平 平等 包容
	安全 一致性 信仰 秩序 保护	自由 富足 选择 独立 空间	理解 接纳 清晰 好奇 灵敏	庆祝 哀悼 感恩 更新 脆弱	创造力 自我表达 灵感 热情 玩耍 梦想
	平和 平衡 流动 沉静 力量	诚实 开放 责任 觉察 正直	关爱 贴心 支持 尊重 触摸 信任	美 赏 欣赏 分享 喜悦	学习 挑战 勇气 成长 探索 融合

摘自《生命能量卡》(董国臣 著)

在日常生活中,许多父母可能会遇到孩子做作业拖拉的问题。孩子可能会拖到很晚才写作业,或者根本不愿意开始。正如之前提到的,人们做或不做某件事情,都是为了满足自己某种内在的需要。面对这种情况,我们可以在"需要表格"中寻找答案,探究孩子出现这些问题是因为哪些需要没有得到满足。例如,可能是因为"玩耍""休息""运动"或"陪伴""关爱"等需要没有得到满足。由此可见,不同的孩子有不同的需要。即使是同一个孩子,在不同的时间和环境下,他的需要也会有所不同。这正是冲突的根源所在。如果家长没有察觉到孩子的需要,而是盲目地对孩子提出要求,孩子的行为就会受到限制。只有当我们能够看到孩子的需要时,我们才能采取正确的策略来支持孩子,孩子也会

更愿意与家长合作。

比如，孩子赖床的问题是一个常见的挑战。在这种情况下，未被满足的需要可能包括"休息""责任感""支持""舒适感"，甚至可能是由于身体不适引起的"健康"需要。作为家长，我们要深入理解孩子行为背后的需要，这样我们才能有针对性地采取有效措施。我们希望孩子成为什么样的人，首先我们自己就应该成为那样的榜样。

尽管许多家长可能认为非暴力沟通是一种理想化的状态，在现实中难以实现，但非暴力沟通并非遥不可及。它的关键在于理解和实践其核心要素。非暴力沟通并不仅仅是温和、柔和地交谈，实际上，语言的影响力只占7%。非暴力沟通的精髓在于对以下四个要素的觉察和实践：观察、感受、需要和请求。

首先，观察是非暴力沟通中最基本的要素，常用的表达方式包括"我看到""我听到""我闻到""我触摸到"。这种表达方式简单直接，不带个人情感色彩。然而，在现实生活中，许多家长在与孩子沟通时往往会发表评论而非表达观察。例如，家长认为孩子赖床是因为"懒惰"，或在孩子考试成绩不佳时发怒。相比之下，观察则是客观陈述事实，如指出孩子某个题目答错了。观察与评论之间的差异在于，评论通常带有情绪色彩，而观察则要求保持内心的平和。正如印度哲学家克里希那穆提所说："不带评论的观察是人类智慧的最高形式。"通过学习和实践非暴力沟通，我们会发现，虽然做到准确观察并不容易，但通过练习，我们可以提高这一能力。

其次，感受是非暴力沟通的重要组成部分。感受指的是我们的情绪和心理反应，如"伤心"或"失落"，以及脸红心跳、头皮发麻等生理反应。区分感受和想法至关重要，因为感受是非暴力沟通的核心。一个对自己感受敏感且丰富的人能够迅速识别孩子的需要，与孩子建立联系，并有效解决冲突。

在学习感受时，我们需要注意以下两点：第一，感受本身没有好坏之分，它是功能性的。家长们常常对孩子的快乐感到满意，而对孩子的悲伤或失望感到紧张和愤怒。例如，孩子哭泣时，有些人可能会认为孩子哭泣是没有志气的表现，或是因为小事而哭泣是不合适的。第二，如果家长经常否定孩子的感受，孩子表达感受的方式就会受到抑制。成年人往往感受较少，这与我们的文化背景和成长经历有关。因此，感受非常重要，它们传递了一个人的需要是否得到满足的信息，而不是简单的好坏判断。

此外，当孩子处于很激烈的情绪中时，家长不要说理。有些家长说："我说了那么多道理，他明知道是正确的，可是他就是不愿意听，为什么呀？"其实孩子在情绪中时，是很难听进去道理的。中国有个成语叫"通情达理"，先"通情"再"达理"。"通情"意味着要看到对方的感受，把情绪的温度降下来，再去好好沟通。在孩子的强烈情绪面前，家长不要说大道理，因为那个时候，孩子的"理性脑"部分被他的"原始脑"部分掌控了，情绪使得他进入原始的防御状态，不会思考，只会一味地反对和拒绝。

再次，关于需要，我们之前已经有了充分的讨论，因此我不再赘述。但是，我想和大家进一步探讨一下如何区分需要与策略。在此之前，我想提出一个问题：赚钱是需要还是策略？显然，赚钱是一种策略，因为不同的人想通过赚钱来满足的需要是各不相同的。有些人赚钱可能是为了实现个人价值或体现能力；有些人则是为了获得安全感；还有人是为了旅行、学习或拓宽视野。那么，家长要求孩子每天在特定时间完成作业或起床，这是需要还是策略呢？同理，这不是需要，而是策略，是为了满足家长的需要而产生的策略。

从上述讨论中我们可以看出，家长与孩子之间的冲突通常发生在策略层面。马歇尔·卢森堡曾说："当我们理解了我们和其他人行为背后的需求时，我

们就没有了敌人。"因此,学会区分需要和策略,将有助于我们更容易地感受到孩子的需要。

最后,关于"请求"与"命令"的问题。我们传统观念中往往认为提出请求是令人尴尬的,但非暴力沟通中的"请求"则有所不同。非暴力沟通中的"请求"需要注意以下几个方面:首先,应尽量使用积极的语言,避免使用否定语句;其次,应使用具体描述,而非抽象描述;最后,对结果保持开放态度,即使对方拒绝了你的请求,也不要感到愤怒。为了加深理解,我以打卡群中的一位母亲为例。她的女儿正在上高中,某次考试结束后,女儿一直在玩手机,从下午玩到晚上。母亲忍无可忍,最终说道:"已经很晚了,该休息了,不要再看手机了。"女儿就回答说:"别烦我。"

当面对特定情况时,我们可以尝试使用非暴力沟通中的"请求"方式来进行交流,看看是否能带来不同的结果。例如,一位母亲希望女儿早些休息,她可以采用肯定的语言表达:"宝贝,现在可以放下手机了吗?我们要准备休息了。"这样的表达既没有否定孩子,也没有命令孩子,更能体现出尊重。

再举一个具体的例子,夫妻之间有时会因家庭教育问题而产生争执。许多妻子希望丈夫能够花更多时间陪伴孩子,而不是总是忙于工作。但是,她们可能会不经意地说出"你就这么没有责任感吗?你能不能多承担一些责任?"这种指责式的语言,往往会引起丈夫的反感。如果妻子能以更温和的语气提出请求:"亲爱的,你能否每周安排两个晚上,或者周末的半天时间来陪陪孩子?"这样的请求更容易得到丈夫的响应。

此外,我还想强调一点,作为家长,我们应该多向孩子提出"请求",让孩子多参与家庭事务和合作,而不是发号施令。现代孩子的生活自理能力普遍较弱,通过提出"请求",我们不仅能够促进他们的动手能力的发展,还能增强他们的自我价值感。这些都是学习非暴力沟通的要点，也是我们在实践中需要注意的几个方面。

什么是尊重与合作

肖新奎

接下来，我们开始今天的第二个内容分享——尊重与合作的基础。在讲这部分内容之前，我们先要了解清楚"尊重"和"合作"这两个概念。看过书的家长朋友们可以谈谈你理解的尊重。

读者

书中讲到，尊重的核心意义就是去"看"，"看"他们正在经历的一切，尤其是要带着尊重去"看"他们当下的感受和需要。

肖新奎

非常感谢这位家长。确实，书中有关于"尊重"的清晰定义。尊重就是站在孩子的角度去体会他正在经历的一切，去体会他的感受和需要。网上有一句很流行的话："尊重就是如他所是，而非如你所想。"

在打卡群中，一位家长分享了他的经历。他的孩子因为感冒缺席了一周的课程。到了周日，孩子已经痊愈，但是周一早晨时，孩子却表示不愿意起床去上学。对此，父亲表示了尊重，并允许孩子继续留在家中。然而，到了周二，孩子仍旧不愿意去上学。尽管父亲内心不情愿，但他还是同意了孩子的请求。到了周三，父亲不得不强行带孩子去上学。这一系列的事件让这位父亲得出结论：尊重是无效的。

然而，这位父亲的做法真的可以称之为"尊重"吗？如果在孩子周一或周二表示不想上学时，父亲能够询问孩子："宝贝，你今天不想上学，可以告诉爸爸原因吗？"这才是真正的尊重。而这位父亲的行为，更准确地说，应该称为"妥协"。非暴力沟通所倡导的尊重，并不意味着无原则地妥协或迁就。真正的尊重是建立在原则和规则之上的。

曾经有家长问过我两个问题。一个是："为什么现在家长什么都为孩子考虑，甚至为了孩子好，花很多钱送他们出国留学，但孩子却没有一点感恩之心？"另一个问题是："该如何把握尊重的度呢？"我先说后面的问题。当你问出"该如何把握尊重的度"时，就意味着你的尊重不是尊重，你只是把尊重当成了控制和改变孩子的工具。

关于尊重和感恩的问题，我们可以从三个角度进行思考。首先，所谓的尊重可能并非真正的尊重，家长给予的可能仅仅是他们认为合适的，而未必考虑到孩子的感受和需要。其次，让我们来回顾一下《非暴力沟通·亲子篇》中提到的育儿目标。家长养育孩子的目的是什么？是保障未来、期待回报，或是希望孩子感恩吗？非暴力沟通鼓励真诚地给予，不期待任何回报。如果家长的养育出发点是期待回报或感恩，那么希望越多，失望可能就越大。养育孩子的真正目的应是参与一个生命的成长，帮助他们成为有安全感、有价值感的人，而非仅仅为了得到感恩。最后，有家长说，自己给孩子买了吃的，但是孩子自己吃却没想到给父母吃，所以孩子是没有感恩之心的。我认为感恩不是培养出来的，而是我们打开了孩子的感受力之后随之而来的副产品。如果一个孩子没有感受力，没法感受到你做这件事的善意，怎么可能会有感恩之心呢？有的家长会不断向孩子输出自己的辛苦感受,例如有父母说:"爸爸妈妈每天起早贪黑工作都是为了你,你要学会感恩。"这不是培养孩子感恩的能力,而是培养亏欠心。孩子听到这类话,心里只有满满的愧疚,他会觉得自己对不起父母。在打卡中,我们有两位妈妈提到过这个问题。她们说以前自己的母亲经常说:"只要你们好就好,我们做的一切都是为了你们。"还有一位妈妈让我印象很深,她说:"我一直想跟妈妈说,我希望我们都好。"我想这位妈妈的心声代表了我们所有孩子的心声。所以,与其通过虚假的"尊重"以换取孩子的感恩,不如让孩子从我们对他的尊重之中,学会如何尊重他人的付出。一个尊重他人的关心和付出,并时时给予回应的人,不就是一个懂得感恩的人吗?

以上是关于尊重的概念。第二个概念是合作。非暴力沟通认为,人际关系的本质就是合作。《非暴力沟通·亲子篇》中提到,合作是一种生存技能,是保持可持续发展的唯一方式。当今社会,大家的合作越发紧密。最初,孩子的合作能力由家庭培养。上学后,群体生活也有助于培养合作。我们要注意,真正的合作有几点要求:一是双方自愿,没有强迫;二是目标相同,合作既能满足你的需要,也满足孩子的需要,或者至少能够让双方看到满足需要的可能性;第三点,要有规范。

书上有个例子,女儿说自己每天打扫房间之后,父亲就会去检查并且指责女儿没打扫干净。最后,女儿出现了心理问题,因为爸爸从来没告诉她什么样的标准算干净。曾经有个患抑郁症的女孩对我们说:"我连放个热水瓶妈妈都要说我没放对,放在这里说不对,放在那里也说不对。"合作必须要有一个标准,一个规则。有个妈妈在打卡时问我,说跟孩子达成了约定和计划,最后发现关于玩的计划全部实现了,关于学习的计划都没有实现,这是怎么回事呢?首先我想问,你立下计划的时候经过孩子的同意了吗?有讲过规则吗?有满足孩子的需

要吗?如果没有达成计划,有相应的措施吗?都没有,那孩子自然不愿意接受。

前几天我问一位家长,有没有开过家庭会议?家长说有过两次会议,但是都失败了。很多家长想尝试家庭会议却不成功的原因,在于他们把它当成了控制孩子、改变孩子的工具,没有达成尊重与合作,所以家庭会议开不下去。《非暴力沟通·亲子篇》的第三部分用了大量篇幅告诉我们如何去开家庭会议。我个人的亲身经历也证明了,家庭会议是一个行之有效的解决冲突的工具,也是培养孩子能力、建立家庭联结的有效方式。

当合作难以为继时,该怎么办

我把合作难以为继的原因归纳为五个方面。首先,时间的有限性是一个重要因素。在快节奏的现代生活中,家长们忙于工作,尤其是有两个孩子的家长,更是难以抽出时间。然而,我们必须深思,家长与孩子之间缺乏联系真的是由于时间限制吗?还是说,这实际上是一个关于优先选择的问题?以美国前总统奥巴马为例,尽管职责繁重,他却从没有缺席过女儿学校的家长会。这表明,即使是最繁忙的人也能作出选择,以确保家庭的重要时刻不被遗漏。

书上还有一个例子,一位总经理常常跟他公司的下属说:"在孩子13岁之前,你们一定要多花点时间去陪伴他。"总经理表达了自己的遗憾,因为他准备好陪伴孩子的时候,孩子已经不需要他了。孩子已有自己的同伴、世界和天地。所以他要求公司的下属们多花点时间陪孩子,因为其他事可以随时处理,但孩子在一天天长大,一旦错过,就无法挽回。

第二个"让合作难以为继"的原因是"进行比较"。《非暴力沟通·亲子篇》中写道,比较"只能引发孩子内心的敌意、嫉妒、疏离、沮丧或者叛逆"。家长经常将孩子与他人比较,孩子也可能将我们与其他家长进行比较。前天,一位家长向我们分享她的案例。女儿放学回家后对她说:"我们班某某的妈妈每天陪他,给他买喜欢的东西。"这个妈妈听到后的第一反应是非常失落,因为她被比较了。己所不欲,勿施于人,如果你不希望被比较,也不要把孩子与他人进行比较。每个孩子都是独一无二的个体,都有自己的特点。

第三个原因是"回避责任"。这一点在家长的抱怨中表现得尤为明显。许多家长会说,他们每天工作很累,晚上休息不好,还要照顾孩子的日常生活和学习。这种抱怨实际上表达了一种"不得不"的心态。如果我们用非暴力沟通的方法,将"不得不"转变为"我选择",情况就会有所不同。例如,"我选择每天接送孩子,因为我爱他,我希望他有一个美好的未来,希望我的家庭幸福和谐"。这样的转变会改变我们的感受和内心的能量。因此,当我们面临"不得不"的情况时,请放慢脚步,将"不得不"转换为"我选择"。

第四个原因是"强人所难"。这个概念通常与"应该"和"必须"这样的词汇相关联。它们就像交通信号灯一样,提醒我们注意"强人所难"的存在。"强人所难"也经常以"威胁""惩罚"和"奖励"的方式呈现。大家可能会有疑问,为什么"奖励"也是"强人所难"?这是因为"奖励"并非孩子内心真正的需要,而是家长为了满足自己的需要而采取的策略。例如,有位母亲说:"我总是给孩子各种奖励,甚至连日常需要的文具也是作为奖励给孩子的。"结果,她的孩子失去了内在的动力,没有奖励就不愿意行动。实际上,这位母亲无意中剥夺了孩子的内在动力。许多家长认为奖励措施很有效,但其实,长期使用奖励会带来严重的后果。另一位家长为了让孩子完成作业,就以玩手机作为奖励。这种"奖励"很容易导致孩子的价值观偏离,破坏与家长的合作关系。因此,《非暴力沟通·亲子篇》不提倡使用"奖励",而是建议多使用激励和鼓励的方式对待孩子。

最后一个"让合作难以为继"的原因是"道德评判",也就是我们常说的"贴标签"。许多家长已经意识到给孩子"贴标签"是不恰当的,因为这是对孩子的物化。我们的孩子是充满生命力的个体,他们拥有无限的可能性,不应该被任何标签所限定。而且,"贴标签"往往会给孩子带来心理暗示,比如"懒惰""笨拙""脾气坏",这样的暗示可能会影响孩子的未来发展。除了负面标签,《非暴力沟通·亲子篇》也不提倡给孩子贴上"聪明"等正面的标签。例如,一个经常被夸赞聪明的孩子,当他遇到比自己更优秀的人时,可能会感到自己不够聪明,这对孩子来说是一个巨大的打击。那么,如果我们不能使用"笨"或"聪明"这样的标签,我们应该如何鼓励孩子呢?家长应该基于孩子的品格,进行积极的暗示和引导,如"自律""进取""乐观"等,而不是简单地用"聪明"和"笨"来划分。

那么,做什么能让合作得以继续呢?

第一个方面是"自我尊重"。非暴力沟通其实是一棵大树,它的根部就是自我尊重。自我尊重是最重要的。举个例子,大家应该都坐过飞机。每次起飞前,空姐都会展示遇到紧急情况后氧气面罩的使用方式,此时的要求是家长自己先戴好安全氧气面罩,接下来再为身边的未成年人戴上。为什么要这样?因为家长只有先自我尊重,照顾好自己,才能更好地照顾好孩子。我们无法给予别人自己没有的东西,很多家长也没有被父母欣赏和接纳过,因此也没有办法自然地欣赏自己的孩子。面对这种情况,我们更需要通过学习来疗愈自己。关爱自己就是对家人最好的爱。

这里我想分享两个家长的故事。有一位妈妈说:"自从孩子上学后,我放弃了最心爱的舞蹈,有5年没再跳舞了,看着镜子里面那个'黄脸婆',体重已经从90斤上涨到了110斤。"看到"自我尊重"时,她很感慨地说:"接下来,是时候满足自己的需要了。"还有一位妈妈分享说,孩子在上学的时候是她事业最成功的时候,但她放弃了成功的事业,回归家庭,一心一意地陪伴孩子。她的先生很忙,也很少照顾家庭。孩子恰逢青春期,学习上也遇到了问题,这些压力她都一人面对。这种情况下,她自己的心理状态也变得不好,不仅影响了亲子关系,也影响了孩子的成长。这位妈妈后来觉醒了,她说:"我现在又开始工作了,生活也回到了正轨。"看到这里,我非常欣慰。作为家长,我们首先要自我尊重,先满足自己的需要。我每次都跟家长说:"不要先问孩子怎么办,应该先问问我们自己要怎么办。"自己要做什么很重要,满足自己,把自己先照顾好,才能去照顾好孩子。

第二个很重要的部分是看到他人,看到孩子的需要,尊重孩子。家长要有"聚焦需要"的育儿意识,看到孩子每一个行为背后的正向意图。这里涉及我之前提到的思维方式的转变,要从"是非""好坏""对错"等二元对立的思维里走出来,从争执、冲突中走出来,看到孩子行为背后的美好,看到他的需要。在日常的社交中,我们的行为和语言犹如冰山水面之上的部分,影响只占到10%~20%;最重要的部分——感受和需要,占比达到80%~90%。

非暴力沟通的最后一把钥匙是建立"无错区"。许多家长朋友都认为"无错区"是理想状态,其实"无错区"就是感受和需要这一部分。鲁米曾经说过:"在对与错之外,有一片田野。"我们的幸福就在感受和需要中。如果我们回归到需要,行为和想法便没有对和错,大家看到的都会是美好,是对生命的慈悲。

再举个例子,我们有位妈妈读到有关"无错区"的这一篇时打卡说,她前一天晚上和女儿约定好了起床的时间,结果第二天早上女儿却赖床了。本来这位妈妈的第一反应是很生气的,但她自己马上觉察了情绪,并迅速打断了生气模式,连忙走出房间深吸一口气,开始做家务使自己平静下来。过了一会儿,这位妈妈走进房间,放低声音对女儿说:"如果你想再休息,就多睡2分钟,然后起床

上学。"说完这句话后,她的女儿很快就表示了配合,没有再跟她唱反调。

我们还有一位家长的分享也非常让人感动。她的孩子每天下午5点到家,经常拖延到晚上8点钟才开始写作业。有一天,孩子又是晚上8点才开始写作业,这让她非常生气。但她努力地控制住了自己的情绪,没说教孩子。孩子动作比较慢,到了睡觉时间还没写完,于是妈妈就让孩子先睡觉了。孩子很好奇,就问她:"妈妈,你今天怎么没生气呀?"那位妈妈说:"宝贝,我今天看到了你做好的部分,以往妈妈都只看到了你没做到的那一部分。"孩子听到妈妈这么说,就主动要求第二天早上5点半起床把作业写完。当我们看到孩子的需要时,孩子自然会跟家长达成合作。我们应该透过孩子有什么问题,看到孩子有什么需要。我们每个人终其一生都是在追求被看见、被欣赏、有价值。

第三个重要部分是自始至终地寻求联结,维护安全感。这部分涉及《非暴力沟通·亲子篇》里的第一把钥匙——"做目标明确的家长",还有第三把钥匙——"建立安全感、信任感和归属感"。当一个人有明确目标的时候,他的言行自然会朝着这个目标前进。从"家长做练习"中我们可以知道,家长的育儿目标是与价值观和品格相连接的。我想,没有家长生孩子是为了让他考高分、考好学校的。上北大、清华不是终点,只是人生的节点。作为家长,我们一定希望自己的孩子健康幸福,做一个有价值的、对社会有贡献的人。所以,不要忘记你的目标。你跟孩子沟通是为了培养孩子健全的人格,是为了跟他进行连接,给予孩子尊重、信任和支持,是为了维护他的安全感,是为了建立他的价值感。

我再跟大家举个例子。很多美国家庭的房子前都有一个大草坪,家长通常会指派孩子负责除草工作。有一次,一位爸爸还未调整割草机至适当高度,他的孩子就因过于兴奋而直接开始割草。结果由于设备设置不当,草坪被割得参差不齐,非常难看。父亲对此感到非常愤怒,并开始对孩子发脾气。这时,孩子的母亲从屋里走出来，问孩子爸爸："你是在培养草坪，还是在培养孩子？"这个问题引人深思：在日常生活中，当我们面对孩子的学习挑战、起床拖延或做作业拖拉等问题时，我们的反应是什么？我们是在追求成绩的完美，还是在培养孩子？

家长的根本目标始终是维护孩子的安全感和价值感。一个有安全感的孩子会自然而然地向上发展，积极探索外部世界。因此，我们不应责备孩子不愿尝试新事物，而应先反思自己是否为孩子提供了充足的安全感。足够的安全感可以激励孩子勇于探索，而充分的价值感则能像翅膀一样，帮助他们飞得更高。这是每位家长都要认识到的。

以上就是我今天的分享内容。谢谢大家！

文字整理：潘雯雯

安心陪伴，不越界

扫码观看活动视频

分享嘉宾　赵建强　胡　波	图　书　《在远远的背后带领》
主持嘉宾　范昕奕	作　者　安　心
活动时间　2023 年 11 月 25 日	出版社　北京联合出版公司

嘉宾简介

赵建强，中共党员，高级教师，浙江省"双带头人"党组织书记典型，宁波市镇海区蛟川中心学校党总支书记，全国计划单列市青年校长递进培养对象，宁波市王宽诚育才奖获得者，宁波市陶行知研究会副秘书长，镇海区学科带头人，多次受邀参加全国、省市论坛，主持 10 余项课题在国家、省、市立项获奖，多篇论文在省、市获奖或发表。

胡波，镇海区九龙湖中心学校党支部副书记，宁波市首届骨干班主任，镇海区名班主任，镇海区胡波名班主任工作室领衔人。曾获得"浙江省浙商证券红烛教师奖励计划"奖金，取得宁波市"四有"教师、镇海区"道德模范"等荣誉称号。浙江省家庭教育讲师团成员、宁波市首批家庭教育讲师团专家。

范昕奕，九龙湖中心学校青年教师，自从教以来一直担任班主任工作，以"用心灌溉，静待花开"为宗旨，尊重学生个性发展，用心引领学生成长，志愿做孩子心中真正的良师益友。

范昕奕

亲爱的家长朋友们，大家下午好。一叶知秋，落叶入冬，时光的脚步带我们来到了秋末冬初。我非常开心，也无比荣幸，能够在这样一个收获满满的季节与各位相聚在这里。我是今天的主持人范昕奕。伏尔泰曾说过，"拜读名家大作，可造就雄辩之才"；颜真卿曾说过，"黑发不知勤学早，白首方悔读书迟"。正所谓"腹有诗书气自华"，在这水墨飘香的图书馆里，我们共聚一堂，举行"甬上家长共读一本书"系列活动之《在远远的背后带领》的阅读分享会。首先，由我为大家介绍莅临现场的两位主讲嘉宾，他们是宁波市镇海区蛟川中心学校党总支书记——赵建强书记和宁波市镇海区九龙湖中心学校党支部副书记——胡波书记。

在这仲冬霜月、岁末暮秋的 11 月，我们有幸共读了安心所著的《在远远的背后带领》。相信这本书就似初冬的一杯暖茶，温暖了很多家长的内心。在《远远的背后带领》中，看似是父母在带领和养育孩子，实际上是孩子在引领父母的成长。家长退至孩子的身后，给孩子空间与自由，同时保有与孩子的连接并给予他们支持，我想，这就是最好的带领。接下来，让我们掌声有请胡波书记分享她的读书心得。

胡波

大家下午好，非常荣幸能够再次来到宁波大学园区图书馆，跟家长们一起分享一些亲子沟通和家庭教育方面的心得体会。作为一名在一线工作了 26 年

的班主任，又是一位初三孩子的家长，我很荣幸今天能以这样的双重身份跟大家面对面交流。

家长如何与孩子"共情"

21天的时间，家长们在范昕奕老师的领读下，共读了安心老师的《在远远的背后带领》。我非常开心能和大家一起读书、一起打卡、一起体悟、一起感受自己的成长和变化。在群里面，各位家长的坚持和努力让我非常感动。21天的打卡，是一个漫长的过程，各位能坚持下来是很不容易的。在留言中，我看到了家长们的一些心得。对此，我有很多的认同和思考，也想到了在这些留言背后，肯定有很多家长付出了实际行动。在实践的过程中，有些家长可能取得了一定的成果，获得了成就感，然后更加坚定地朝这条路走去；有些家长的成效还比较轻微，没有显现出来。但是，能够意识到"我需要去改变"是最重要的，如果各位家长有了这个意识，就说明你们已经成功了。

有些家庭的亲子关系和家庭氛围是很对立的，如猫捉老鼠一般。这样的对立关系慢慢发展，等孩子到了青春期，这种家庭氛围就会造成比较严重的后果。如何改变这种对立的情况呢？安心老师在《远远的背后带领》这本书里面提到了一个很重要的核心共同点，那就是"共情"。共情是人本主义心理学家罗杰斯先生提出来的，其核心理念就是我们能否设身处地地去理解别人的感受，能否让对方感受到"我是在理解你的，我是在关心你的，我是在尊重你的"。说得通俗一点，就是作为家长，我们能不能换位思考，站在孩子的角度去感受孩子的感受，这是我们家长要共同学习的一个课题。我的孩子现在读初三，非常幸运，我们家的亲子关系非常和谐。所以，今天我想结合我的孩子、我的学生的经历和我自己的思考,跟大家一起分享。如果我们每一个人都具备同孩子共情的能力,那我们与孩子之间的亲子沟通肯定会更加有爱。

如何拥有这种"共情"能力呢?今天,我打算从三个角度来为大家做一个分享。

第一,放下身段,走近孩子。

作为家长,你有没有放下身段走近孩子?在我们中国人的传统观念和伦理道德中,父母是天,孩子是地,我们是长辈,孩子是小辈,我们必须有长辈的样子。但随着多元文化的冲击,现在孩子的观念跟我们的观念已经有所不同,所以我们要适应这个时代的节奏。我们要逐渐放下身段,跟孩子以一种平等、商量的语气去沟通。比如,家长们偶尔要会示弱。有些家长可能会担心,自己跟孩子示弱了,那孩子心中自己的权威感是不是就降低了?其实不是的。我儿子三年级的时候,他的个子就超过我了。有一天,我买了很多东西,我就说:"妈妈拎不动,你个子那么高,能不能帮妈妈拎一下?"他说没问题,然后就把两桶东西拎上去了。从今以后,家里所有重的东西都是他拎的。反过来看,现在有很多家长想培养孩子的兴趣爱好,练钢琴、写书法等。这些兴趣爱好的培养都离不开苦练,但一直练的话,孩子就会出现很多不耐烦的情绪。有些家长就会说:"每上一节课都要花好几百块钱,你为什么不能好好练呢?你再练30分钟。"你越这样要求,孩子就越反感。如果我们换一个角度,和孩子说:"你钢琴弹得真好听,妈妈五音不全,你能不能再弹一遍给我听听看呀?"如果你有这样的心态,孩子肯定会更加愿意接受:"妈妈,我刚才一个音符弹错了,我再弹一遍给你听。"这样,沟通的效果是不是就好了?所以说,我们要学会适当地示弱。

第二,感同身受,理解孩子。

现在的孩子处在这样一个竞争激烈的时代里,其实是很辛苦的。回想一下我们自己的童年,是不是觉得现在孩子的压力比我们那时候大多了?孩子放学回来跟你讲:"妈妈,今天作业实在是太多了!上了好多课!"那我们家长会有什么反应?有些家长可能就会说:"你有什么好累的,你就坐在那里上上课,你看我每天工作比你忙多了。"如果是这样,那从今以后孩子再也不会来跟你抱怨了,因为他觉得"妈妈不理解我"。智慧一点的家长可能就会说:"真的很累,的确很累,你是脑力劳动,你比妈妈辛苦。我在努力工作,你在努力学习,我们一起努力。"这样,孩子就会觉得"我的妈妈理解我"。其中,关键的一点就是亲子之间的相处要有温度。其实,不管是跟孩子、亲人,还是朋友、同事,我们都要好好说话,保持说话的温度。怎么做到呢?我们可以从安心老师的文字当中得到启示。

首先,尽量避免说教。孩子是很聪明的,他们知道怎么做是对的,怎么做是错。但小朋友在成长的过程中,肯定是会犯错的。所以,我们要允许孩子犯错,不要轻易去否定他们,更不要过分指责他们。家长的表达也要具有一致性,不要朝令夕改,或者一户人家里面有好几个原则。还有,家长在表达的时候不要带有情绪,或者把老账和新账一起算。能做到这几点的家长,说教的坑就可以算是迈过去了。有些家长可能会觉得,我说说孩子是为了他好,他怎么还不听呢?这种想法反映了一个很大的误区,即忽视了孩子作为一个个体的成长。孩子的成长是一个连续的、漫长的过程。在这个过程当中,他会出现各种各样的变化,比如,身体的变化、性格的变化、情绪的变化、知识面的变化、观点的变化……所以,我们家长要理智地面对孩子在每一个阶段出现的问题。孩子的身体在发育,情绪在变化,他身体里面分泌的一些激素会改变他的思维,他接受的知识和他形成的价值观也会改变他的性格。当孩子出现变化的时候,家长其实还没有跟上他的节奏,这样就容易形成认知上的落差,让家长觉得"我的孩子变了,我没有办法接受他的改变"。这时,与其把时间浪费在无用的说教和与孩子"硬碰硬"上,不如加快脚步跟上孩子的步伐,理智地面对孩子身上出现的各种问题。

其次,我们要学会有效倾听孩子的声音。听,每个人都会,但你有没有做到有效地倾听孩子的话?让我们来看看这样两个案例。同样是小乌龟的死亡,两位爸爸的处理方式截然不同。有两个小朋友都很喜欢小动物。有一天,他们的小乌龟死了,他们很伤心。第一个小朋友的爸爸一开始是在安慰他,后来就有点不耐烦了,觉得是这个孩子在无理取闹;而第二个小朋友的爸爸就马上说道:"我知道你真的很难过,爸爸也跟你一起难过。你能和爸爸讲讲你和小乌龟的故事吗?"此时,共情就体现出来了,小朋友的注意力就会转移,他就开始跟爸爸分享他和小乌龟的日常。爸爸不时地表示着肯定:"你是很爱小动物的,你很关心小动物。"小朋友在这件负面的事情当中就获得了正面的引导。这位父亲在倾听的过程中给予了孩子所需要的回应,这种倾听就是富有同理心的倾听。我们跟孩子的沟通方式,就是孩子自己将来跟这个世界的沟通方式。我们在后面远远地带领,并不是放手不管,只是我们没有在明面上强行干预孩子。

最后,家长要学会自我调整。中国人望子成龙、望女成凤的心态我们都能理解,但是大多数孩子都是普通孩子。我有一个学生,他平常考试基本上都是在及格边缘,经过一段时间的努力后,他达到了70多分,这对他来说其实已经很不容易了。我在学校里面就表扬了他,他也很开心,回家就跟爸爸妈妈分享了。结果,他妈妈说:"人家还有考90分的,你才70多分,你高兴啥?"就这样,一桶冷水泼下去了。孩子有多少能力，我们自己心里是很清楚的，所以我们要调整一下自己的心态。一年级的时候，我们会对孩子有很大的期望。但是慢慢地，你会发现孩子达不到你的期望值，也许他付出了很多努力，但还是跟别人有一定的差距。这时，家长就要学会自我调整，不要总是揣着过高的期望，要学会调整期待。我们要根据孩子自己的情况，比如，兴趣、爱好和能力，去看看他的人生是怎样的。孩子的成功到底以什么为标准？学业当然很重要，但是如果一个孩子能够发挥他的特长，一生健康、开朗、善良，跟所有人都友好相处，这难道不算成功吗？我觉得，这也是一个成功的孩子，因为他的人生价值被发挥出来了。

第三，释放情感，拥抱孩子。

中国人的情感是很内敛的，许多家长很多时候都不太会表达，但其实都很爱孩子。我觉得孩子不管多大，都是需要看到家长表达对他的情感的，尤其是通过肢体上的接触。这一点我是很自豪的，我家孩子读初三，身高一米八十几，每天晚上夜自习结束，我去接他的时候，我们都是手牵手回家的。有一天，一位奶奶看见了，她说这对母子感情真好，这么大了还手牵手。虽然孩子那么高大，但毕竟心性还是小孩子，家长有些时候就可以用行动给他一点助力。我们可能无法解决问题，但是给他一个拥抱还是可以的。有医生说过，一天一苹果，可以让疾病远离你。那我想说，一天一拥抱，可以拉近孩子与你的距离。每天早上起来的时候，你给孩子一个大大的拥抱，他这一天的情绪会更积极；孩子如果在外受了委屈，你抱抱他，可能会减少些他的不安全感。

有的时候，我们会看到一年级的小朋友在校门口不想进来，不想离开妈妈。我值周的那天也碰到一个小朋友，就是不肯进学校，站在门口哭。他的妈妈又急着上班,一定要把他推进来。一推进来,小朋友就要逃走。我就跟他妈妈说"你抱他一会儿",然后他妈妈就抱了他一会儿。抱好了以后,妈妈就跟他说"妈妈晚上回来接你啊",然后我说"你看,妈妈承诺你了,你让妈妈安心地去上班,老师把你带进去",然后他就跟我进去了。所以,我觉得我们可以用这样一种方式,去更好地表达对孩子的爱,让我们的亲子关系更加和谐。

最后,我想给家长们分享一个小妙招。当家长和孩子之间出现小问题的时候,我们不妨去问问自己这样三个问题:我眼中的孩子到底是什么样的?我的孩子现在到哪里去了?我想让我的孩子得到什么?我想,这三个问题可以快速而直接地帮我们找回教育的初心,提醒我们养育孩子的核心目标。

范昕奕

感谢胡书记的分享,走近孩子、理解孩子、拥抱孩子,共情让亲子沟通更有爱。教育是一种等待的仪式,需要有滴水穿石的耐心。莫疑春归无觅处,静待花开会有时。接下来,让我们掌声有请赵建强书记分享他的读书心得。

让家庭教育成为孩子的"助跑器"

赵建强

实际上,我有很多身份,但我最喜欢的身份是老师,其次是家长。抛去工作和社会属性,我们只是大自然中无意或者有意产生的一个生命个体。我觉得,我们能成为人是非常幸运的。在这个科技、经济快速发展的时代,我觉得我们应该抛开子女学业上的成功,更多地去关注如何保持人性最初的温暖,家庭最大的快乐,以及你和孩子最默契的那一刻。刚才我听了胡老师的分享,也特别有感触。不管孩子多大,在爸妈眼里,永远都是小孩。中国人的爱是向下的,这跟我们的传统价值观有关。但实际上,我们可以尝试给予孩子一些平行的爱,和孩子一起长大。

读这本书的时候,我时常将自己的做法和书中的做法进行对照。我做了十多年的家长,许多时候都只是用我爸妈那时候教我的方法去教我的孩子,如果总结一下,无非就是努力培养一个三观正、品行正的人。我始终有一个观念:成功是别人眼里的,幸福是源于自己内心的。有的人可能在聚光灯下很光彩亮丽,但在自己的小房间里却不停地经历着痛苦和挣扎。在这个经济、社会高速发展的阶段,我们始终要问问自己的内心:今天你过得幸福吗?今天你是不是有所成长?我觉得,家庭教育应当成为孩子的助跑器。大家都跑过步,在起跑的那一刹那,助跑器会让你跑得特别有力。因此,我有几个建议想和大家分享。

建议一:给孩子提供连接和支持。

看了这本书以后,我在家庭教育的一致性方面很受启发。我觉得不评价、不越界是非常重要的。我们小时候的生活背景和现在孩子们的生活环境是完全不一样的。以前,我们中国社会的结构是一对父母养育三四个小孩。现在中国社会的结构,可能上面是四个六七十岁的老人,中间是一对夫妻,下面是一两个小孩,孩子们从小就是家庭的焦点。孩子们是很辛苦的,所以我们要学会建设关系,不要老是拿别人家的孩子跟自己家的孩子比较。孩子不是你的复刻版,也不是你的进阶版,他是独一无二的限量版。你的小孩和别人家的小孩是不一样的。我们家孩子有时候不太喜欢和人打招呼,但是换个角度想,我觉得他很文静。他只是不善于,或者不乐意过多地去打招呼。那么,我作为一个家长,就要理解孩子的特点,给予孩子连接和支持。

建议二:和孩子一起成长、成熟、成才和成人。

我们不能让父母的荣光、家族的期待、社会的需求成为孩子个性成长和追求幸福生活的阻碍。孩子毕竟是一个人,想让他健康快乐地成长,我们就要在发现和尊重孩子的特点的前提下,培养孩子的良好道德品质,帮助孩子发挥特长、全面成长。就像我们胡老师讲的,孩子总有一个地方是好的,你让他把自己的特长发挥出来就好了。家长要在厚积薄发与一蹴而就、心平气和与急功近利之间作出正确的取舍。我们还需要用长期主义的思维来思考问题。家长对孩子的引导,一时之间可能很难有巨大的成果,但只要始终朝着正确的方向走,孩子一定是会成长、成熟、成才和成人的。对于"成人"和"成才"哪个词应该放在后面,我曾经纠结过一段时间,但现在我觉得"成才容易,成人难",这是我的思考。

书里还有句话深深打动了我的内心,就是"无条件养育",即父母不要把孩子当作自己的作品来养。部分家长可能会把孩子当作作品来养,这样的家长对孩子的要求就会非常高,孩子也会觉得很累。关于无条件养育,有句话我觉得特别重要:"做真实的父母。"做真实的父母有两大观念。第一,做真实的父母要我们以身作则。我的妻子是很讲原则的一位妈妈,她要求孩子怎么样,自己就怎么样。这是做真实父母的第一个要求,要孩子做到,你自己首先得做到。第二,与孩子分享真实的目的,这个很关键。有时候,我们免不了要表面一套,背后一套。但是,要求孩子做的一些事情,必须是我们内心想做的事情。比如,你可以为了培养孩子的自主能力而让他做家务,但不能为了减少自己的压力而逼迫孩子做家务。而且,设立的目标必须在孩子"跳一跳够得到"的范围内,让孩子能从中获得成就感。其实，这种"无条件养育"的背后是一种规划与规则的建立。我们用自己的行动给予了孩子模板，赋予了孩子自主选择的权利。以最真诚的付出，做真实的父母，会对孩子的发展起到显著的作用。

刚才，我更多地是从家长的身份出发。现在我从教育管理者，或者说教师的角度来分享一个看法。如今，很多的官方文件反复强调，要求我们促进孩子的全面发展。无论是"德才兼备"，还是"立德树人"，都是把"德"放在前面的。好的品德会引领孩子成长为一个优秀的人。现在，我们正处于"五育融合"的"全要素"评价阶段。换句话说，孩子的合作能力和沟通能力好不好，价值取向和三观正不正，社会责任感强不强，都是我们关注的重点。

建议三：为孩子放弃可能影响他成长的不良嗜好和习惯。

每个人都会有大大小小的不良嗜好。你愿意为了你的孩子而放弃它们吗？改变和放弃是很痛苦的，尤其对成年人来说，是要下大决心的。还有，你能接受孩子不想去完成你认为正确且应该完成的事吗？你不能用你的价值观代替孩子的想法。当然，在大是大非面前，我们是绝对不能让步的。但如果孩子不喜欢家庭聚会，或者很热闹的场合，那你是否会强迫他作出改变呢？有的时候，我们会迁就孩子；有的时候，孩子也会迁就我们，这就是一种平和的状态。所以说，孩子的世界观和价值观不是由你灌输的，而是在一次次关系调整的过程中建立的。人与人之间，或者成人与儿童之间的判断、价值、思维、逻辑，包括品性、行为、三观不一定是匹配的。我们要做的是在众多纷繁复杂的未知因素当中，总结出一些适合孩子的习惯并坚持下去，最终达成"进阶"的目的。我在这里没说成功，也没说成才，而说了进阶。我觉得教育孩子真的是一门很深的学问，不是说陪孩子考进了哪一所学校就是成功了。我只能说，我们要尽自己最大的努力,去帮助孩子成长。我始终认为,我们要把自己的那份荣光藏于内心,要把责任扛在肩上,要永远保持努力,把爱传递出去。可以放松,但绝不能放纵;可以放手,但绝不能甩手。

我今天说了很多想法,基本都源于我自己养育小孩的经验,或许会有一定的参考价值。但我认为,每个家庭都有各自的特点,每个家长都能成为自己孩子的成长专家。只要遵循普世价值观,让爱根植于自己的内心,从成长的角度看待孩子和世界万物,你也一定会成功。谢谢大家!

范昕奕

感谢赵书记的分享,相信大家都能做一名内隐但不内向、放松但不放纵、放手但不甩手的新时代家长。让我们和赵书记一样带着思考去阅读,沉浸在温暖的静默中。相信我们也能在经典书籍中,体会到陶冶情操的快乐。

快问快答

读者

在家庭教育的一致性上,我感到比较困惑,不知道怎样去做。我来自一个双职工家庭,家里的老人也会来帮忙带孩子。老人有老人的观念,我与我先生的观念有时也会不一样,很难达成完全一致。在刚才的分享里面,我也学到了一些,感觉在孩子的成长过程中,一致性真的非常重要,希望您能向我们传授一下这方面的经验,谢谢!

父母的学习
"甬上家长共读一本书"分享精选

胡波

谢谢家长,其实在这方面我自己也不一定很成功,只是有一点心得。老人作为长辈,跟我们这一辈肯定是有观念差异的,但是你想去改变老人的思维是非常难的。面对这样一条鸿沟,我们怎么去跨越呢?我孩子小的时候,我就他的教育问题跟我婆婆达成了一个共识。我说:"我们把界限划一划,我要上班,来不及接送,您的任务是帮我接送孩子,帮我在生活方面照顾孩子。我在教育孩子的时候,如果您接受不了,我建议您要么去跳广场舞,要么去房间里看电视,尽量不要在现场。您在现场的话,您也不好受,我也不好受,我们的教育效果也不好。"我婆婆也很好,她非常理解。从那以后,她就是这样做的,有什么问题,她会马上跟我说:"孩子今天有什么样的问题,我已经汇报给你了,等一下你自己看怎么办。"吃完晚饭,她就会快速离场,让我去引导孩子,这就是书里说的不越界。伴侣之间肯定也会有观念不一样的时候,那就要夫妻两个人事先商量好怎么做。孩子是大家共同拥有的,孩子有多少能力,他的性格怎么样,他的优点、缺点是什么,我们对孩子的培养目标和未来规划是什么,这些都需要父母双方先私下交流,达成一致。我们有时会在网上看到一些比较负面的信息,比如"丧偶式育儿"。如果存在这种情况,一方就要主动去跟另一方沟通,另一方也要一起配合,毕竟孩子是两个人共育的。前期父母先达成一致,后期双方不要当着孩子的面互相拆台,这是最重要的。就算一方在管教孩子的时候出现的一些行为或者观点让另一方不能接受,彼此也不要当场拆台,可以事后两个人再进行一次单独的交流和协商。这是我个人的一些想法,希望对您有帮助。

文字整理:郑艳霞

史上最牛落榜者的命运与时代

扫码观看活动视频

分享嘉宾	徐海蛟 任茹文
	王　静
主持嘉宾	陈　辉
活动时间	2023 年 9 月 17 日

图　书　《不朽的落魄》
作　者　徐海蛟
出版社　河南文艺出版社

嘉宾简介

徐海蛟，作家，中国作家协会会员，浙江省作家协会散文创委会委员，浙江省散文学会副秘书长，宁波市鄞州区作家协会主席。

任茹文，浙大宁波理工学院教授，文学博士，硕士生导师，兼任宁波市作家协会副主席，宁波鄞州区文艺评论家协会主席。

王静，高级教师，国家二级心理咨询师，宁波市鄞州区作家协会会员，雨晴心理工作室创建者。

陈辉，宁波知名主持人，历任 FM104.7、FM105.2、FM92.0 节目主持人、记者。

父母的学习
"甬上家长共读一本书"分享精选

陈辉

我们本期共读的书籍是《不朽的落魄》。它选取了从杜甫、唐寅到顾炎武、吴敬梓,从唐代到清代的13位科举失意者的故事。当然,也正是因为他们在科举路上受尽煎熬和饱尝失败的经历,才迫使这些被损害的灵魂作出了惊人的选择,最终走向了博大开阔的人生境地,成为时间里的不朽者。

我个人觉得,这本书是献给家长的,它能引发家长教育孩子的一些启示:除了考试,人生还有其他路可以走吗?当然有!这本书对于孩子的启示和意义也很大。我在小学二年级的时候学过一篇课文——《王冕学画》,从这篇课文中学到了一种态度,叫作"专心致志"。现在,《不朽的落魄》又让我窥探到了历史上王冕的人生境遇,以及他人生的真实全貌。这也让我理解了,为什么王冕会成为《儒林外史》众多科举人物中难得的一个正面典范。

接下来,有请徐海蛟老师,为大家做主题为"读书人的改命与宿命——史上最牛落榜者的命运与时代"的讲座。掌声欢迎徐老师。

徐海蛟

各位亲爱的读者朋友,大家下午好!这是一个非常特别的秋日午后,非常适合在安静的图书馆里听一场并不安静的讲座。虽然讲座主题本身是比较学术性的,但学术同样也可以是有趣的。

实际上,对于作者来说,一本书的诞生就像一个孩子的诞生一样,有着超凡的意义。按照这个说法,本书是我的"第14个孩子",是我的"小儿子",也是我非常钟爱的一个孩子。

我讲座的主题是"读书人的改命与宿命——史上最牛落榜者的命运与时代"。听说有些家长朋友有点担心，担心孩子听了我的讲座之后就此躺平。我认为不会，因为书中写到的所有人都是那么上进，那么热爱学习，一直为自己的目标努力，比如蒲松龄，他从 17 岁开始一直考到了 69 岁。

当然，单纯地鼓励上进和学习肯定不是我写这本书的本意。如果这是我的本意，那我一定会去写一本书叫"状元的成功之路——13 个状元和他们的时代"。我觉得这本书也一定会很有意思。我也很好奇，家长们会更喜欢买《状元的成功之路》还是买这本《不朽的落魄》。我猜测《状元的成功之路》会卖得更好，因为大家都面临着孩子考试带来的压力。

其实，我有更深的意图，就是想通过这样的一本书，告诉所有的读者：难道我们的人生只有一条路可以走吗？我们的生命只有考试这样一个选项吗？如果我们的人生只有一个可能，我想这是巨大的悲哀。无论你是富足的，还是成功的，这都是一种悲哀！如果我告诉你，明天要过什么日子，后天要过什么日子，十年之后你会怎么样，多久之后你会离开人世，你会不会觉得无趣？

人生之所以有趣，其中一个很重要的原因就是，我们的人生有可能性和未知性。

今天，我要帮大家梳理一下中国科举的演进路径，看看它是如何从草创阶段慢慢发展为一项成熟的科举制度的。

中国科举的演进之路

中国科举至少创造了一项不容置辩的吉尼斯世界纪录——它是人类历史

上持续时间最长、参与面最广、影响力最大的考试。除此之外，找不出第二项能与中国科举媲美的考试。中国科举从隋代大业元年（605年）开始创立，一直持续到清代光绪三十一年（1905年）八月初四。这是一个非常震撼的数字。一项考试整整持续了1300多年，跨越了中国封建社会从臻于成熟到最后消亡的最重要的几个朝代——隋、唐、宋、元、明、清。

（一）中国古代取士规则和逻辑

取士规则指的是选择官员的规则，往大了说，就是国家挑选人才的规则。有人说，科举相当于现代的高考。我倒认为，科举不能等同于高考。高考属于学历教育体系。你的孩子大学毕业后他肯定能做官吗？显然不能。只是说，他达到了某种就业的标准。但是，科举考试不一样。比如明清时代，进士出身的考生可以做一个类似县令的小官，约等于现在的县委书记。所以，科举考试不等同于高考。

在科举考试开创之前，中国古代的取士逻辑是怎样的呢？

夏、商、周时代的选官制度叫"世卿世禄制"，基本上就是按血缘关系来分配官职。当时的地方管理采用分封制，分封之后就有了诸侯，诸侯的子孙后代可以继承他们的封地，以此代代相传。

战国、秦、西汉初年主要采用"军功爵制"。那个时期战争频发，谁打仗厉害，谁能杀敌无数，谁就能获得高官厚禄，即军功高，爵位就高。但是，这个制度是不长久的。正所谓"分久必合，合久必分"，国家不可能一直处于战争当中。

两汉时代采用了一种创新的人才选拔机制，叫作"察举制"，即从平民或低级官员中选拔人才。这种选拔制度以个人品德为最重要的考察科目，谁道德高尚，谁就可以被选为官员。

我个人觉得，纯粹以道德为标准来选拔官员也是一件很可怕的事。首先，道德很难被衡量。在复杂的人性当中，高尚和不高尚是相对的。古人说，"百善孝为先"，所以汉文帝时代衡量德行的最高标准是"孝"。察举制有一个很重要的标准叫作"举孝廉"，将孝顺和清廉作为选拔官员的首要条件。这不无道理。一个孝顺的人又能坏到哪里去呢？但是问题随之而来。比如，汉代的一位"孝子"，在他的父亲去世后，不仅守墓，还住进了墓道里。当时的人们听说了这件事，便认为此人非常孝顺，便将他举荐为官员。正当上级官员打算重用他时，却发现他在守墓期间还生了几个孩子。这在当时被视为不孝。这位"孝子"最终也没做成官。

类似这样的事情在当时接连不断地发生。有一位兄长为了自己的弟弟能当官，他就想了个办法。在分配遗产的时候，他侵占了家里所有的财产，为此背上了骂名，而他的弟弟反而分文不取，显得十分慷慨。这个事情感动了很多人，也感动了当地的考察官员，弟弟也因此顺利地当上了官。所以，以道德为主要标准来选拔官员本身是一件不合理的事情。后来，朝廷也发现了许多问题，比如有些大孝子的工作能力等十分欠缺。

东汉末年、魏晋南北朝时期，九品中正制得以创立。过去的选官制度大多是由中央从地方选拔人才，现在改为由地方向中央推荐人才。朝廷会向地方派遣选拔人才的官员，也就是"中正"，有"大中正"和"小中正"之分。"大中正"负责各州总体的人物品评工作；"小中正"则负责选拔各郡的人才，辅助"大中正"的工作。九品中正制将人才分成九等后再进行挑选，这就叫"九品"。一开始，这个制度的实施效果是不错的，但没过多久，人们马上发现可以通过贿赂大小中正来当官。最终，当官的人依然大多出身贵族，普通老百姓还是无缘仕途。

(二)隋代：科举的开创

到了隋朝，科举制度诞生了。这项选拔制度自此开始实施，一直持续到了清朝。

各位听到现在，可能认为科举制度是以挑选更多人才为目的而开创的，但是当时的统治者的出发点并不只是这个。在草创阶段，科举是隋文帝在与贵族的斗争中创造出来的武器。当时，隋朝统一了全国，隋文帝想削弱贵族的势力，加强中央集权，于是便想收回官员的任命权，改为由中央来任命官员。但即便是皇帝也不能贸然行事，这涉及贵族的根本利益，便想出一个折中的办法。于是，科举制度应运而生。官员选拔以分科考试的方式进行。选官权一下子以另一种面貌，悄悄完成了由地方到中央的转移。于是，隋文帝下达了"分科举人"的命令。隋炀帝时，始建进士科，科举制形成。

然而，实际上，隋朝的科举仅处于萌芽阶段，并没有选拔很多人才。据传，整个隋朝进士只有13个人，也就是说，隋朝科举制度的实际意义和作用并不大。但是它的象征意义却非常大。开创科举制这个举动无意间推动了中国政治模式的改变，使得中国政治由贵族政治向文官政治转型。钱穆所著的《中国历代政治得失》中评价："凭事实讲，科举制度显然在开放政权，这始是科举制度之内在意义与精神生命。"科举制度出现之前，政权集中在少数人手中；科举制度出现之后，普通的百姓也有机会进入中央官员的行列，进入国家权力的中心，这是科举最大的意义。

(三)唐代：科举的演进

唐代的时候，科举制逐渐演进，也变得更具有实际意义。整个唐代招收的进士有几千人，我们所知道的许多唐代著名官员都是平民出身。

唐代的科举考试和后来明清时期的科举考试有很大的差别。唐代的科举考试是半开放式，而明清时代的科举考试是全封闭式，非常严格。我在书中写到，温庭筠自己考不中，可是他在考试中帮别人作弊许多次，这说明唐代科举考试是相对开放的。

唐代科举考试里有一个重要的规则叫"纳省卷"，就是考生把自己的作品精选后编成一集递交给礼部主司。科举自隋代创立以来，允许考生自由报考，以考试成绩作为录取与否的重要标准。到了唐代，这种唯成绩作为录取标准的局面发生了变化。

开元二十九年（741年）十月，韦陟担任礼部侍郎，他认为，单凭一场考试无法考察一个考生的实际才学。他让那些参加进士科考的学生在考试前，将平时创作的代表性作品交到礼部贡院，让主司在考前对考生的真实水平有初步的了解，再综合考试成绩确定录取名单。这个举措后来就渐渐地成为惯例，并且奠定了唐朝科举考试的基本模式。这件事情的本意是好的，但由人来决定的事情都免不了会受主观影响，决策很大程度上会受到情绪、环境的制约。

除"纳省卷"之外，唐朝科举还有一个重要做法，叫"通榜"。科举考试之前，考官会根据考生的社会声望、才德评价，以及达官贵人的推荐（也叫"公荐"），预先拟订一份可能的录取名单，供录取时参考。这样一来，唐代科举的结果就掺杂了一个重要因素——考生的人脉。

如何建立自己的人脉关系呢？考生就想到了一个办法——行卷。行卷就是考生用自己的才华博得高官和权贵的赏识，以获得推荐。应试举子将自己平日的诗文加以编辑，写成卷轴，在考试前送呈有地位者以求推荐，这后来成为唐代文人最重要的习惯之一。举人行卷，在准备文章卷轴和书启信函之外，还需准备名刺（名片）、奉币（送礼），将这四样东西一起投献。

除了考生，普通的文人想要出人头地也会注重人际关系的建立。李白想去长安落脚，于是给韩朝宗写信。信中说，"生不用封万户侯，但愿一识韩荆州"，意思是，他平生不需要加封为万户侯这样大的官爵，只要能结识韩朝宗就满足了。类似的故事并不罕见。白居易刚刚进入长安，就去拜见了当时颇有名望的诗人顾况。顾况一看到白居易的名字就说："长安现在米价很贵，居长安大不易啊！"但等顾况读了白居易的作品——《赋得古原草送别》之后，马上就改变了态度，认为白居易有这样的才华，居住在长安是很容易的。

我们在书中会看到一位诗人——李贺。他和韩愈关系匪浅。韩愈非常欣赏李贺，但李贺的遭遇非常凄惨。他的父亲叫李晋肃，"晋肃"谐音"进士"，被认为需要避讳。要是参加考试，李贺就会被认为是不孝，所以他无法参加进士考试。韩愈对此十分愤慨，于是写下著名文章《讳辩》来论述此事，表达他反对将"避讳"搞得太烦琐的主张。李贺后来做了奉礼郎，是一个负责朝会和祭祀时礼仪事务的官员。大家可以想象，这项工作很难让李贺施展自己的才华，导致他郁郁不得志，心境一直都不好，最后英年早逝。

事实上，唐代科举行卷这件事是很难的。大家看杜甫的诗就知道了。他在长安困守了10年。杜甫首次科举并未脱颖而出，到了第二次科举，因当时的宰相李林甫弄权再次落选。他不仅没有得到一官半职，生活也非常困难。他想凭借诗文被推荐，所以到处行卷。《奉赠韦左丞丈二十二韵》中就有这样的诗句：

骑驴十三载，旅食京华春。

朝扣富儿门，暮随肥马尘。

残杯与冷炙，到处潜悲辛。

主上顷见征，欻然欲求伸。

"骑驴十三载，旅食京华春。朝扣富儿门，暮随肥马尘。"这四句很有意思，杜甫骑的是瘦驴，别人骑的是肥马。骑驴行走了13年，寄食长安度过不少的新春，早上敲过豪富的门，晚上追随肥马沾满灰尘，可见求人援引的不易。

（四）宋代：科举的变革

到了宋代，科举开始变得越来越正式。首先，宋代的科举真正进入白衣举士的阶段，尤其是南宋时期。科举在相当范围内促进了社会阶层的流动，它真正成为普通人进入朝廷做官的一条大道，正如宋代汪洙的一句诗："朝为田舍郎，暮登天子堂。"这个时候，科举真正地发挥了它的作用，成为选拔人才最重要的机制之一。

宋代在解试、省试后增加了殿试。殿试制度化的意义非同一般，此后，考生是否被录取为进士需要由殿试主考官皇帝决定，于是就有了"天子门生"这一说，而"天子门生"也成了进士的代名词。我觉得皇帝很聪明，本来国家招收的最高级的人才都会成为某一个官员的门生，现在所有青年才俊都变成皇帝的学生。这意味着他们与皇帝建立了师生之情。

宋太宗时代，科举最重大的变化是增加了录取名额。此后，宋代成为中国科举史上录取进士最多的一个朝代。唐代的时候，平均每次只录取25~30个进士，而宋太宗淳化二年（991年）参加省试的举子有17 000人左右，最终录取进士约300人。

此前有人击登闻鼓举报阅卷不公，认为卷子上有考生姓名，成绩有失公正。宋太宗听取大臣建议，开始在殿试中推行"糊名法"，从此糊名成为殿试定例的一项重大的改革。

到了宋真宗时代，宋真宗写了一首著名的诗——《劝学诗》。

富家不用买良田,书中自有千钟粟。

安居不用架高堂,书中自有黄金屋。

娶妻莫恨无良媒,书中自有颜如玉。

出门莫恨无人随,书中车马多如簇。

男儿欲遂平生志,六经勤向窗前读。

皇帝亲自写诗,劝大家都来读书,说书中自有千钟粟、黄金屋、颜如玉。这让寒门子弟更加相信,读书可以改变命运,从而鼓励了他们参加科举考试。

科举制度不断地发生演变:景德四年,朝廷颁发《亲试进士条制》,明确规定试卷封印、誊录;大中祥符四年,将糊名法推广到省试;大中祥符八年,专门设立了誊录院。这个时候,试卷已经完全看不出归属,考试也完全不再像唐代时那么随意了。

到了宋仁宗时代,科举有了一项新的改革:殿试免黜落。当时有一个很有名的"张元事件"。张元是北宋的一个著名考生,他每一次都能通过省试,但总在殿试的时候被淘汰。张元非常绝望,决定投奔西夏,最后成为西夏的主要谋士。这件事情引得举朝震动,宋仁宗与大臣们商量后,决定不再在殿试的时候淘汰考生,只对他们进行排名。

宋英宗治平三年,科举变成三年一考,我认为这是非常人性化的一个改进。中国古代的"进京赶考",来年春天的考试,今年的秋天就要出发。几个月的路程,有时候会遭遇强盗,有时候会遭遇劫匪。即使路上一帆风顺,一来一回,一年的时间都在路上折腾没了。所以,乡试和会试都改为三年一次,节约了考生花费在路上的时间成本。

（五）元代：科举的废停与继续

到了元代初期，科举曾因贵族的抵制和统治者的文化惯性等原因被废停，好在元仁宗皇帝在 1313 年下诏恢复了科举考试。但是元代的科举考试制度不太公平。乡试和会试时，蒙古人、色目人只试两场，汉人和南人加试一场；殿试时，蒙古人、色目人的题目也与汉人、南人不同。科举的结果也分两榜公布，蒙古人、色目人名列右榜（元代以右为尊），汉人和南人名列左榜，且往往只有右榜的状元才会得到重视。同样身为进士，汉人、南人的政治前途也远不及蒙古人和色目人。这就是元代科举的一种政治和地域歧视。

（六）明清：科举的全盛与终结

在明清时期，科举制度变得非常完善。纵观整个明清科举程序，考试级别分明、逐级上升。这里要特别说一说乡试。有的人可能会认为，乡试是乡里一级的考试，但其实它是一个级别很高的考试。乡试由省级组织，考场被设置在各省的首府，比如，河南开封、江苏南京江宁府，考官由中央派遣，考试时间是正式确定的，全国统一举行。

乡试是所有考试中最难的。日本学者宫崎市定在《科举》一书中提及："获得参加乡试资格的生员被称为举子。按规定，举子的人数是预计通过乡试限额的五十四倍到八十八倍。"《不朽的落魄》这本书里写到的所有人，基本上都"死于"乡试，除了唐寅是江南乡试第一。我做了一个关于科举考试内容的字数统计，仅"四书五经"要背诵的部分就达到 431 286 字。这是非常困难的。

走进作者的内心世界

徐海蛟

今天很高兴,能够邀请我的几位朋友来到现场。我先简单介绍一下他们。陈辉兄是很好的主持人,原来在宁波电台做读书、文化类节目。大家应该"只闻其声,不见其人"。任茹文教授在前段时间刚刚写了一篇关于我的散文的评论,把我这几年的散文都梳理了一下。七八年前,任老师也写过一篇关于我的散文的评论。可以说,任老师见证了我的成长。

任茹文

近十年,海蛟在写作之前、写作的过程中,以及作品正式出版之后都会和我有一些交流。我们作为朋友,可以说互相见证了彼此的成长。

徐海蛟

任老师是文学评论的专家。她花了大量时间对张爱玲进行了研究,是国内很有名的张爱玲研究专家,是浙大宁波理工学院的现任教授。除此之外,她自己也是一个写作者。

王静老师是我个人从内心深处尊重的一位鄞州的写作者,也是我这本书的领读者。为此,她一共写了14篇文章,每一篇写完之后都要跟我来确认。我真的很感动。在这里,我一并向王老师表达我的感谢。

陈辉

首先,请任教授来谈谈您的一些看法。

任茹文

感谢各位来到宁波大学园区图书馆参与活动。我觉得,在今天这样一个人人都有很多选择的时代,大家能选择走进图书馆交流彼此的精神世界,是一件非常难能可贵又很奢侈的事情。

就在昨天,我到另外一所高校参加活动,他们请了一位驻校作家。他是一位职业写作者。但是职业写作是很难养活自己的,所以现在很多作家都选择去高校做驻校作家。现场许多青年学生问了很多关于写作的问题,比如,写作的动力、写作的方法、写作有可能碰到的障碍,将来怎么走上职业作家的道路,如何像徐老师一样靠写书在社会上安身立命。

所以,我想说的是,在今天这样一个时代,如果选择写作,就会面临很多实际的困难,要处理现实生活中很多棘手的问题。我从十年前就开始关注徐老师,我记得他的第一本书是宁波出版社出版的《寒霜与玫瑰的道路》。到现在,他已经出版了14本书了。大家可以想象,如果一个人在十年当中写了14本书,我想,他除了要维持生计,几乎是把所有的时间都献给了写作。这是一件非常需要耐力、恒心的事情,是对理想和对自我身份实现的追求。时间意味着生命。我们每个人每一天的生命都在被侵占和消耗。你活一天,余生就少一天,所以决定每一天用来干什么,其实就是我们的生命意义的体现。从这个意义上讲,我觉得应该向徐老师致敬。

徐海蛟

任老师的话让我很有感触，也让我想起了一件很沮丧的事。就在前几天，有个小读者跑来跟我说："你这本书写得太薄了，每个人都只写了一点点，我很不过瘾。你给我回去重新写！"我这本书，他可能三天就读完了，但是他不知道我为此写了287天。再比如，读我的长篇《亲爱的笨蛋》可能只需要一天半，但我写了一年半。这是一件让作家感到很沮丧的事情。

第二个感慨是刚才任老师说，写作是一件很漫长的事。是的，我觉得一个人不要轻易爱上写作，爱上写作其实是一件危险的事。到后来，无论写和不写都很难受。一个所谓专业的或者说接近专业的写作者都有点毛病——有一天没写作就会觉得自责。有时候我会想，写下万字对于文学史来说并没有意义，甚至我写下一本书，我认为也没有意义。每一次，我站在书店的书架前就很沮丧，因为我觉得所有的人类最好的东西都已经写好了，我根本不必再写。我们像堂吉诃德一样每天都要去战斗，觉得不写下几个字就是在虚度生命，但虚度本身就是最好的生命。

任茹文

刚才海蛟说了一个矛盾，或者说是写作当中一个致命的悖论，就是再伟大的写作者都不能占有所有读者，也不能占有一个读者的所有时间。但写作这件事情本身就是非常值得骄傲的。因为通过写作，你获得了占有别人时间的权利。通常，我们读一本书需要一周。当你在一本书或者其他的艺术作品中获得超现实的感受，哪怕只是有那么一瞬间，这些作品帮助你获得了一种正视自己的精神，让你可以超越时空和千年前的灵魂对话，那就是有意义的。

我最近看莎士比亚的作品，觉得他太了不起了。莎士比亚可以让现在的读者感受到当时那个时代的那种困惑和痛苦。这种可以带领其他人脱离和超越物质存在的职业是多么的重要。所以，我们无须沮丧，读者在阅读过程当中获得的愉悦远远超过发大财、做大官。

陈辉

通过这段对话，我们了解到了作者的内心世界。其实，我们可以换一个角度来看。徐老师的书我两天就看完了，但是如果有一万个像我这样花两天时间看完的读者，那您就是用287天的创作时间，占有了我们两万天的看书时间。更何况就像任茹文教授刚说的，阅读的过程当中，哪怕只有那么一刻的共鸣，我们都会觉得自己得到了巨大的收获。

王老师，您是心理学方面的专家，您和您的学生也为这本书写了很多文章，请您来谈谈您的一些看法和感受。

王静

我是徐老师的粉丝。我看的徐老师的第一本书叫《别嫌我们长得慢》，读完之后我就感觉徐老师是一位非常有趣的作家。后来，徐老师给我们做讲座，他的一句话令我记忆深刻。他说："一个优秀的作家应该有一部书是写给孩子们的。"徐老师有一些特别天真、纯粹的想法，所以在他的作品里，包括这部《不朽的落魄》里的很多人物都带着率真的品质，比如金圣叹和温庭筠。当然，也可能正是因为有这样的品质，才导致了他们生命中的一部分不幸。

此外，徐老师书中的一些话深深地刻在我心里，比如《山河都记得》中说："人生是一条河流，祖父、父亲在上游，我在下游。走着走着，一条河流的上游不见了……"这句话唤起了我失去祖辈、父辈的哀伤,让我联想到,我们去探究祖先的一些事情,其实就是在了解我们的上游如何影响着我们的人生。作为子孙的上游,我们又怎么影响着我们的后代。这是一种承先启后和代际传承,所以我很敬佩徐老师的洞见。

徐老师的作品印证了我以前看到过的一个观点 —— 一部好的作品会提供全方位的信息。比如,《红楼梦》就是一部关于封建社会的百科全书。而在徐老师的《不朽的落魄》这本书里,我看到了关于科举考试的知识,看到了这些读书人如何怀才不遇,在科举路上走得异常艰难。其中,有几位在参加科举后的人生当中有着不一样的经历,比如,顾炎武就是一位非常有能量的思想家和写作者。虽然他的人生结局令人悲伤,但他造福过一方百姓。我也在思考,为什么吴敬梓和顾炎武前半生同样坎坷,但往后的生活却天差地别。于是,我就尝试着从心理学的角度去解读。不光是我,我的学生们从青春期孩子的角度去理解,看完也有非常多的感慨。可以说,这是一本适合家长阅读,也适合家长讲给孩子听的书。

快问快答

读者 1

这本书,我是跟我儿子一起看的。他现在在上中学,比较优秀,但是他压力也很大。上次,孩子问我:"如果没有考上理想的大学怎么办?"我跟他说:"如果你落榜了,无论你做什么选择,作为父亲,我都会支持你。"刚刚徐老师提到,写一本关于状元的书会不会更受读者欢迎。我觉得,现在似乎大家都很焦虑,想问一下几位老师:教育的意义是什么?人生的意义是什么?

徐海蛟

这是一个很大的问题。首先,教育的意义是什么?这个问题我无法回答,因为这很难回答。关于人生的意义,第一,我觉得人生的价值就是,最后成为那个我自己喜欢的人;第二,是我能够按着自己内心的声音往前走,让我们的生命获得更多的可能性。

任茹文

这位家长也是一位非常优秀的读者,提出了"灵魂二问"。

教育和人生的意义是什么?我很认真地思考过这个问题。人的生命靠两个部分来传递,一个是基因的传递,另一个是思想情感和体验的传递。如果不传递,教育就不会发生。所以从这个意义上来讲,我觉得家长有责任通过各种方式跟孩子产生连接。这个时候,文学就发挥了巨大的作用,我们可以借助文学探讨现实人生以外的很多内容。最后,我想借用康德的一句话来总结教育的最终目的——"教育之目的就在于使人成为人"。大家说《不朽的落魄》为失败者而书,我更想说这本书能教育我们怎样成功地过完人生。

徐海蛟

我们衡量一个人是否成功的重要标准,就是他生命的完成度是不是很高。我经历过困苦,也经历过狂喜;我享受过爱情,也遭遇过磨难;我为梦想追逐过,也在灾难时刻孤独过,但是我最终还是走过来了。我依然保有人性的丰富,保有作为一个人的完整性。我觉得这才是成功。

王静

两位老师都讲得非常精辟，我想讲一个自己亲身经历的故事。我的楼上住着一个男孩，他现在已经读高中了。这个孩子让我印象深刻。他很有礼貌，这让我对他很有好感。我感觉这个孩子应该非常优秀，所以在电梯里顺口问了一句："你考上了哪个高中？"结果他的妈妈说，是一所不太好的私立学校。当时，这位母亲面无表情，孩子也一声不吭，电梯里的气氛凝滞了。我当时非常自责，甚至不敢去看这个孩子的眼睛，我当时强烈地感受到所谓的"落魄"的气息。

我做心理咨询工作，接待的多是看似落魄的人，我总会听到那些让他们感到"落魄"的事，以及他们当时的感受。在与他们沟通的过程中，我深深地感觉到"落魄"往往是因为太想获得主流社会或者父母的认可却不得而产生的。"落魄"的背后是他们的呼喊。为人父母者，这时候应当为孩子撑开一片天，给予孩子更多的理解和陪伴。

读者2

徐老师，您作为作家，能不能给我们学生在写作方面提一些建议？

徐海蛟

我觉得写作就是说人话，把自己当成一个感应世间万物的触角，用你所有的感官收集来自这世界上的所有的声音、图像、故事，还有你的心跳。然后，再把这一切的感受诉诸文字，把它呈现给读者和世界。我觉得这就是写作。

读者 3

这一本《不朽的落魄》的创作灵感来自哪里?

徐海蛟

我突然有一天找到了这样一个角度:尽管别人写了很多书,但是确实还没有人把中国科举史上落榜的"牛人"写成一本书。我觉得我们最重要的事情就是发现别人没发现的东西。这个发现有时候是来自科学的,比如,你发现了一颗小行星,这颗小行星就以你的名字来命名。

对于作家来说,最大的收获就是发现一个别人没有发现的故事。他会把这个故事像一颗种子一样埋在自己的心里,然后让它在时光中慢慢长成一棵大树,长成一片森林。有一天我发现,好像别人没写过这些科举落榜的人,那么我为什么不去写一本这样的书呢?灵感就这样来了。

文字整理:施晓宇

如何做睿智的父母

扫码观看活动视频

分享嘉宾　陶志琼
活动时间　2023 年 12 月 7 日

图　书　《睿智的父母之爱》
作　者　［苏］B.A.苏霍姆林斯基
译　者　罗亦超
出版社　长江文艺出版社

嘉宾简介

陶志琼，宁波大学教师教育学院教授，教育学博士，博士生导师，宁波大学学前教育研究所所长，学前教育硕士点负责人，全国教育哲学专业委员会常务理事，浙江省婚姻家庭咨询师协会副会长，浙江省家庭教育讲师团成员。曾被评为浙江省优秀社科普及专家、感动甬城学子十大优秀教师、宁波大学阳光教授、宁波大学最受学生欢迎的十佳教授。在《学前教育研究》等期刊发表学术论文 90 余篇。出版专著、译著共 18 部。

在座的各位老师、各位朋友、各位家长，大家下午好。为了更好地向大家分享《睿智的父母之爱》这本书，时隔多年，我又将本书重读了一遍。我注意到，书中包含了极为重要的七次谈话，但其中没有一次谈话与"卷"有关。孩子在学校里"卷"，"卷"什么？在"卷"认知，在"卷"知识的学习，在"卷"考试的分数。《睿智的父母之爱》里从未直接涉及使孩子提高分数的策略，没有指导家长该如何为了提高孩子的成绩而鞭策孩子。它向我们介绍了一个更为重要的任务——从小就培养孩子为人父母的责任感。

阅读本书时，最为打动我的关键词之一，也是最为重要的一个字，就是"爱"。我们除了是孩子的父母，还承担着许多其他角色。我们有职业身份，也为人儿女，是某些人的小舅子、小姑子、叔叔、阿姨，等等。我们拥有多重身份。书中强调了我们的父母身份。但在孩子的成长过程中，我们不仅以父母的身份影响着他们，还以其余的所有身份暴露在孩子的注视下。

我想和大家分享一个故事。有一对年轻夫妻，妻子闹离婚，称婆婆太依赖于丈夫，每天都要给丈夫打一个视频电话。她忍受不了，提出离婚，然而经过调解，双方最终没有离婚。这对夫妻已经有了孩子，这位婆婆不仅黏儿子，也黏孙子，而婆婆的丈夫已经不在人世了。以上这些矛盾都在孩子面前发生，以他的角度，很难评判对错。这位妻子不仅作为妻子的身份存在，也以儿媳、母亲的身份存在。当她的孩子长大了，她又该如何处理婆媳关系？而那位丈夫，他作为儿子尽了责任，却没能顾及妻子的感受。他完全可以避免冲突，不在妻子面前打电话，比如，利用午休时间和母亲通话。

父母的学习
"甬上家长共读一本书"分享精选

无论是作为父母,还是作为儿女,处理家庭关系时,我们的眼中要有他人。我并不认可父母向孩子表示"我的梦想和你没有关系,去追求自己的梦想吧"这种做法。一味划清界限并无意义。假如我们曾经追求的理想是崇高的,但最后却没能实现,自然可以与孩子分享。比如,我曾经想成为一名医生,但没能实现这个梦想,可我的孩子对此感兴趣,做医生对他来说便是一个好的选择。我并非强求孩子必须成为医生,而是将我的梦想与孩子的梦想搭建联结,给孩子以启迪。

父母之爱(LOVE)

父母之爱的"爱"一字最为重要。爱的英文单词是 love,拆分为四个字母后,可以组成四个新词组。

第一个词组, listen to me,意为听话。什么是爱?爱是培养一个人的倾听能力。《睿智的父母之爱》里教我们做的第一件事,就是使孩子听话。或许我们会认为,听话的孩子过于老实,没出息。但我们需要明白,听话很重要。牛不会说话,狗不会说话,低等动物不会说话,只有人才会说话。所以,家长要教给孩子的第一件事就是学会听话,学会听"人话"。我曾经创办了一所幼儿园,办学理念是"敬天、敬地、敬人"。听老天的话,听大地的话,听圣贤的话,听经典的话。老天的话也是由人总结而来的,故而要听圣贤的话,厚德载物便是如此。

良言一句三冬暖,恶语伤人六月寒。如果我们想让孩子听话,首先要注重日常的交流。在生活中,我们是否关爱家人?作为家庭的核心,父母是相互关爱还是相互指责?我们要为孩子提供听话的氛围、听话的场景,以及听话的内容。书中分享的许多故事都有关于夫妻之间真挚的爱情,夫妻对相互忠贞的婚姻的维护，此类故事中所包含的真善美不仅是教育孩子的力量，还是教育孩子最好的资源。家庭和谐，孩子的成长就会健康、积极向上；家庭分裂，孩子必然不幸福。现在，许多人不愿意步入婚姻的殿堂，是因为受了父母失败的婚姻的影响，对家庭的失望，让他们没信心进入一段婚姻。假如父母恩爱，孩子自然会向往家庭生活。家庭氛围融洽，充满温情与爱，是对孩子最好的教育。

第二个词，obligation 意为责任、义务。在学校听老师的话、好好学习，是学生的责任和义务；在家尊重父母，是孩子的责任与义务；努力工作，支撑家庭的运转，是父母的责任与义务；分担家务则是家庭成员共同的责任与义务。洗衣服、擦桌子都是力所能及的小事。我是一个"懒"妈妈，我不爱做家务，也没"服务"过我的孩子，他反而在我的放养下独立起来，学会了很多事。

义务劳动很重要，《睿智的父母之爱》中频繁地提起了劳动。毁掉一个孩子只需做一件事——禁止他进行任何劳动。有些孩子进入大学后仍将床单寄回家中由父母清洗，这是非常值得羞愧的行为。孟子曾说，恻隐之心、羞恶之心、是非之心都应"人皆有之"。当父母没能教育孩子承担起责任，孩子就难以体谅父母，对使唤父母缺少羞耻之心。

孩子最大的义务与责任在于学会生活。这里有一个小故事。一对夫妻离婚了，当被问及原因时，妻子说："我们之间没有外遇，也没有人的品性有问题。我们离婚，是因为我们都没有学会生活。在学校里上学，老师不会教我们生活；在家庭里，父母没有教我们学会生活。等我们进入婚姻，柴米油盐酱醋茶，我们平衡不了，互相指责，无法忍受下去，于是选择了离婚。"我们的儿女在今后的人生中，或许会成为他人的女婿、儿媳，也会进入他们自己的生活。所以，培养孩子，要让孩子参与劳动，学会生活，懂得生活。

我不建议家长做全职父母。其实，大多数孩子也不赞同家长做全职父母，他们会觉得自己事事都受监控，缺少隐私、缺少空间。而全职父母的生活圈子也会因此变得狭小，人际圈缩小，视野缩小，也渐渐地缺少了与孩子交谈的话题。家长不再关心自己，而是将所有压力转移到孩子身上，这对孩子的心理健康发展不利。当你拥有自己的工作时，便不会将注意力都放在孩子身上。同时，工作能给予你成就感，这使你能宽容孩子，不再把希望都寄托于他的身上。

第三个词，value，意为价值。当 value 作动词时，意为珍视。我们要珍惜生活中的宝贝。我们永远爱孩子，把孩子当作珍宝。用什么方式爱孩子很重要。有些家长努力创造财富，想把财富留给孩子，但还有另一句话，"把孩子变成财富"。我们把孩子变成珍宝，使他成为生活能力强的人，这才是真正对他们的珍视。我们作为家庭成员，要珍视亲情。"情"这一字很重要，情即是缘，缘分需要珍视。我们作为夫妻建立家庭，在家庭中养育共同的宝贝。家是珍宝，需要好好呵护。家是快乐的、幸福的、安全的港湾，是我们受到伤害、感到悲伤时第一时间奔赴的地方。

最后一个词，everlasting，意为永恒的、永久的。"永恒的"是什么意思？它是指对孩子的要求前后一致。家长要以一贯的标准要求孩子，培养孩子成为一个有用的好人。如果家长的要求一再变化，孩子就会不知所措，陷入迷茫。

"劳动"是最好的"特殊奖励"

有一对夫妻，他们的文化层次并不高，俩人都是工人。他们养育了许多儿女。家中的孩子都非常听话、学习优秀、乖巧懂事，经常帮助父母干活。他们是这样教育孩子的。妈妈说："我们家有一个传统，一旦孩子能站起来走路，他就成了一个人，而不是一只需要喂养的小狗。从这时候起，他就要参与劳动，做他力所能及的事。"

这是伟大的教育。"人",是站起来的形状,慢慢成长为"大",是一个需要不断努力的过程。人生还要从微小处创造,于是又有了一个字——"小"。把它与大合在一起,就成了"尖",代表人最后成为一个顶尖的人。所以,我们要让孩子学会一点点长大。从他学会站立起,就让他参与劳动。在我的家庭教育中,我们从未特意坐下与孩子谈教育,从不通过说教让他做一个辛勤的劳动者,仅仅是向他示范,并让孩子与我们一起体验劳动。睿智的父母之爱是理智之爱,我们给予孩子的爱将使孩子成长为独立并能掌控自己人生的人。

一群女人参加手工比赛,评比谁是最能干的人。几乎所有人都拿着精致的手工制品参加评比,只有一位妈妈没有带来任何作品,仅仅带着自己儿子参赛。而她的儿子雕刻了一只栩栩如生的木鸟,那是一件有灵性的艺术作品。老人们选择了这位妈妈为最能干的人,"谁创造了聪明、善良、勇敢的人,谁就是最能干的人"。

本书的作者苏霍姆林斯基是苏联著名的教育实践家和理论家,他著作等身。我曾经痴迷于他的著作,例如《给教师的建议》《把整个心灵献给孩子》《公民的诞生》《致女儿的信》《和青年校长的谈话》。苏霍姆林斯基不只是教育家,还是位作家。他创作了多个童话故事,文采优美。《做人的故事》中有一个故事,一位妈妈把新鲜出炉的面包和新摘的苹果放在篮子中,叮嘱儿子将篮子送给森林里养蜂的爷爷。东西顺利送到后,爷爷拿出蜂蜜招待孙子,没想到孙子蘸着蜂蜜,毫无察觉地把面包都吃进了肚子。等孙子再伸手时,摸到了空,才发现自己把送给爷爷的面包全吃完了。他抬头看向爷爷,爷爷没说话,只叹了口气。孩子羞愧地低下了头。这个故事巧妙地说明,教育有时不需要太多言语。

苏霍姆林斯基还善于利用"特殊奖励",激发学生心灵的火花。《睿智的父母之爱》引导家长多给孩子一些"特殊奖励",作为对人性美的培育手段。愿意劳动是最宝贵的收获。一次,苏霍姆林斯基把12岁的孩子叫到跟前,给了孩子一把铁锹,让他将一块板结的地刨开。孩子用力过猛,把铁锹刨断了,心里忐忑不安,害怕受到父亲批评。回家后,孩子向苏霍姆林斯基坦白自己损坏了家里的东西。没想到,苏霍姆林斯基告诉他,这不是失,而是得。愿意劳动,就是最宝贵的收获。孩子在小时候往往是愿意劳动的,但我们有时候会在无意间向孩子传达他只需埋头读书,可以"两耳不闻窗外事"的想法,导致他不愿参与劳动,从而给自己"挖了坑"。

让孩子养成"劳动"的习惯,是父母给孩子的"特殊奖励"。劳动是儿童和青少年重要的幸福源泉。人在用劳动创造物质财富和精神财富的同时也在创造自己。如果我们希望孩子成为真正的人,就不要再为他们的精神营造轻松安逸、无忧无虑的童年。

《失去的一天》中,9岁的佩佳没有完成妈妈安排的任务,认为今天的事可以明天再做。于是,妈妈带他看收割过的麦茬地、用砖砌好的墙、面包房里令人垂涎欲滴的面包,这些都是在一天的劳动中完成的。佩佳明白了因自己游手好闲而失去的一天是无法弥补的,感受到了时间的珍贵。这是妈妈对佩佳的感性教育。没有"眼见为实",佩佳不会醒悟。

两则关于花的故事

《睿智的父母之爱》里讲了许多关于花的故事,有正面的,也有负面的。我来介绍两位与花的故事有关的父亲。其中,正面的父亲角色是一位医生,他在结婚第一年用几个月精心雕琢了一个木制的花瓶。每天早晨,他都在花瓶里插上一朵玫瑰。他的妻子对此非常感动。他们养育的六个孩子看到这些，也早早起床，和父亲一起向花瓶里插花，两朵、三朵、四朵……孩子们长大后，父亲去世了，母亲却不愿和他们任何一个人同住。母亲对他们说，她选择任何一个孩子都会使其他的孩子伤心。此后，每逢母亲的生日，六个孩子都会手捧玫瑰花向母亲祝福。

另一个负面的父亲角色是一位农技师。他培植了许多精良的水果和鲜花品种，但他种出的鲜花和水果都用于销售，不许家人享受。有一天，已经长大的女儿带着自己的男朋友偷偷来到父亲的花圃，摘了两朵鲜花送给男友。这时，父亲突然闯入，一把夺过鲜花，将花朵丢在地上踩烂。女儿的心也被父亲碾碎。女儿就此搬了出去。随后不久，母亲也离开了丈夫，与女儿同住，只剩下这位守财奴死守自己的"财富"。故事的结局说，"你的财富只有在为他人谋幸福时，才称之为财富"。《弟子规》言，"财物轻，怨何生"。这位父亲太重财，使自己失去了所有亲情。他的女儿在这样的家庭长大，没有童年的快乐，也从不带同伴来家里，就怕父亲的花被掐，怕水果被偷。久而久之，女儿没有了朋友。农技师的父亲形象与医生的父亲形象完全不同。他们的区别在于是否珍惜亲人的爱、亲人的情感。

每个儿童都是一个完整的世界，没有重复，各有特色。不要用一把尺子去衡量孩子。请根据孩子的特点培养他。孩子经由我们诞生，我们应付出心血养育他、教育他。《三字经》说："人之初，性本善。性相近，习相远。"即便孩子本性善良，也需要持之以恒地培养。父母的职责就在于避免孩子走偏路，引导他在光明大道上走下去。我们要给予孩子睿智的家庭教育，做睿智的父母。

文字整理：王睿宁

下篇

共读经典 智慧传承

一位快乐天才的生活哲学

扫码观看活动视频

分享嘉宾	樊 星 邵灵琳
主持嘉宾	曹 欢
活动时间	2023 年 7 月 23 日

图 书	《苏东坡传》
作 者	林语堂
译 者	张振玉
出版社	湖南文艺出版社

嘉宾简介

樊星,文学博士,武汉大学文学院教授,博士生导师。主要从事当代文学与文化思潮的研究。1997 年—1998 年美国俄勒冈州太平洋大学访问学者,2007 年德国特里尔大学汉学系客座教授。2016 年美国杜克大学访问学者。中国新文学学会副会长、中国作家协会会员、湖北省文艺评论家协会顾问、湖北省中国现代文学学会副会长、武汉市文联原副主席。

邵灵琳,高级教师,任教于宁波市鄞州实验中学。宁波市骨干班主任,宁波市骨干教师,鄞州区名师。曾获省优质课比赛一等奖,市教坛新秀、区优秀党员、区先进班主任等荣誉。

曹欢,女,宁波大学园区图书馆副馆长,高级讲师。

父母的学习
"甬上家长共读一本书"分享精选

曹欢

各位读者,下午好!欢迎大家来到"甬上家长共读一本书"的分享会现场。在中国,几乎人人都爱苏东坡。昨天,我和主讲嘉宾樊星老师谈起有关苏东坡的话题,他问我:"李白和苏东坡之间,你更喜欢谁?"我的回答是:"我更喜欢苏东坡。"为什么呢?因为李白是"谪仙",他的思想和作品离日常生活有一定的距离。但是苏东坡不同,他在不断地体验生活、感悟生活,他的作品充满着人间烟火气。不论境遇好坏,他都能乐观、坦然地面对。

今天,我们有幸邀请到了武汉大学文学院教授、博士生导师樊星教授。让我们以热烈的掌声欢迎樊老师!

樊星

欢迎各位来到今天下午的读书分享会,感谢宁波大学园区图书馆组织这样精彩的活动。为了今日的相聚,大家都做了很多的准备,每一期活动中都有家长和老师领读。

这些年,各地掀起了弘扬中华优秀传统文化的热潮。各个学校都鼓励学生背诵唐诗宋词,举办各种各样有关中华国学经典的比赛,大家对传统文化也有了一些新的认识。中国传统文化和精神内涵极其丰富,其中,有一种"快乐的精神",是我们阅读《苏东坡传》时应当关注的重点之一。

快乐的天才

众所周知,中国历史上的许多文人经常以忧国忧民的形象示人。比如,《岳阳楼记》中有一句话——"先天下之忧而忧,后天下之乐而乐",把"忧"摆在"乐"的前面,提醒世人要先忧再乐。但是,我们读《论语》却发现,书中一开始讲的便是"乐"。《论语》的第一句话是:"学而时习之,不亦说乎?"其中的"说"是快乐的意思。我们知道,孔夫子认为读书应当是很快乐的,而不是需要头悬梁、锥刺股那般痛苦的。如果一个人需要头悬梁、锥刺股般的学习,怎么可能还有快乐可言?《论语》的第二句话就是:"有朋自远方来,不亦乐乎?"如果大家去到孔夫子的故乡曲阜,从火车站出来,便能看到"有朋自远方来,不亦乐乎"这一行字镌刻在站前的石头上。因此,孔夫子两个最大的爱好,一个是读书,一个是交朋友,都能让他从中得到快乐。

由此,范仲淹和孔夫子的区别就清晰明了。范仲淹忧国忧民,孔夫子则注重生活的快乐。现在在生活中,大家会常说"祝你开心",却很少会说"祝你忧国忧民"。因为"忧国忧民"往往是政治家和思想家思考的内容,而不是更关注日常生活的普通百姓所担忧的主题。老百姓也有忧患,例如,衣食之忧、工作压力等,当灾难降临时,也有"位卑未敢忘忧国"的时候。但是在太平之时,大多数人都还是以追求快乐为人生的主旋律。

我们之所以用有关快乐的话题开启今天的分享,是因为林语堂认为,苏东坡就是一个快乐的天才。天才是快乐的吗?我们总认为天才是很刻苦的,经常闷头苦读,不食人间烟火,但苏东坡却是一个快乐的天才。所以,"快乐"是我们理解《苏东坡传》的一个关键词。如何快乐?如何快乐地生活?快乐生活的意义又在哪里?曾经有个网络热词叫"压力山大",它背后潜藏着民众因生活而产生的疲倦和焦虑。疲倦和焦虑可以引起网友们广泛的共鸣，这意味着大多数人与快乐的人生之间有距离。我们越是觉得快乐遥不可及，就越希望获得快乐。但到底如何获得快乐呢？在人生道路上，每个人都会遇到挫折。"人有悲欢离合，月有阴晴圆缺"，苏东坡也经历过挫折。所以，我们读《苏东坡传》的意义之一，就在于学习如何获取生活中的快乐，如何面对人生的挫折。这两个命题，只要我们活着，每一天都要扪心自问。

中国有那么多伟大的诗人，为什么林语堂要写《苏东坡传》？比如屈原，他诚然是伟大的爱国主义诗人，但活得太过于压抑。如果屈原有苏东坡的心态，他就不会自杀。屈原力主改革，但他的建议不被昏庸的楚怀王采纳，还遭到了奸邪小人的陷害。楚亡后，他披头散发，泽畔行吟，在汨罗江边徘徊，最后选择自杀。虽然屈原的《离骚》非常伟大，他的爱国精神也非常了不起，但是从生命和生活的角度看，屈原是失败的。再说说李白。李白看似很快乐，可以乘兴"斗酒诗百篇"，但李白也有自己的忧愁。他写过"抽刀断水水更流，举杯消愁愁更愁"这样的诗句。可见，他的愁比一般人还多。李白立志要修身、齐家、治国、平天下，但没有家庭背景，光靠写诗报国无门，必须有名人引荐才能入朝为仕。幸运的是，时任太子宾客的贺知章喜欢李白的诗，多次向唐玄宗推荐李白，李白也终于得入翰林院。然而，进宫后的李白很快就忘乎所以，要高力士为他脱靴，便得罪了权贵，被撵了出来。当他写下"仰天大笑出门去，我辈岂是蓬蒿人"时，我猜他的心情其实是很复杂的。后来李白加入了永王李璘的叛军，认为施展自己抱负的机会又来了。却没有想到，唐肃宗很快便平定了永王叛乱，依附叛军的李白便被流放到了夜郎。后来，朝廷宣布大赦，流放及以下罪行完全赦免，李白这才重获自由。被赦以后，李白很高兴，便写下了"朝辞白帝彩云间，千里江陵一日还"。李白的确很伟大，他写的诗无人能及，有仙风道骨，普通人很难做到像他那样，所以他被称为"诗仙"。

苏东坡不一样。我们一想到苏东坡，就认为他是个很随和的人。其实，苏东坡的人生道路开始是很顺利的。他出生在四川眉山，很有读书天赋，20多岁时与弟弟一起坐船顺长江而下，进京赶考。苏东坡面临大考仍淡然自若，这源于他内心的自信。苏东坡文采斐然，本应是状元，但不巧的是遇上了当时的主考官——欧阳修。欧阳修有一个弟子名为曾巩，曾巩也参加了当年的进士考试。结果，欧阳修阅卷时发现一篇上乘的文章，以为是曾巩的，为了避嫌，只能把这篇文章往后排。其实，他误将苏东坡的文章当成曾巩的文章，导致苏东坡只得了第二名。当欧阳修后来得知那篇文章是苏东坡的文章时，便对苏东坡刮目相看。苏东坡就此脱颖而出，凭借满腹才华成了翰林学士。然而，苏东坡的无限风光却招致小人的嫉妒。小人从他的诗里挑毛病，从他引用的典故里扯出借古讽今的谣言，触怒了当时的皇帝。这件事是文学史上有名的"乌台诗案"。"乌台诗案"后，苏东坡从高峰瞬间跌至低谷，甚至险些丧命。幸好宋太祖曾定下不杀士大夫的国策，苏东坡这才得以保全性命。

兴趣的慰藉

李白被小人排挤，苏东坡也被小人排挤。所以，这就是人们常说的"做人难"。你要是没有才华，人们看不起你；你太有才华了，人们会妒忌你。按理说，遭贬谪的苏东坡可能会就此灰心，但他没有。苏东坡在杭州为官，修筑苏堤。堤坝的修筑既使湖水变得清澈，又方便了百姓游玩。这说明苏东坡当时为官一任，造福一方。只是，他依然郁郁不得志，还是经常遭遇排挤。于是，他用文学来慰藉自己。但是苏东坡的有些诗词简直不像是在逆境中写出的，比如《江城子·密州出猎》。这一首词被认为是中国宋代豪放词派的代表作，苏东坡写了他醉酒后外出打猎的场景。你很难想象这首词写于他低沉的时候。所以这给我们一个启示：人遇到人生挫折的时候，文学可以给予我们慰藉。当你遇到一些烦恼的时候，打开一本书，或许可以疗愈内心。

苏轼被贬至湖北黄冈时，有天晚上喝酒喝得很晚，结果一回来，发现守门的门童睡着了。苏东坡敲柴扉，敲了半天敲不开，又不愿意惊动家人，于是叹了一口气，又留下一首词，其中就有"小舟从此逝，江海寄余生"的叹息。中国的文人中，很多人在遭遇挫折后想到的都是乘小舟相忘于江湖。这成了中国文人的一个选择模式。就像孔夫子，也曾有政治抱负，周游列国却到处碰壁，便叹息道"道不行，乘桴浮于海"，意思是"主张行不通，就想乘着小船到海里去漂荡"。苏东坡也想到自己半生蹉跎，抱负没有实现，还遇到这么多挫折，所以也想"小舟从此逝，江海寄余生"，可见他并不总是快乐。但他身处于人生低谷时，居然能够写出《赤壁赋》这样好的文章，这就是苏东坡的魅力。这说明一个人的才华是不会被挫折消磨掉的，重要的是乐以忘忧。

许多文豪不喜欢烹饪，而苏东坡却发明了几道鼎鼎有名的菜肴，时至今日还广为流传，如东坡肉、东坡肘子、东坡饼等。各位必定没有听说过李白肉，也没有听说过杜甫肘子吧。大家都知道李白、杜甫会喝酒，但好像没有听说过他们有烹饪的手艺。苏东坡却精于烹饪，可见苏东坡总是在享受生活。他可以和普通老百姓谈得来，把中原的烹饪技巧教给海南的老百姓，对海南的民风开化起了很大的作用。即便苏东坡心里有各种不愉快，他也都把它们消化在作诗、作词、烹饪和绘画等兴趣爱好中。苏东坡多才多艺，我们完全可以说他是中国历史上有名的"斜杠文人"之一。他的爱好很多，文章写得好，书法写得好，不仅是一位烹饪家，还是一位画家。有很多爱好的人，必然是热爱生活的，因为爱好可以使人生变得更加丰富。所以,林语堂在序言里就写道:"苏东坡是个秉性难改的乐天派。"苏东坡多才多艺、心胸开阔、秉性乐观,这是他很值得我们学习的地方。这就是苏东坡精神。我们今天读苏东坡,绝不仅是因为苏东坡文章写得多好,又或说诗词写得多豪放,这是很多人学不来的。我们更多的是学习他这种不管面对什么挫折都能怡然自乐,而且运用多才多艺的本领去应对人生各种麻烦的能力。这就是苏东坡带给我们的启示。

幽默的精神

讲完苏东坡的快乐,我们再来看作者林语堂的快乐。林语堂与鲁迅是同时代但不同类的人。我们一提到鲁迅,就能想到鲁迅是满怀"我以我血荐轩辕"的忧愤精神的人。留日回国的鲁迅看到身边的祥林嫂、阿Q、孔乙己之辈便深感绝望,如此一来,他能快乐吗?鲁迅"俯首甘为孺子牛",但是却"看不惯"很多身边的人。所以读鲁迅的作品,你能感受到他的作品鞭辟入里,但又充满郁闷的气息。那么,林语堂呢?

中国现当代文学史上,许多有名的作家,如鲁迅、茅盾、巴金、曹禺,都是我们熟悉的,林语堂则一度显得不那么妇孺皆知。林语堂注重个性与自由,他是鲁迅的好朋友,但是不愿意深陷郁闷之中。林语堂倡导幽默,我们现在经常说的"幽默"这个词,来自英文humour,而它的首位译者便是林语堂。林语堂活得很快乐,活在与鲁迅完全不同的人生境界。各位是会选择像鲁迅那样皱着眉头去批判社会,还是像林语堂那样很幽默地生活?

再回到东坡精神,它的内涵难道就仅仅只是快乐吗?快乐中是否又包括了幽默呢?幽默绝不仅仅是开心地笑,更是一个人有智慧的表现。关于苏东坡有个很有名的故事。有一天，苏东坡得意地问妻妾们他的肚子里装了什么。妻妾们恭维他，说装了一肚子学问。只有他的知音朝云说，他的肚子里装的是一肚子的不合时宜，苏东坡深以为然。苏东坡明明遇到这么多挫折，最后还穷开心，承认肚子里装了一肚子不合时宜，这就是苏东坡的幽默：苦中作乐。这点很值得思考，因为现在我们谈到苏东坡，常常就只谈他的豪放。其实，他还有很清新的一面，比如他写的《题西林壁》就凸显出清新的风格。苏东坡的风格丰富多彩，是"豪放"二字包容不下的。

　　苏东坡有幽默、热爱生活的一面，林语堂亦是如此。林语堂有本书叫《生活的艺术》。什么叫生活的艺术？很简单，像陶渊明一样不为五斗米折腰，在乡间田野过着自得其乐的生活，这便体现了生活的艺术。而现代人要是像陶渊明一样把工作抛开，估计很难在城市立足并生活下去。《生活的艺术》是林语堂用英文写的，这本书依然是许多欧美国家的大学学生学习东方文化的必读书目之一。中国人爱把生活过得艺术化，比如，吃菜总是要把菜做得精致一点；住房子本来做个四方的窗户就可以了，可大家又要把窗户做出很有艺术感的形状；喝茶也不止于解渴，还要边品茶边闲聊。这就叫生活的艺术。林语堂的生活便无不体现着生活的艺术。那个年代的上海，著名作家的收入很高，写几篇文章一个月的生活费就有了。林语堂买了一栋三层楼的房子，门口还有花园。他雇了五个仆人，一个做西餐，一个做中餐，一个修剪花园，一个打杂，还有一个接送他三个宝贝女儿上下学。林语堂那时的生活已经非常富足了，甚至与他后来在美国的生活相比也不逊色。林语堂的幽默跟我们平常在网上看的那种小幽默不太一样。它里面蕴含着一种智慧，一种对于美好生活的向往，一种着眼于世界的格局和民族的文化观。这就是林语堂。林语堂和鲁迅，一个幽默风趣，另一个忧国忧民，这就是两人的重要不同。

当然，在座的朋友会问，我们是要学林语堂，还是要继续学鲁迅呢？其实，鲁迅也觉得林语堂是个了不起的人。1987年的时候，我还在读研究生，有一次从《新文学史料》上读到，美国记者斯诺去采访鲁迅，问他中国这么多写现代文章的作家中，哪几个人写得最好。鲁迅说了五个人，第一是周作人。周作人是谁？周作人是鲁迅的弟弟，也是北大的教授，新文化运动期间他写的散文很有名。鲁迅的杂文很有名，而周作人写的小品文很有名。周作人的笔下有广博的生活、丰富的知识，还有许多关于故乡的回忆，如绍兴的乌篷船和野菜……你看完了他的描写，会感慨绍兴的山川万物都非常可爱。周作人文章里的绍兴特色显然是远远多于鲁迅的，他对生活中的一切都非常感兴趣。鲁迅喜欢的排名第二的便是林语堂。林语堂跟周作人很相似，都热爱生活，这充分表明鲁迅的性格很复杂，他擅长写批判的文章，但是他欣赏的却是热爱生活的文字。鲁迅不谦虚地把自己放在第三。我们现在普遍认为鲁迅是最伟大的现代作家，但鲁迅却把自己排在第三，这算不算谦虚？第四名是陈独秀，文章同样气势磅礴。最后一位是梁启超，其文章慷慨激昂，《少年中国说》就是他的作品。梁启超写文章的特点是喜欢用排比句，用得铿锵有力。毛泽东年轻时候写文章学的就是梁启超的文风。当时读的这篇《鲁迅同斯诺谈话整理稿》让我感到很震撼。今天我介绍这五位作家给大家，也是希望大家有空去读一读他们的书，并且思考鲁迅喜欢这五个人的原因。由此可见，鲁迅并不把文学的"战斗性"放在第一位，他也是热爱生活的。鲁迅的文章如匕首投枪，但他本人也注重生活的情趣。

后来，林语堂前往英国留学，又辗转去了美国。在美国，有位挚友帮了他很大的忙，这位朋友叫赛珍珠。赛珍珠是位美国女作家，获得过诺贝尔文学奖。她很小的时候跟随做传教士的父亲来到中国，在中国生活了很长时间，对中国很熟悉。她有一本书叫《大地》，讲述的便是中国农民的故事。林语堂在美国就用英文写作。《生活的艺术》《苏东坡传》，还有长篇小说《京华烟云》都是用英文写的。能够把苏东坡的文章和诗词，还有中国传统文化精神翻译成英文，作家必须有相当深厚的文学底蕴，所以林语堂非常了不起。林语堂还有一本书叫《吾国与吾民》，也是用英文写的。这本书写出了中国文化的复杂性，有欣赏，有反思，也有幽默的理解。大家有空可以去阅读这本书，看完以后能认识到中国不只有祥林嫂、孔乙己，也不只有陈胜、吴广和李自成，还有更多的人——更多的普通人，是既勤劳又有点圆滑，既顾家又有一定文化素养的人。这是林语堂的思维，不那么极端，不那么片面，能够把生活的方方面面都看得很深，这叫通达。

在美国，林语堂的书长期占据畅销书榜榜首，让他赚了很多钱。但赚了很多钱以后，林语堂阴差阳错地走上了一条冒险的路。他总觉得英国有打字机，中国也应该有打字机，所以他要制造中文打字机，为此购买了很多零件。虽然打字机还真造出来了，但林语堂赚的钱也已经耗尽了。关键问题在于，他发明的打字机制造成本极高，不适合量产，在市场销售时就碰壁了。《林语堂传》里就写到，他因打字机的滞销而闷闷不乐，加上后来与赛珍珠发生了矛盾，两人最后分道扬镳。林语堂后来只好写别的书来卖钱以填补经济上的窟窿。在这一阶段，他写了一本著名的长篇小说《京华烟云》，讲述了日本侵略者入侵中国的时候，普通的北京人是怎样在困难中生存下来的故事。其中，主人公的名字叫姚木兰。姚木兰就是花木兰的化身，林语堂赋予了姚木兰中国女性坚韧的品性，让她能够在危难中保持一种自尊、自由的心态和不被灾难所压倒的气势。后来，该书被翻译成中文，还拍成了电视剧。《京华烟云》有《红楼梦》的意味，我猜林语堂或许就是学的《红楼梦》的写法，即便他没有写成《红楼梦》那样宏大的作品，也已经非常了不起了。因此，林语堂也是个多面手。林语堂英文很好，小品文也写得很好，小说也写得好，传记也写得好，制造打字机还成功了，甚至还一个人编了一本英汉词典，是那个时代的"斜杠"文化人。他喜欢苏东坡，不仅因为苏东坡是快乐的天才，且多才多艺，更是因为苏东坡能够应对生活的各种挑战。

从苏东坡到林语堂，我们不难看出中国文化的一种传统。我们常讲，我们的文化里有忧国忧民的传统，其实还有快乐的传统。孔夫子认为读书是快乐的，交朋友也是快乐的。这个传统延续到苏东坡，他认为在赤壁泛舟是快乐的，烹煮东坡肉也是快乐的。那么，苏东坡的偶像是谁？苏东坡有句诗："只渊明，是前生。"中国有那么多的圣贤可以尊为偶像，但在苏东坡心中，最令他倾心的偶像不是孔子，不是庄子，而是不为五斗米折腰的陶渊明。从陶渊明到苏东坡，从苏东坡到林语堂，我们更能看出中国快乐的传统源远流长。众所周知，陶渊明本来是县令，结果因为不想为五斗米折腰，他便选择了"采菊东篱下，悠然见南山"的生活。陶渊明是如此洒脱的人，但写的诗在他生前却没什么名气。这又是为什么呢？因为中国文化的主流是忧国忧民，是"学而优则仕"。待到陶渊明去世多年以后，一批文人喜欢他的诗，他才慢慢有了名气。陶渊明就这样成了苏东坡的精神导师。从孔夫子的"学而时习之"到陶渊明的"采菊东篱下"，再到苏东坡的"一蓑烟雨任平生"，最后再到林语堂的倡导幽默，我们可以看出中国文化传统中很重要的一脉，就是一种根深蒂固的乐天情怀。当孟子说士大夫"富贵不能淫，贫贱不能移，威武不能屈"的时候，你会觉得孟子很刚强。但是当你看到"学而时习之，不亦说乎？"的时候，你会觉得孔夫子很随和、温良。实际上，正直的文化人常常需要不断经历各种坎坷。他们要在艰难的时势里好好地活下去，就必须继承"乐以忘忧"的伟大传统，这种幽默的精神便因此源远流长。

> 父母的学习
> "甬上家长共读一本书"分享精选

传记的意义

  我经常让学生们多读传记,因为我们的文学课经常会讲小说、诗歌、戏剧、散文,却很少讲传记。但是现在,许多传记作品非常畅销,因为励志也好,成才也罢,传记文学都是比"心灵鸡汤"更好的"教科书"。所以,我们今天为什么要讲《苏东坡传》? 就是想通过《苏东坡传》与大家分享一个文豪成长的心路历程。面对挫折,我们要保持良好的心态。对照一下苏东坡面对的种种挫折,我们生活中的有些压力也许就显得微不足道了。没考好也罢,失恋也罢,一时找不到好工作也罢,其实这些比起苏东坡遭遇的坎坷,都算不了什么。西方的书店里现在流行非虚构类文学。小说是虚构的文学,而传记是非虚构的、真实的故事。总统的故事是非虚构的,体育明星的故事是非虚构的,企业家的故事也是非虚构的。美国人特别喜欢非虚构的故事的原因就在于,他们更喜欢真实的、说来话长的人生故事。

  传记的意义在于它的真实性。我们看《红楼梦》时,常会想贾宝玉是不是曹雪芹以自己为原型写的,这表明我们想知道故事的真实性。事实上,很多小说就是作家的自传。比如,郁达夫的自叙传小说中,很多主人公就是他自己的化身。传记的魅力还在于传记里面的人物是真真切切的。我们看鲁迅的作品,就觉得鲁迅一天到晚忧患深重。其实,鲁迅有他的苦闷,也有他的欢欣,他的《朝花夕拾》就充满了温馨的回忆。传记最能表现一个人的七情六欲。我们光读苏东坡的作品,难以了解他人生经历的各种细节,所以要看《苏东坡传》,与他的作品互为补充。传记的魅力就在于它能够还原一个真实的人,还原一个成功人士的方方面面。这些年,我们对真实的关注超过了虚构。比起看小说,我们更喜欢看报纸上或者手机上的那些新闻,因为新闻里有太多匪夷所思的人生故事。现在的作家也常常觉得自己的想象力，远远比不上日常生活发生的真事那么奇。

我们今天介绍的《苏东坡传》就属于非虚构传记。我想通过这个讲座，通过《苏东坡传》，引起大家对历史人物的真实人生的兴趣。我同样推荐的还有《曾国藩传》。这本书讲述了曾国藩怎么从一个普通的农民、一个秀才，最后成为一方大员。

顺便说一下，讲述林语堂个人经历的《林语堂传》至少有三个版本。一个版本是林语堂的女儿林太乙编写的传记。在书中可以看出，林语堂和他女儿的关系可谓亦师亦友，充满教育的智慧与学问；第二个版本是施建伟写的《林语堂传》。当时的林语堂名气还没有现在这么大，此书的作者就希望能为大家打开一扇了解林语堂的窗户；第三个版本是钱锁桥写的，里面有大量的外国资料，包括林语堂是怎么在乱世中奋斗、打拼的。

我想，今天我们主要探讨了三个话题。第一个话题是由《苏东坡传》引出的，我们向苏东坡学什么，以及在苏东坡、屈原和李白之间大家会更喜欢谁。第二个话题就是林语堂为什么会为苏东坡作传，以及林语堂的幽默在现代生活当中有什么意义。第三个话题就是我希望真正对文学感兴趣的人，能够多去看一些传记，多去看一些非虚构文学。这样，我们能了解到更广阔的生活、更广阔的文学。

曹欢

非常感谢樊教授精彩的讲座，真是让我们意犹未尽。正好，读者留言区里有很多读者想委托我们在现场请教樊教授几个问题。同时，我们也特邀了另外一位嘉宾，来自宁波市鄞州实验中学的邵灵琳老师。因为我们本期活动的形式是亲子共读，所以今天有很多家长带着孩子来听。

今天，我邀请了我女儿来，可惜她没有来。但是她说，妈妈，你帮我向樊星老师请教一个问题。我女儿问："林语堂是中国人，为什么要用英文来写这本书，然后再由中国人翻译，并在中国发行？"我一下子也被这个问题给问迷糊了。樊老师可不可以帮我们解答一下呢？

樊星

因为当时林语堂去了美国，他的书主要在美国市场销售，用当地人的母语写书也很正常。或许他本人也不曾想到，自己的书会被翻译成中文并在中国畅销。何况，他的英文水平确实非常高。现在的作家能够用英文写作的不多，像林语堂这样能够编写英语词典的更是少见。再者，这也是他一种多元化的尝试。所以，这是一个作家的选择。一个作家能够用另一种语言写作，在文学研究当中叫"双语写作"，就像现在的双语教学，既教英语，又教中文。有不少作家能用双语写作，比如前不久逝世的捷克作家米兰·昆德拉，他的法语就非常好。

曹欢

接下来，我想请问一下邵老师。为什么您特别推荐学生们阅读《苏东坡传》呢？

邵灵琳

其实，我们在学校里面推广这本书是有契机的。从八年级开始，苏轼的诗文就在部编教材中大量出现，比如《定风波》《水调歌头》《记承天寺夜游》《江城子·密州出猎》等。除了教材，在平时的文言文拓展阅读中，苏轼的作品也会大量出现。就像刚才樊教授所说,在教学中,有的时候,学生可能会贴标签式地去理解苏轼。阅读真实的传记,可能可以帮助学生们更好地理解苏轼,理解苏轼在写下这些诗文时真实的心路历程。八年级学生的文本理解能力不断提升,思维从感性慢慢向理性转变。另外,樊教授也倡导我们应该多多接触传记和非虚构文学。所以,在这样的背景下,我们推荐学生做一些有益的拓展阅读,适时延展自己的阅读领域。在教学中,我们也会推荐学生观看有关苏东坡的央视纪录片,打破阅读壁垒。如此一来,经常出现在教材或者是文言文拓展阅读中的苏轼,就会变得像孩子们的老朋友一样,天然地多了一分亲切感。所以,文言文阅读也好,传记阅读也罢,都是一个很好的载体。正像樊教授所述,苏东坡教会了我们用诗意面对生活的心态。在现在学业压力比较大的情况下,比起口头上呼吁大家保持积极乐观,中学生更需要树立一个榜样,或者是有一个值得欣赏的人物去引领他们的精神世界。

曹欢

非常感谢邵老师。不管是樊星教授,还是邵老师,都向我们传达了青少年阅读传记类文学的必要性,可以给孩子提供一些有益的引导。的确,比起教材中单薄的一两首诗,传记会更加立体和生动。谈到传记,我们留言区里有读者表示,他不喜欢看林语堂的《苏东坡传》,因为他觉得林语堂个人的主观色彩过重,他更倾向于选择李一冰先生的《苏东坡新传》。对此,樊老师您是怎么看的?

樊星

我觉得这属于个人的好恶。有人喜欢《红楼梦》,也有人不喜欢,认为《红楼梦》里只有吃喝玩乐、各种琐事。有人喜欢《水浒传》，也有人不喜欢《水浒传》里的打打杀杀。不同文学观和不同价值观间的分歧是很正常的。刚才留言区的读者说不喜欢林语堂版本的《苏东坡传》，是因为其中的主观色彩太浓厚。实际上，传记文学当中，写法上有的主观色彩浓厚，有的则相对客观，风格确实是不一样的。《苏东坡传》有好几个版本，有读者喜欢另外的版本，说明他至少读了两本《苏东坡传》，我觉得这是很好的。最为重要的是，他能够提出不同意见，这很可贵。此外，文学分主观文学和客观文学，写实即客观，抒情即主观，但仅凭主观或者客观来判断一个作品的文学价值，似乎过于简单化。这是我的见解。

曹欢

好的，谢谢樊老师。我想请问邵老师，孩子们对作品可能会有不同的阅读态度，那么，我们应当如何引导学生推进阅读呢？

邵灵琳

我们在学校引导阅读时，会比较侧重于从课内到课外。我不会贸然地让孩子们在初一就阅读这本书，这样他们可能对人物缺少一种熟悉度。我听说有小学老师也在推荐这本书，但对小学低段或者中段的学生来说，这本书阅读起来可能是有点难度的，或许会让孩子产生一种阅读畏难情绪。在孩子们熟悉或者背诵了一些诗文，对作者有一些了解以后，我们才会推荐这本书。但学生的课外时间比较紧张，所以我们不要求他们很快看完，可以在一个月之内进行定期阅读。但是，这个阅读不是指让学生随性阅读。老师最好能提出一些问题，像是阅读导引，帮助学生们在阅读中形成有意注意，让他们留心思考，留下阅读痕迹。此外，我觉得还要有针对性地阅读，这是个比较重要的点。家长引导孩子的时候,也可以把阅读侧重在学习苏轼的人生态度上。例如,面对困难,他几度被贬谪,但是又几度从容且诗意地面对命运。刚才樊教授在讲座的时候也说,我们要学习苏轼的那种幽默,在幽默中更好地和自己的生活以及自己暂时遇到的困难去和解、去共存。像刚才提到的一样,我还支持大家利用一定的影视资料去加深印象。我们去年推进这本书的阅读的时候,就在晚自习开始前半个小时的学生自由活动期间,放映了有关苏轼的纪录片,很受学生欢迎。学生们读了这本书以后,再去看这部纪录片,他们就会带着一种小专家式的眼光审视自己的阅读,不断思考、反刍。当然,阅读完后,我们可以让孩子借助写读后感等形式对理解加以深化。

曹欢

非常感谢邵老师。的确,我本来一直以为阅读是非常私人的一件事情,但现在,我们"甬上家长共读一本书"展现了共读的力量。

快问快答

读者1

我想问一下,对于初中生,除了樊教授推荐的《林语堂传》,还有其他适合他们看的传记吗?

樊星

肯定是有的。比如,有一本书叫《贝多芬传》,它的作者是罗曼·罗兰。这

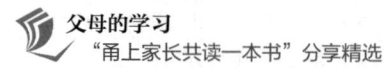

本书比较薄，而且是用诗一样的语言写成的。还有一本《杜甫传》，是诗人冯至写的，也很有名，值得一看。另外，据我所知，现在很多年轻人喜欢看成功人士的传记，比如《乔布斯传》。家长都可以让孩子看看，毕竟博览群书可以开阔我们的视野。

读者2

刚才老师向我们讲解了如何读非虚构的人物传记作品，然后向我们介绍了苏东坡和林语堂的人生经历和心态。我是一个比较喜欢写作的新高一学生，初二的时候我初次阅读了《苏东坡传》。我想问一下，从苏东坡和林语堂的人生经历中，我们可以得出哪些有关写作方面的启示？

樊星

如果你喜欢苏东坡和林语堂的话，你就要琢磨他们的写作特点。苏东坡喜欢诗词散文，林语堂喜欢传记，写作题材不同，你都可以慢慢尝试。同时，你要有意朝自己擅长、喜欢的方面去练习。写作发表不是一件容易的事，开始可以先向各种网站投稿。据说有的作品发到网站，点击率一高，马上就会被书商关注，所以要相信这种好运气的存在。我认为，一直保持阅读和写作的热情，这应该是最根本的追求。

读者3

樊老师好，我从事IT方面的工作，现在在做大数据模型。现在，有很多年轻人觉得我们其实不需要去阅读，也不需要去练习写作。他们觉得许多AI（人工智能）已经能够提供很好的写作服务。樊老师，在这方面，父母应当如何引导孩子,能否提供一些比较好的建议?

樊星

最近这几年有一个很热门的话题,就是"人工智能会不会取代人类"。事实上,我多次遇到类似的问题。如果你要写个工作报告,在人工智能中输入年度总结,一下子就能导出各种数据和信息,方便你的工作。所以,对于普泛化的写作,人工智能可以起到以前无法估量的作用。但是另一方面,独创的写作还是需要个人才华的加持。所以,简单的机器不可能取代人脑,模式不可能代替才华。我们可以从这个角度来引导孩子。

曹欢

邵老师,您能从教学的角度,给孩子们更多有关写作的鼓励和建议吗?

邵灵琳

如果从孩子成长的角度出发,我一直在鼓励初中阶段的学生去多读名家作品。我经常跟学生说,你要多看著名作家的作品。如果你能借鉴名家的作品,学习他们描写或叙述的方式,其实你就已经站在了很高的起点上,而不是只会机械照搬同龄人的"满分作文"。另外,我们还要多观察生活,多去亲身经历,把自己的生活经历从叙述清楚到叙述生动,慢慢展开、循序渐进。

读者4

对于小学的学生来说,阅读《苏东坡传》比较困难,那么我们可以在学习苏东坡上做哪些准备呢?

邵灵琳

小学阶段，我们可以让孩子读一些既有意思又比较浅显的诗歌，让他对诗歌产生兴趣。在教学诗歌的过程中，不要只是让他死记硬背，而要更多注重亲子的互动，提供诗歌背后的作者信息或者故事，才不会让孩子因为感到枯燥乏味而抗拒诗歌。

文字整理：叶凯明

毁灭与重生

扫码观看活动视频

分享嘉宾　王红元
活动时间　2022年1月22日

图　书　《岛》
作　者　［英］维多利亚·希斯洛普
译　者　陈新宇
出版社　南海出版公司

嘉宾简介

　　王红元，现任鄞州中学学术委员会主任，正高级教师，宁波市名师，宁波市作家协会会员，政协宁波市第十二届、十三届委员会委员。获浙江省第五届"最美教师"提名奖，被评为宁波市优秀教师，宁波市"立德树人"好老师。主持参与的多个课题获省市级一、二等奖，160多篇散文见诸报刊，发表教学论文、编写教学书籍计50余万字，被全国中语会评为"教学研究先进个人"。

父母的学习
"甬上家长共读一本书"分享精选

热烈欢迎来到现场的各位同学。我们的阅读之旅,就此开始。

鲁迅先生曾用一句非常精辟的话概括过悲剧的内核。他说,悲剧就是把人生的有价值的东西毁灭给人看。这句话中有两个关键词:第一个是"有价值的",第二个是"毁灭"。当我们看到一些有价值的事物因外在(社会、家庭)或内在(自身的性格)的因素而走向毁灭,我们会由衷地产生怜惜、伤痛的情绪。我们在因悲剧人物在抗争过程中产生的人性光芒而感动的同时,会进一步思考悲剧产生的原因和其更深远的教育意义。

《岛》是作家维多利亚·希斯洛普的处女作,讲述佩特基斯家族成员与麻风病抗争的故事。整篇小说没有怨天尤人,没有对生活诸多颓丧的感慨,更多的是予人以战胜困境、积极生活的启迪。我手不释卷,几乎是一气呵成地读完《岛》,被作品带给我的细腻又绵长的感触牢牢抓住。尤不能令人释怀的是充斥在作品中的浓重的悲剧意味,以及主人公在面对人生种种坎坷时的淡定与从容。

主人公伊莲妮是一位深受学生与家长爱戴的老师。她把教学视作天职,她的工作热情让她像火把一样燃烧自我。她的形象符合悲剧特点之一——"有价值的"。她遇到了什么毁灭性的事件呢?文中,伊莲妮因为工作上的接触感染了致命的麻风病,与亲人、学生、家长"挥手作最后的道别"。从某种意义上说,这次道别就是生离死别。小说运用了反衬的艺术手法,将这一场景表现得催人泪下。一位出类拔萃、年富力强的老师,在风轻云净的天气踏上死亡之径。小说不断渲染这是一个五月初、美好如天赐般的日子:繁花满树,山上最后的积雪也化成了清澈的溪流。但是,伊莲妮要被自己的丈夫和心爱的学生亲自送往隔离麻风病人的"死亡之岛",也是他们生命最后的归宿之地。

而 14 年以后,同样的悲剧又在这个家庭重演。伊莲妮的小女儿玛丽娅也不幸得了麻风病。小说把告别的时间放在带着凉意的秋天,也同样运用了对比和反衬的手法。美妙的秋天,正值青春年华的姑娘踏上"死亡之岛",她的父亲在亲手将妻子送往"死亡之岛"的 14 年后,又要亲手将他的女儿送上那座死亡小岛。

文中有精彩的动作描写,形容玛丽娅四肢瘫痪、头脑麻痹,失去了知觉,跌跌撞撞地、重重地倚在父亲的身上。所有动作让她变得像一个老妪,而不像一个有旺盛生命力的 25 岁的姑娘。她什么也没做错,却要遭遇致命疾病的伤害,这让读者内心产生了一种深深的无力感。在瑟瑟的秋意中,玛丽娅渡过海峡被送上小岛,她内心的苍凉使她看上去像一个没有生命和思想的货物。在风中肆意飘飞的,只有她一缕缕乌黑的长发。这一细节描写,预示着这是一次不归的旅程,死亡是年轻的玛丽娅唯一可以预见的人生结果。

这篇作品中还有许多动人的细节,同学们可以细读文本、品味深意。

真实存在的"死亡之岛"

首先,我要着重介绍一下故事的发生地——克里特岛。克里特岛是希腊第一大岛,位于地中海东部,风景优美。它是宙斯的故乡,也是希腊神话的发源地。克里特岛曾经是著名的西洋文化摇篮,它的美景让人无法抵抗,是一个美得难以形容的度假胜地,素有"海上花园"之称。这座小岛上有湛蓝的海水,有岛屿、山地、深谷。地中海式气候使小岛风和日丽,植物常青,鲜花遍地盛开。在这个岛屿东端,有一个名为布拉卡的小村庄,是小说主人公生活的地方。这个村庄弥漫着百里香的香气,还有好多酒馆。生活在此的人大多以打鱼为生。

生活虽不富裕,但却安逸。他们对生活的要求往往不高,常常安之若素,只求平安健康。小说的描写让人读来如临其境:"火焰般鲜红的天竺葵,瀑布一样垂下,仿佛想从雕花栏杆中逃离。大瓮的重量压得阳台往下陷。这是典型的克里特民居,过去几百年来,这种房子建了又建。像那些没受到大量游客践踏的幸运村庄一样,布拉卡是永恒的。"在这片纯净的天地里,你可以抛开所有,用一种坦诚的状态去面对所处的环境,因为这个世界纤尘不染。

故事的另一个发生地——斯皮纳龙格岛,那里是一个让人害怕,甚至连希特勒都感到恐惧的地方。"二战"时期,因为斯皮纳龙格住了许多麻风病人,所以德国军队不敢贸然进攻此地。斯皮纳龙格跟布拉卡隔海相望,间距近到甚至可以看到对面人家的一举一动。这么近的物理距离,却是生存与死亡的距离。1957年,斯皮纳龙格岛被废弃。

一个故事,祖孙四代

《岛》采用倒叙方式,结成悬念,包含大量的心理描写,细致入微。整篇小说采用纪实风格,形象逼真,节奏舒缓。这本书的故事从一个疑问开始。多年来,阿丽克西斯发现母亲总是过分地守护着自己的过去。2001年,25岁的阿丽克西斯决定去打开母亲尘封的往事。于是,她来到爱琴海的布拉卡——那个令整个欧洲都谈之色变的禁地,一个融合爱恨纠葛的凄凉故事怆然铺展开来⋯⋯

1939年,伊莲妮染上麻风病被送到了斯皮纳龙格。因为她的麻风病没有得到及时救治,最后她还是没有躲过死亡的命运。伊莲妮有两个女儿。大女儿叫安娜,属于放浪形骸的类型,她嫁进了一个有钱人家——范多拉基家族。但她却在结婚后爱上了她丈夫的弟弟马诺里,而马诺里爱上的则是伊莲妮的小女儿玛丽娅，因为玛丽娅更加单纯、美丽。玛丽娅和马诺里很快就订婚了。但是，1953年，就在他们将要结婚的时候，经过医生的诊断，玛丽娅患上了麻风病。两人的婚约被解除，玛丽娅没有步入幸福的婚姻殿堂，而是踏入了斯皮纳龙格这个人间地狱。

过了好多年，安娜生了一个女儿索菲娅，而安娜的丈夫也终于发现他的妻子安娜和他的堂弟之间有着不正当的关系。玛丽娅在岛上找到了她的爱情，也就是拯救她的克里提斯医生。经过多年的努力，医生们治愈了斯皮纳龙格岛上大部分的麻风病人，包括玛丽娅在内，他们都将返回到对岸的克里特岛。那些未痊愈的病人也将被送往雅典的医院接受进一步的治疗。故事发展到这里，仿佛会留下一个大家喜闻乐见的美满结局。但是故事到这里还没结束。斯皮纳龙格上只剩下人们匆匆搬走的痕迹。这天晚上，大家正在举行胜利的庆祝晚会，沉浸在喜悦之感里。然而就在这个时候，枪声响起。安德烈斯，也就是安娜的丈夫，把安娜给枪杀了。安德烈斯入狱，马诺里和安娜的丑闻被曝光。从此以后，这个令人敬仰的家族因此蒙上了耻辱，开始被人指指点点。被关进监狱的安德烈斯最后死在了监狱，他的女儿索菲娅成了孤儿，最后被好心的玛丽娅和她的丈夫收留。

在索菲娅要去雅典读大学时，她的爸爸妈妈（实际上是她的阿姨姨父）把索菲娅的身世秘密告诉了她。从此，索菲娅开始变得叛逆。如同她的亲生母亲一样，索菲娅骨子里也有叛逆的性格。这个家成了索菲娅的伤心地。她离家出走后再也没有回去过。索菲娅婚后生下了一儿一女，女儿就是小说中的线索性人物——阿丽克西斯。阿丽克西斯因为遇到了情感问题，就想通过揭开妈妈讳莫如深的身世，来解答自己的疑问。

三位女性与她们的"爱"

这本小说中有许多艰难挣扎的女性角色。让我们选取其中的三位进行重点赏析,体会她们心中的爱。

第一位是伊莲妮。她是一位和蔼可亲、端庄贤惠的女性,却不幸染上了麻风病,只能被送到远方与家人隔离。她明白,这一走,大概一生都不会回来。但为了家人的健康,她别无选择,此生再也不能和两个女儿见面,这是多么痛的分离。伊莲妮热爱生活,即使去了隔离区也丝毫没有自怨自艾。当看到屋前的院子时,她非常开心,心里已经开始筹划要种些什么了。作为一名教师,伊莲妮对自己的学生尽职尽责。她能记住每个学生的生日与喜好。在去往隔离岛的行李箱里,她也会装上教学用得到的东西。伊莲妮的崇高与伟大,在于她把迪米特里视如己出,丝毫没有因为他感染了自己而怀恨在心。当她看到令人害怕的麻风病患者时,即使自己吓得打哆嗦,也更担心迪米特里看到会感到害怕。她把自己对教育事业和对孩子们的热爱带到了隔离区,不惜代价地争夺教育孩子们的权利,因为克里斯蒂娜·克罗斯塔拉基斯认为,花那么多的精力去教可能活不了多久的孩子毫无意义。即使是遭受了最沉重、最黑暗的打击,甚至当被麻风病折磨着的时候,伊莲妮也极力克制痛苦,用乐观和坚强的态度来安慰丈夫和女儿,鼓励他们坚强地面对生活中的一切。

作者通过这一系列的悲惨境遇来描写人物,展现出了一个不卑不亢、无比坚强、充满希望的女性人物形象。纵使生活中有再多磨难,也掩盖不住伊莲妮的人性光辉。这样一个悲壮的人物形象,也是《岛》在文学领域大获成功的原因所在。

第二位是伊莲妮的小女儿玛丽娅。母亲伊莲妮走后,安娜和玛丽娅两姐妹美好的生活一下子崩塌了。她们失去了母亲的照料,从此必须生活自理,在精神上又缺少关怀。两姐妹性格本不相同,在困局中所作出的反应自然截然不同。玛丽娅的美貌与姐姐安娜的不同,有一种如初生的维纳斯一般纯洁、羞涩的美。她遗传了母亲伊莲妮善良、美好的品质。她的性格温柔而娴静,隐忍而谦让。在布拉卡,她代替姐姐管理家务、照看家人,对姐姐安娜的任性、自私诸多忍让;在斯皮纳龙格,她也曾被麻风病打击到几近崩溃,却又逐渐坚强起来,效仿她的母亲,将自己的小屋打扮得生机勃勃,尝试制作草药为他人治病;对于给母亲带来麻风病毒的男孩迪米特里,她没有责怪,而是宽容地把他当作朋友对待。在旁人眼里,她美好得像是不属于斯皮纳龙格一样。在真正的爱情来临之时,她虽欣喜,却因为要留在布拉卡照顾父亲而不得不放弃。在小说的最后,她勇敢的抗争和积极乐观的心态终于得到了回报——她的麻风病被治愈了,她也获得了美满的婚姻。虽然一生没有亲生的孩子,玛丽娅却收留了姐姐安娜的孩子索菲娅,将她视如己出。

第三位是伊莲妮的曾外孙女阿丽克西斯。现实生活中,阿丽克西斯和男友埃德产生了分歧。埃德对纪律和秩序的要求,让阿丽克西斯感到了束缚,找不到自我。阿丽克西斯向母亲索菲娅求助,希望通过了解家族女性的经历,来寻求问题的答案,却发现母亲刻意隐瞒了家族麻风病的历史。阿丽克西斯虽然没有亲历麻风病给人带来的苦难,但她是串起本篇小说的那条线。在找寻真相的过程中,通过了解几辈人与麻风病的故事,她感动着、思索着,并从曾外祖母伊莲妮和姨祖母玛丽娅的经历中获得了力量,最终成功地找到了自我。她勇敢地离开了不珍惜自己的埃德,选择去追寻真正的爱。

虽然这个家庭如此不幸,但是他们却彼此深深相爱。除了安娜,所有的人都承受着痛苦,却又努力给家人带去欢乐。阿丽克西斯对母亲说,任何与疾病有关的经历都不是可耻的,而跨越了疾病与健康、顺境与逆境的爱才是最伟大的。正如心理学家弗洛姆所说的那样,"没有爱,人类一天也不可能生存"。

莫言在《生死疲劳》的发布会上说:"回到生活自身,回归我们生活的本来,很多所谓的痛苦和欢乐实际上都是不纯粹的。"人世间很多痛苦的另一面是欢乐。我想,一个人如果站得"高"一点,就会理解到,绝对的欢乐和绝对的痛苦都不存在。这也是我阅读《岛》以后的感受。

悲凉生活中的希望之"岛"

与许多名著一样,《岛》这篇小说存在多重主题,可以从多个角度进行赏析。

大时代的悲剧与女性的命运无疑是该书的核心主题之一。对于作者希斯洛普来说,她感兴趣的不是历史书里面陈述的事件经过。她更关注普通人,特别是女人、小孩在动乱中经历了什么,因为他们通常才是战争的主要受害者。面对麻风病时,女人和小孩都是弱势群体。他们在精神上受到的伤害最大,而他们抵抗疾病的能力却是最弱的。但是从某种意义上来说,很少有人去关注他们的生存状态。其实,我们可以看到他们的抗争和努力。他们无法掌握自己的生命,但作为读者,我们至少要给他们尊严。我想,这些人不但都努力给自己的生命赋予了最大程度的尊严,而且也希望通过某些方式让别人也活得更有尊严。《岛》中的女人与小孩一样是弱者,他们在身体与精神上受到的伤害,与他们所拥有的能来抵抗这些伤害的力量差距很大。某种意义上说,他们的生存状态最值得我们关注,他们的努力抗争也最让人动容。

我们分析一下《岛》中女性形象的特征。

首先是独立自主的女性形象特征。《岛》中的女性人物都展现了独立自主的一面,并未因为家庭破碎而一蹶不振,而是乐观、积极地生活。从20世纪开始,西方国家女权运动的影响力逐步扩大,使得女性问题得到了社会关注。在欧美文学作品中,女性也逐步从配角走向主角,追求独立、平等,希望获得一定的社会地位。在《岛》中,伊莲妮原本幸福美满的生活被麻风病摧毁。病痛虽使她面目全非,却无法摧毁其独立自主生活的意志。正因为拥有这样的信仰,伊莲妮才并未静静等待死亡的到来,而是能够勇敢面对自己的命运,选择继续发光发热,解决岛上儿童教育的问题。不同于过去的文学作品中常把女性当作依附于家庭的存在,《岛》中展现了女性追求独立的观念,体现了女性想要与男性拥有同等社会地位的追求。

然后是敢于抗争的女性形象特征。佩特基斯家族的几位女性之所以能够给读者留下深刻的印象,是因为她们每个人都敢于与命运抗争,使过去女性依附于男性的形象得以改变。在女性角色的心理刻画方面,《岛》中一再展现了女性面对挫折时的坚定与从容。在初读文章时,读者能够感受到作者笔下斯皮纳龙格岛的冰冷、恐怖,眼前浮现岛上人因病死亡、残疾等各种痛苦的画面。但是,伊莲妮、玛丽娅等却看到了岛上人在身患绝症的情况下依然不愿意放弃、努力生活、寻求自我解救的精神。面对麻风病,这些女性选择勇敢对待,最终说出了"现在一切真相大白,伤口暴露在空气里,但最后有可能治愈"的话语。对于她们来说,"生活在没有幻想的当下更安全,不用担心失望"。作者不仅描写了女性细腻的情感,而且表现了女性面对困难时的理智。

大家还可以从另外一些角度去解读主题。

比如勇敢与怯懦的角度。那些打击、伤害麻风病人的人,是不是勇敢的人?就像鲁迅在《华盖集·杂感》中提到的:"勇者愤怒,抽刃向更强者;怯者愤怒,却抽刃向更弱者。"无论多么博爱、有见识的人,若不是自身经历苦难,恐怕都不敢说真正理解了死亡和疾病。世上从来没有真正的感同身受，即使是同病相怜，也是各人有各人的不幸，想要扼住命运的咽喉，却只能将手伸向虚空。

比如，从如何对待英雄的角度。娥必达（岛主妻子）看到岛主在力所能及的范围内已经尽了一切努力，可斯皮纳龙格人的要求总是更多。为此，岛主不停地与隔离区里的少数人大吵大闹，有时甚至和相当激进的人打斗起来。这与鲁迅先生在《奔月》中表达的主题有相似之处。它既是一个被遗忘、遭背叛、被遗弃的外在的悲剧，更是一个因人们内心世界的变化而导致的弱化生命的悲剧。这是一个非常重大的问题——先驱者的命运问题。

"岛"的含义很多。它可以是贯串整本小说的线索，可以是一个地理概念，也可以是一个精神的归宿，是让我们倍感平静、寄托我们灵魂的地方。这个岛指的是克里特岛还是斯皮纳龙格岛呢？它们一个是生，一个是死。但是两个岛之间，生可以转化成死，有些死亡却意味着得到精神的永生。斯皮纳龙格岛，是一个受拘禁的死亡之岛，代表着死亡、疾病、禁锢，但是最后它也给人带来了生机。克里特岛有自由、健康与生机，但是也有妒忌、自私与毁灭。每个岛上既有生的美好，又有死的惨痛。"岛"就是悲凉生活中的希望，这希望是污秽之地盛放的鲜花，而浇灌、滋养这朵鲜花的，是温暖、博大的人性之美、人性之爱。

我的分享到此结束，谢谢大家！

文字整理：骆柯漫

依体而读，细品精思

扫码观看活动视频

分享嘉宾 程载国
活动时间 2022年2月26日

图　书《乡土中国》
作　者 费孝通
出版社 上海人民出版社

嘉宾简介

程载国，正高级教师，浙江省余姚中学语文组长，宁波市名师，"浙江省春蚕奖"获得者。钟情于阅读写作，发表文章数百篇，正式出版的个人著作有《由理解到创造》《讲台边的风景》《陪你开卷》《王阳明诗文赏读》，参与编写"新课标新语文新学习"丛书。参与编写《普通高中教科书》配套光盘。致力于阅读推广，坚持带领学生开展整本书阅读，创立青羽读书会，推动教师读写共同体建设。

各位读友,大家下午好。我是来自余姚中学的语文老师程载国,很荣幸能在这里跟大家分享《乡土中国》这本书。本次《乡土中国》阅读分享会的主题是"依体而读,细品精思"。

苏霍姆林斯基曾说:"学校的工作经验使我深信:学校教育的缺点之一,就是没有那种占据学生的全部理智和心灵的真正的阅读。没有这样的阅读,学生就没有学习的愿望,他们的精神世界就会变得狭窄和贫乏……我们力求使每一个少年、每一个青年都找到一本他'自己的'书,这本书应当在他的心灵里留下终生不可磨灭的痕迹。帮助学生遇到他'自己的'那本书,这是需要教育艺术的。阅读这样的书是一种自我总结,是自我教育的开端,是面对自己良心的自白。"阅读,对一个人的影响是巨大的。阅读在充实我们生活的同时,也丰盈了我们的灵魂。

在我看来,阅读一本书有三种不同的境界。第一,就是把一本书读完,把书从首页翻到尾页;第二,就是把一本书读懂,能明白书的主要内涵;第三,是能把一本书读通,能迁移和运用书中的原理,就像浙东学派最讲究的那样,"学以致用,经世致用"。

艾德勒的《如何阅读一本书》将阅读分为四个层次:基础阅读,具备较为初级的读写能力,以理解字面意思为主;检视阅读,能在一定时间内读完较长的读物,并能准确理解,抓住重点;分析阅读,能熟练运用多种阅读方法,通过优质的阅读透视一本书;主题阅读,能围绕某一主题,系统地读完一系列图书。这四个阅读层次呈递进的关系,要求我们运用的阅读方法和技能也越来越丰富。

关于《乡土中国》的分享,我将主要从四个方面展开:费孝通与中国社会学、着眼文段的微观读法、着眼全书的宏观读法,以及联系现实的研究探索。

费孝通与中国社会学

首先,我们先来谈一谈费孝通先生与中国社会学的关系。社会学是从社会整体出发,通过社会关系和社会行为来研究社会的结构、功能和发生、发展规律的综合性学科。社会学有三大特点:从特殊中发现一般,从熟悉中发现陌生,从社会背景看个人选择。纵观费孝通先生70年的学术研究,他对中国社会学的贡献是巨大的。他的巨大贡献主要表现在三个方面:对中国早期社会学所作的贡献,对中国社会学恢复重建所作的贡献,对中国社会学发展和拓展所作的贡献。就费孝通先生对中国早期社会学所做的贡献来说,其中最关键的是他对社会学中国化所做的卓有成效的工作。他不仅和当时社区学派的其他代表人物一样,切实地开拓了一条社会学中国化的重要途径,也在很大程度上扭转了那时社会建设基本照抄西方的局面,而且还以他出色的学术探讨,提供了影响广泛而深远的社会学中国化的具体成果和代表作:《江村经济》(1939)、《禄村农田》(1943)、《生育制度》(1947)和《乡土中国》(1948)等。其中,《江村经济》与《禄村农田》主要是实地的社区研究。

中国人民大学社会学教授郑杭生曾这样评价《乡土中国》:"《乡土中国》是费孝通先生在社区研究的基础上从宏观角度探讨中国社会结构的著作,分别从乡村社区、文化传递、家族制度、道德观念、权力结构、社会规范、社会变迁等各方面,分析、解剖了中国乡土社会的结构及其本色。著名的"差序格局"等有中国风格的社会学理论,就是在这本书中提出和论证的。《乡土中国》是社区研究的一部比较成熟的作品，代表了费孝通先生早期社会学研究生涯中的一个重要转折点，即从实地的社区研究转变为社会结构的分析。费孝通先生所从事的这项工作，在当时的中国社会学界，是有开创性的。"

另外，在社会学这门学科之外的领域，费孝通先生还提出了一些文化主张："文化自觉"、文化国际交往的十六字"箴言"——"各美其美，美人之美，美美与共，天下大同"……费孝通先生的文化主张也为我们中国文化如何与其他文化交往提供了一种新的思路。

着眼文段的微观读法

接下来，我们结合具体的文段和篇章来讨论《乡土中国》。《乡土中国》这本书总共有十四篇文章，有的时候我只品读一段，有的时候我单读一篇，有的时候我可能两篇连着读。从阅读的方法上来讲，这都是"着眼文段的微观读法"。

当自己在家阅读的时候，我们可以采用微观梳理法。例如，第十一篇叫作《长老统治》，这样的一篇文章，我们肯定要先依据文体进行阅读。《乡土中国》是一本社会学著作，学术类作品有两大核心，第一是概念，第二是观点。比如，这篇文章总共有十二个段落，我在读这篇文章的时候，会先把每一个段落的中心句画出来，然后再看每个段落用了什么样的论证方法，再将中心句和段落对应的论证方法集中抄到一张纸上。这样，我们就会发现段落和段落之间的联系，弄清楚语段间是通过何种逻辑关系勾连起来的，从而厘清整篇文章的行文思路。

《长老统治》这篇文章的第一段实际上是要对中国乡土社会的权力结构进行一个论断。但是费孝通先生采用了驳论的方式，认为乡土社会中的权力"既不是横暴性质,也不是同意性质"。第二段运用了比喻论证,结合中国的社会现象分析社会继替中的严格规律。那么大家会有疑问:这种规律是怎么样的?于是,作者循循善诱,慢慢地引出后续几段的关键词"教化权力",运用比较论证和引言论证,并说明了一个观点:教化权力带有强制性。教化权力既非同意,又非施暴。教化权力是"损己利人"的责任,它既是为了社会,也是为了被教化者。这几段的议论层层递进,逐步分析了中国社会为什么是教化权力为主的社会。起初的梳理工作,有助于我们把握全文的中心观点,也有助于我们了解文章论证的脉络。同时,我们需要利用每一段的观点句,去理解文本的内容。微观阅读要求我们对文章进行解剖,我把它称作"梳理式的阅读"。这种解剖会帮助我们真正地读懂这篇文章的肌理,有助于提升我们以后写作的条理性。

我们由《长老统治》可以看出《乡土中国》的文体特色。《乡土中国》里的文章只是学术随笔,而非学术论文。《长老统治》结构上注重起承转合,过渡衔接。首段上承第十篇,尾段下启第十二篇。它内容上有多处插说与补叙,联想的成分多于推理的成分。《长老统治》对核心概念的界定比较看重通俗易懂而非准确严谨,语言上以短句为主,流畅生动,没有学术语言的晦涩呆板之弊病。费孝通先生在写《乡土中国》这本书的时候,一直用一种方法——综合比较法。他不再运用社区调研法,而是从宏观层面来看中国的社会。你会发现《乡土中国》这本书有一个特点:把中国看作一个宏观的概念。这是进入人类学领域,经历社区调研,有扎实的社会基础之后才会有的宏观的综合比较。所以,我们在阅读《乡土中国》时一定要有比较意识。

我们有的时候还会对一个段落做切分,专门去分析它的语料。接下来,我们通过另外一篇文章《乡土本色》,来分析《乡土中国》语料运用的特点。如果是在社会学论文里,陈述观点时应该基于某几项研究的数据,或基于对于受访者

a、受访者 b 的具体调查，这样才会更具有说服力。而《乡土本色》这篇文章的语料运用和一般的论文是不一样的。这也是因为《乡土中国》是一本学术随笔，而不是学术论文。我在这边举个例子。《乡土本色》中一段对于"中国人在农村为什么聚村而居"的解释是这样的："中国农民聚村而居的原因大致说来有下列几点：一、每家所耕的面积小，所谓小农经营，所以聚在一起住，住宅和农场不会距离得过分远。二、需要水利的地方，他们有合作的需要，在一起住，合作起来比较方便。三、为了安全，人多了容易保卫。四、土地平等继承的原则下，兄弟分别继承祖上的遗业，使人口在一地方一代一代地积累起来，成为相当大的村落。"

着眼全书的宏观读法

在我们对《乡土中国》这本书有了比较深入的了解以后，我们就可以采用着眼全书的宏观读法。首先，我们根据目录梳理全书结构，对全书的篇目做一个简单的重新编排，得到一张思维导图。思维导图主要是由线条板块和链接文字构成的。《乡土中国》之所以能画出思维导图，恰恰因为它是学术随笔，篇章之间的关系可以有多元的理解。这是宏观读法当中的一种方法：用思维导图构建整本书的内容结构。这个方法不光可以运用在学术著作的阅读，我自己在读一些小说的时候也会用到这个方法。《乡土中国》一书所要回答的问题是：乡土社会是什么样的社会？围绕这个核心问题，我们可以去跳读每一篇文章里面是怎么回答的。我这里举几个范例和总结：首先，"中国社会的基层是乡土性的"（《乡土本色》）；其次，乡土社会是"面对面的社群"（《文字下乡》）；最后，乡土社会的结构呈现以自我为中心的"差序格局"（《差序格局》）。宏观阅读当中，我们还可以跳读全书,梳理主要概念。学术著作最重要的是学术概念。我们发现,全书当中最有价值的学术概念是作者自己原创的一些概念术语,比如"差序格局""团体格局""礼治秩序"等。我们可以从这些概念出发,对《乡土中国》有更深刻的理解,并提炼出其中的精髓。

联系现实的研究探索

那么,读完《乡土中国》这本书对我们的现实生活有什么样的影响,又对我们认识当下的中国有什么帮助呢?这就是本次分享的第四个方面:联系现实的延伸探索。马林诺斯基曾经这样评价费孝通的博士论文《江村经济》:"我敢于预言费孝通博士的《中国农民的生活》(又名《江村经济》)一书将被认为是人类实地调查和理论工作发展中的一个里程碑。此书有一些杰出的优点。每一点都标志着一个新的发展。本书让我们注意的并不是一个小小的、微不足道的部落,而是世界上一个最伟大的国家。"

阅读学术著作,要关注其中"问题的提出"和"问题的解决"。当今中国社会正处于转型的关键时期,传统与现代的交织与转换,乡村与城市的碰撞与融合,使社会发生着巨大变化。《乡土中国》这本书中关于乡土社会的论断仍然会引发我们的许多思考。我们要学会"关注问题",更要"学以致用"。《湖光山色》一书就是《乡土中国》理论运用的典范。《湖光山色》一书的写作素材主要来自周大新对他家乡民众的访谈,楚王庄村的变迁也正是中国乡土社会转型的缩影。全书精彩演绎了费孝通先生《乡土中国》一书中所提出的四种权力类型(横暴权力、同意权力、长老权力和时势权力)的争斗与转换。

最后,对于整本书的阅读力的提升,我们可以关注专注力、理解力、创造力、批判力四个方面。本次我的分享实际上是按照四个阶段展开的：导读激趣 — 潜读深思 — 讲读提要 — 化读运用。大家可以通过运用四步阅读法，全面提升阅读力。

我对《乡土中国》的分享到此结束，感谢大家的陪伴。谢谢大家！

文字整理：骆柯漫

抽丝剥茧，层层深入

扫码观看活动视频

分享嘉宾　吴　蓉
主持嘉宾　查婺波
活动时间　2022 年 7 月 31 日

图　书　《红楼梦》
作　者　[清]曹雪芹
汇　校　周汝昌
出版社　北京大学出版社

嘉宾简介

　　吴蓉，宁波市惠贞书院语文教师。宁波城区骨干教师、宁波市教坛新秀、局级优秀教师、名师工作室骨干成员，获宁波市中小学青教赛特等奖、青年教师阅读写作竞赛一等奖，指导学生获得"叶圣陶杯"作文大赛全国一等奖、"语文报杯"作文大赛全国一等奖等。

　　查婺波，宁波市海曙中学语文教师，教育硕士，高级教师，宁波市学科骨干教师，宁波市领军拔尖人才培养对象，宁波大学兼职硕士研究生导师。

查婺波

热烈欢迎今天到现场参与《红楼梦》阅读分享的各位读者,大家下午好。

我们邀请到的嘉宾是宁波市骨干教师——吴蓉老师。每一次的分享会,都有它特殊的受众群体。对于《红楼梦》,现代文学专家们进行的是研究性的阅读,而我们普罗大众一般进行的是消遣式的阅读。而今天,吴老师带来的关于《红楼梦》的阅读分享,主要是围绕教学性——在语文视野下的一种解析式阅读。

吴蓉

非常感谢查老师的主持,也非常感谢宁波大学园区图书馆给我提供了机会,让我能够来到这里给大家讲一讲《红楼梦》这本书。

很长一段时间里,我在准备今天的分享时都惴惴不安。《红楼梦》是一部伟大的作品,我个人只能带给大家部分、片面的解读。《红楼梦》创造了一个丰富生动的全景式的家族史,又绘制了一幅鲜明灵动的人物形象图。它非常庞杂,涉及了饮食、饮茶、服饰、起居、古玩等社会生活的方方面面。同时,它又非常"受宠",无论是从清代的"传奇热",还是从现当代"红学"的百年历史来看,《红楼梦》都是非常有群众基础的。

为什么要在青少年时期阅读《红楼梦》

当《红楼梦》以整本书阅读与研讨的形式进入中学生的视野当中时,我觉得

"夜深忽梦少年事，闲读红楼谁与共"是我能想象的中学生阅读《红楼梦》的一个理想状态，也是我为此次分享取的一个副标题。那么，为什么要在青少年时期读《红楼梦》呢？我觉得从思辨的角度来说，这个命题有两个问题亟待解决：第一，从阅读对象来说，为什么是《红楼梦》？第二，从阅读时期来说，为什么是青少年时期？

首先，我们来探讨一下阅读的对象：为什么是《红楼梦》？这里，我分别展示了四位名家对《红楼梦》的点评。

王国维："《红楼梦》，哲学的也，宇宙的也，文学的也。""《红楼梦》者，可谓悲剧中之悲剧也。"

鲁迅："总之自有《红楼梦》出来以后，传统的思想和写法都打破了。"

王蒙："《红楼梦》是一本最经得住读、经得住分析、经得住折腾的书。""《红楼梦》是一部文化的书。"

蒋勋："《红楼梦》是可以读一辈子的书。"

他们每个人有不同的说法，从不同角度对《红楼梦》进行了定性。从名家的点评来看，读《红楼梦》确实有一定的价值和意义。

从文学史的角度来看，我总结了以下几点。

《红楼梦》是一部精彩纷呈的经验之书。

《红楼梦》是一部感同身受的人情之书。小说最有价值的"情本思想"是对中国传统"情文化"的继承与发展。

《红楼梦》是一部意蕴丰厚的哲理之书。小说通过写"世事人情"来展现"生命觉悟"。

我在网上还看到了上海师范大学中文系教授、中国红楼梦学会的副会长詹丹教授曾经在他名为"《红楼梦》何以伟大？"的文章中给出过五个方面的结论：

第一是人物最多样,第二是情节最独特,第三是思想最深刻,第四是情感最饱满,第五是文体最丰富。从这些专家的评论来看,《红楼梦》确实是一部很有价值、非常立体的书。

其次,我们来探讨一下阅读时期:为什么是青少年时期?高中语文统编教材的总主编温儒敏给出了四个方面的理由。我觉得这四个方面的理由对大家来讲,第一点可能是比较直观的,就是他希望孩子们读了《红楼梦》之后对古代文化和古代社会生活有一些感性的了解。他觉得这种了解是读一般历史书难以获取的。后面三点其实是非常理论化的:他希望通过《红楼梦》让学生感受民族审美的积淀,培养审美的能力和感觉;帮助他们通过《红楼梦》的阅读去感受汉语之美,培养良好的语感;让他们从《红楼梦》中感受知人论世,认识社会历史的复杂性,锻炼和提高逻辑思维与直觉思维的能力。简单来说,就是他希望学生们能够通过阅读《红楼梦》,提高认识力、审美力、语感力和思维力。

高中生阅读《红楼梦》前要做哪些准备

许多朋友可能会觉得,《红楼梦》只要拿起来就可以开始阅读。但是,在我个人看来,阅读《红楼梦》其实不是这么简单的一件事情。第一个要点是同学们在开启《红楼梦》的阅读之前,需要准备一些软性的阅读工具。我推荐两本书:一本是上海古籍出版社的《红楼梦鉴赏辞典》,另一本是北京出版社的《红楼梦诗词曲赋评注》。这两本书的前面都有一幅集体人物关系图,我们可以借助它们在脑海中形成一个以贾府为中心的人物关系图。这既有助于我们熟悉小说的主要人物,又有利于我们在阅读整本书的时候,快速查找到我们想要了解的内容。

阅读的第二个要点是掌握基本的阅读策略。有一个比较官方的说法，就是读《红楼梦》有三个梯度：首先需要着眼于故事本身，然后探索其写法及其体现的社会风俗，最后看到它体现的历史。这个方式比较适合文学素养比较高的同学。

我把《红楼梦》等文学类著作的阅读简单分为四个层次。第一个层次就是"读完"，贵在一气呵成，不管文章多么晦涩难懂都要先整体通读一遍。第二个层次就是"读懂"，能够说得清内容。什么叫说得清内容呢？浙江省教研员黄华伟先生曾经说，能够把《红楼梦》当中的某一些事件理出一个结构图来，具体说清楚发生什么事情，就是读懂了。第三个层次是"读深"，阅读可以深入到文本的细枝末节中。第四个层次是"读通"，学会在阅读中联系、比较和触类旁通。

阅读的第三个要点是了解一些关于小说的基本知识。我觉得这是有一定的必要性的。我们会发现，从专业角度来讲，《红楼梦》是有一定的小说知识性的。从叙述角度来说，《红楼梦》虽然残留了说书人叙述的一些痕迹，但是作者与叙述者分离、退隐到幕后，并自觉创造和采用一种以虚拟化、角色化、颇有现代意味的叙述人来进行叙述的方式，在中国小说史上是第一次。同时，它采用了一种多叙述人、多角度的、复合的叙述视角取代了说书人单一的、全知的叙述视角。人物方面，英国小说家福斯特在《小说面面观》中提出了"圆形人物"和"扁平人物"的概念。《红楼梦》这部小说中一共有六百多个人物。这六百多个人物，作者曹雪芹不可能是通过单一的方式来叙述和塑造的。《红楼梦》小说中最重要的人物，例如，宝玉、黛玉、宝钗等，曹雪芹基本上是采用圆形的、立体化的方式来塑造的，体现了他们性格的多个层面。而小说中一些其他的人物，比如贾环、赵姨娘等，曹雪芹采取了平面化的方式。对于一些更为边缘化的人物，则借助谐音或者行为进行概念化的关联，从而塑造人物形象。

> 父母的学习
> "甬上家长共读一本书"分享精选

高中生阅读《红楼梦》可以采用哪些方法

下面,我将和大家分享本次讲座最重要的内容:高中生阅读《红楼梦》的方法举隅。我将以三个具体阅读方法来展开:第一个是回目提纲挈领法,第二个是细节字斟句酌法,第三个是延伸比较联系法。

(一)回目提纲挈领法

首先,我们来谈谈第一个阅读方法:回目提纲挈领法。当我们拿到《红楼梦》这本书的时候,翻开来第一眼看到的就是回目,它相当于是我们读者的初见者。我推荐对于《红楼梦》回目进行三读:粗读、细读和精读。

首先,我们来讲回目粗读,制订阅读规划。回目的分割可以按照宝黛情感变化、贾府盛衰起落等重要节点为线,选择一个角度,方便集中阅读、定时衡量。如果以宝黛线为节点,我们可以将一百二十回分成"序幕 — 初始 — 试探 — 默契 — 衰败 — 结局"六个部分;若是以贾府盛衰为节点则可分为"浓缩版的《红楼梦》— 钟鸣鼎食的贾府 — 大观园里的青春王国 — 青春王国的消逝(宝黛的爱情结局)— 贾府的衰败"五个部分。

其次,我们可以进行回目细读,关注章节内容。我们需要借助回目开启《红楼梦》的通读,整体把握小说的时间线索、人物关系、空间维度等。我们以"刘姥姥"为搜索对象,整理"三进荣国府"的重点回目,就可以在各种回目的标题中探寻出刘姥姥的人物定位和一些基本事件,对该人物的故事进行大致的了解。周汝昌先生在《红楼梦新证》第六章中列出了红楼年表,认为"八十回《红楼梦》原书,实共写了十五年的事情"。所以,我建议大家关注四季、节气、节日、生日等时间节点,以及人物的年龄和生死等重大事件,从回目出发,完成整体梳理《红楼梦》时间线的任务，同时关注书中一些物件，如"通灵宝玉""茜香罗""红麝串""麒麟"等。

最后，就是更深入的阅读——回目精读，理专题系列。《红楼梦》中有许多有研究价值的专题，比如，梳理钗黛双峰对峙过程、梳理《红楼梦》的盛衰变化、梳理《红楼梦》中的各种死亡事件、梳理贾府男子们的生存与道德状况等。我在此举个例子。红学专家吴宓曾这样评价林黛玉："作者不特为黛玉伤，亦借黛玉以写人在社会中成败之实况也……黛玉直道而行，不屈不枉，终归失败。"而清代西园主人则说："林颦卿者，外家寄食，茕茕孑身，园居潇湘馆内，花处姊妹丛中，宝钗有其艳而不能得其娇，探春有其香而不能得其清，湘云有其俊而不能得其韵……"同样是评价黛玉，评论家所站的角度和立场不一样，所得出的观点和结论也必然是不一样的。我们对《红楼梦》经过一番整体性的阅读之后，再自己去感悟小说中人物的性格。整体性的阅读和局部性的阅读是不能够分割的，我个人建议大家先进行整体性的阅读，然后再进行局部性的阅读，对重点内容进行分析和理解。

（二）细节字斟句酌法

接下来，我们要谈到的是细节字斟句酌法。这个方法其实是比较常见的。《红楼梦》这本书十分庞杂，我们可以通过关注哪些地方来读细节呢？

首先，我们要关注对话，在一言一语当中去体悟小说人物的内核。《红楼梦》中的对话还是比较特别的。我们从最经典的一个案例入手。《红楼梦》的第三回中，王熙凤所言："天下真有这样标致人物，我今儿才算见了！况且这通身的气派，竟不像老祖宗的外孙女儿，竟是个嫡亲的孙女。怨不得老祖宗天天口头心头一时不忘。只可怜我妹妹是这样命苦，怎么姑姑偏就去世了！"这段话我在教学的时候会让学生读，但是我觉得许多人学不来。这除了性格因素以外，还有一个很重要的原因，就是同学们对中国人的亲属关系和其界限没有那么清晰的了解。南京大学特聘教授毕飞宇的一段话能为我们解惑："千万不要小瞧了《红楼梦》里面的人物关系，这个关系有一个专有名字，叫宗亲，它属于中国。你要想真正了解我们的历史和我们的社会结构，不了解宗亲关系是不可以的。"我一直建议中国人去读《红楼梦》，尤其是独生子女。你不读《红楼梦》，就不会懂得中国的宗亲概念，就无法懂得中国的社会为什么是"人情社会"，就没法认识"人情社会"的温暖和"人情社会"的险恶。

王熙凤这段话的对象有三类，第一个是贾母，第二个是"三春"，第三个是黛玉。我们经常点评说王熙凤这句话是"一石三鸟"，滴水不漏。随着剧情往后推演，我们还会发现王熙凤不仅跟贾母讲话是如此，跟周围人讲话也是同样圆滑的。她跟不同人讲话还有不同的方式方法。王熙凤对林黛玉说："想要什么吃的，什么顽的，只管告诉我。丫头、老婆们不好了，也只管告诉我。"这句话说完，同为贾府当家媳妇的王夫人开口问王熙凤："月钱放完了不曾？"王熙凤马上回答月钱已放完了，接着她就说道："才刚带着人到后楼上找缎子，找了这半日，也并没有见昨日太太说的那样，想是太太记错了。"然后王夫人就说："有没有什么要紧？该随手拿出两个来，给你这妹妹去裁衣裳的。等晚上想着，叫人再去拿罢，可别忘了。"王熙凤就说道："这到是我先料着了，知道妹妹不过这两日到的，我已预备下了，等太太回去过了目，好送来。"这句话说完以后，王夫人的反应先是一笑，后是点头不语。王熙凤的言下之意是她做事情肯定是要先请示王夫人的，而王夫人对此则感到很满意。两个人讲话的分寸都把握得很到位，因为王夫人对王熙凤也很了解。两个人之间默契十足，互相都知道对方要说什么话，但是又界限分明。

其次，我们要关注的另一细节是表情。我选了三个人物来展开，分别是乡下人刘姥姥、娇小姐林黛玉和贵太太王夫人。我们先来看李希凡先生品味刘姥姥时的一句评论："一句'喜的又浑身发痒起来'，活画出刘姥姥喜出望外的神态和心境，接着的寥寥数语，虽是'粗鄙'的村言，却比喻得十分贴切。"我们从刘姥姥与周瑞家的周旋中，看到了她作为庄户人的精明、世故与圆滑；从她见凤姐的忐忑不安和"忍耻"的应答中，看到她天性中的质朴以及若隐若现的庄户人的心计。把刘姥姥的状态呈现在这里，不单有助于讲清这个事情的前后逻辑关系，同时还揭示了刘姥姥本身那种矜持的状态，与她面对凤姐时候那种不温不火的态度和不紧不慢的说话风格形成了一种对照。曹雪芹很厉害，他能写出多样的人物。

第二个人物是林黛玉，这里我选了一个重点中学的活动案例，它在以"一颦一笑"为主题的活动中讲到了林黛玉的"四笑"。林黛玉的"四笑"到底有哪四个层次呢？我们来看看某高一学生的分析。

一笑："只抿着嘴笑"，表现黛玉在心中吃醋，却无机会发泄不满；

二笑："含笑问她"，写出黛玉为找到机会影射宝玉的自然流露；

三笑："笑道"，是林黛玉醋意的体现，借说自己的小丫鬟雪雁来趁机敲打宝玉；

四笑："黛玉笑道"，一番对薛姨妈说的话合情合理、滴水不漏，表现她的醋意到此为止。

我觉得这个解读非常到位。

黛玉之"酸"，是出于她孤傲的性格，她就是不想让贾宝玉与薛宝钗两人一起玩，故而这聪明的林姑娘借题发挥、指桑骂槐，"四笑"中的三假一真，便把这"半含酸"的心态展现得淋漓尽致。我觉得这是很有道理的一个解读。

第三个人物是贵太太王夫人。刚才我们解读了林黛玉的"笑"，接着我们来讲讲王夫人的"哭"。其实，王夫人这个人通常是很严肃的。但在第三十三回宝玉挨打之后，王夫人有很多"哭"的状态。当时，宝玉被打得皮开肉绽，她却没有办法阻止贾政打宝玉。王夫人的哭是真实的，先是"连忙抱住哭"，后来"爬在宝玉身上大哭起来"，最后"叫着贾珠哭道"，已经完全没有她之前端着的状态了。而且，王夫人这一"哭"的层次还对其他人产生了直接的影响。贾政一开始是毫不动容地冷笑，后来"长叹一声""泪如雨下"，到最后"泪珠更似滚瓜一般地滚了下来"。有人说，王夫人最后这一"哭"是"神来之哭"，因为她是叫着贾珠哭的。贾珠是宝玉的哥哥，但他早逝了。所以从这一点来讲，王夫人哭贾珠，把贾家的悲哀更加推进了一层，把原本由宝玉的不成才和贾政的不谅解激发的一重矛盾，一下子演变成贾珠已去、宝玉不孝、未亡人犹在、家门不幸的多重矛盾。

我们要关注的最后一个细节就是行为。《红楼梦》当中的行为太多太多了，我们不可能对每一个行为都进行细细的分析和解读。对于高中生来讲，我觉得大家可以重点关注一下超乎寻常的举动。我们试着分析一下正常不能够理解的举动，就能够找到一个比较好的阅读切入口。我在这边列举了第二十三回和第二十七回的片段内容。第二十三回"西厢记妙词通戏语　牡丹亭艳曲警芳心"中有一个小细节的片段。宝玉见落红成阵，他兜起花瓣，抖落池内，花瓣随水流出沁芳闸。黛玉亦见此景，她肩上担着花锄，锄上挂着花囊，手内拿着花帚。这里包含了宝玉抛花和黛玉葬花的两大举动。林黛玉对花有一种天然的爱惜。事实证明，这两个人都是非常敏感且有灵性的。黛玉的言语表现了她觉得大观园以外的世界就是一个污浊的世界。她要保持自己的纯洁性。花一旦随着水流到外面就会被玷污了，所以这个花可能也是青春的预示。第二十七回的后半段其实是第二十三回的延续。林黛玉真的去葬花了，伴随着她的葬花吟。宝玉听完以后，内心非常感动，从精神和心灵上完全跟黛玉契合了。另外一个环节是宝钗扑蝶的片段,这两个内容连在一起,一个是面对阳光和彩蝶,一个是面对落花和流水;一个是恣意的欢愉,另外一个是尽情的悲伤。两者都是由自然现象而引发的,所以其实都是对生命的敏感性的表现,都是青春岁月的美好画面。刚才,我们没有给大家设定一个一本正经地读《红楼梦》的状态,因为我觉得青年,或者说高中生,其实正处在最美好的时候,他们有自己的心性和想法。就像宝玉、黛玉、宝钗一样,无论他们处在什么样的家庭环境当中,他们的内心始终是充满着青春气息的。所以,这种对于行为的理解,可能就比较容易受到大家的关注,让大家产生共鸣。

结合我们刚才的分析来看,我们还可以做更深入的研究。比如,从黛玉葬花的这个行为出发,到评价她的性格,再到对于行为的功能性进行阐发,还可以对于小说的整体继续进行研究。我们考察多人"互动"的方法是:先列出顺序并统计人数;再辨别这些人的亲疏关系;然后再关注对话、神态和行为,推测其用意,揣测人物内心感受。

(三)延伸比较联系法

最后,我们要谈到的是延伸——以比较联系法为基础的研究。我们可以对《红楼梦》的内部文本进行一个延伸的阅读,比如,《红楼梦》当中的女性人物的特点,如黛玉的"小性儿"、宝钗的大局观、湘云的名士风。我们知道,这三个人物跟贾宝玉的关系都是非常密切的,每个人都有自己的"杀手锏"。我梳理了一下"黛玉的小性儿"专题研究。结合前两个方法,我们要做的第一点就是事件梳理(起因—消解)——回目法,第二点就是事情细究(对话、表情、行为)——细节法,第三点就是探寻原因(梳理并甄别每次"小性儿"事件的主客观原因),第四点就是窥探心理(分析林黛玉的微妙处境和她的个性心理),第五点就是思考辨析("小性儿"有没有被标签化、简单化？林黛玉的"小性儿"与她的人物命运有没有直接的关联？贾宝玉如何看待林黛玉的"小性儿"？）。我们可以以这样的方式对宝钗的大局观、湘云的名士风，以及其他人物都进行理解和分析，进行一个内部的、更深入的研究。此外，我们自然也会产生一个想法，就是把《红楼梦》与其他的文学作品一起比较，做一个延伸的阅读。比如，我们可以对比《水浒传》等其他作品，思考《红楼梦》里所塑造的美的女性形象，以及她们传递出了曹雪芹怎么样的生活取向和精神取向。

开展《红楼梦》与其他文学作品的延伸阅读，我们还可以再从更多角度思考：以杜丽娘为例，从人物角度，思考杜丽娘与林黛玉形象的异同；从情节角度，思考杜丽娘"因情成梦""因梦成戏"与黛玉"木石前盟""绛珠还泪"的情节特征；从主旨角度，我们也可以思考《红楼梦》与《牡丹亭》在"情"的解释上有什么关联与变化。我们还可以再尝试对《红楼梦》与其他文学作品间的关联进行延伸阅读：《红楼梦》的"二分法""对称法"与中国古典文化元素的关联，《红楼梦》时间的多重性处理与拉美现实主义小说的关联，现代西方哲学对人生的怀疑和《红楼梦》中类似描写的关联……

最后，我做一个简单的结语：我们不得不相信，《红楼梦》是一本一生都读不完的书。祝大家漫漫人生路，细细读红楼。

查婺波

在我们热烈的掌声当中，吴老师也长长舒了一口气。当我知道我的这位朋友要来宁波大学园区图书馆开一个关于《红楼梦》的讲座的时候，我真的认为她接下了一项不可完成的任务。我扪心自问，如果给我这个任务，我肯定会百般推托。如果讲述者没有阅历，没有底气，没有丰厚的人生积淀，讲解《红楼梦》会是很困难的一件事。但是吴老师非常坦诚地说，因为我们大家都是普通人，普通人有普通人阅读的世界，普通人有普通人阅读的感受，所以她平心静气地把自己的阅读感受与大家分享。从这个角度来讲，今天的分享会对我们在座的各位都是非常有意义的。

在这个美好的下午，我再一次感谢大家的到来，本次《红楼梦》分享会到此结束。

文字整理：骆柯漫

纯净的热爱,深沉的忧思

扫码观看活动视频

分享嘉宾　邵灵琳
主持嘉宾　叶静娜
活动时间　2022 年 8 月 21 日

图　书　《湘行散记》
作　者　沈从文
出版社　北京理工大学出版社

嘉宾简介

　　邵灵琳,高级教师,任教于宁波市鄞州实验中学。宁波市骨干班主任,宁波市骨干教师,鄞州区名师。曾获省优质课比赛一等奖,市教坛新秀、区优秀党员、区先进班主任等荣誉。

　　叶静娜,宁波市鄞州实验中学语文教师。曾获宁波市教学论文一等奖,鄞州区教坛新秀二等奖。

> 叶静娜

各位读者朋友,非常感谢大家能在这炎炎夏日来到宁波大学园区图书馆参加阅读活动。今天我们邀请到的分享嘉宾是宁波市语文学科组骨干教师——邵灵琳老师。欢迎邵灵琳老师为我们分享沈从文先生的作品,《湘行散记》。

1934年,在阔别家乡十余年之后,沈从文重新返回故土去探望病重的母亲。在返程途中,他见证了昔日如诗如画的家园逐渐衰败凋零,心生悲凉。于是,他将这一路的人、景、事付诸笔端,写下了《湘行散记》。这不是一本旅行游记,但是细品这本书的过程,让人感觉像是经历了一场旅行。这一"行",不仅是足迹所至,更是一场心灵的抵达。

今天,我们就跟随邵灵琳老师的脚步,一起去感受《湘行散记》中沈从文那份纯净的热爱和深切的忧思。

> 邵灵琳

大家下午好,非常高兴能够在这个下午和大家一起聊一聊《湘行散记》,一起走进沈从文的湘西世界。

沈从文,被誉为"20世纪中国文学的无冕之王"。他的作品也被称为"中国文学史上纯美散文经典"。这里,我摘录了两位名家对他的评价。

北京大学中文系的钱理群教授:"湘西这块神奇的土地,因有了沈从文而以一个无比淳朴的、自由的、满溢了生命力的王国出现在世人面前。他成为湘西人民情绪的表达者,他本人即是湘西的魂魄所在。"

著名作家贾平凹:"沈从文以温和的心境,尽量看取人性的真与善。"

今天,我要来讲这么一位伟大的作家,来讲这么一部诗情画意又带着哀伤的作品,其实内心是有点诚惶诚恐的。第一,我担心自己水平有限,可能不能带给大家很多的东西;第二,可能很多读者,特别是初一的孩子们,和这本书确实存在着一定的心理上的距离。根据调查,孩子们普遍认为这本书难读的主要原因有以下几个:写的时代距离现在有点远,里面的人物、历史、风俗对初中生来说都比较陌生,很多内容不是很好理解;写的人物很多,内容有些零碎,没有特别精彩的故事情节,觉得读不下去;里面有一些"少儿不宜"的内容;作家的思想感情很复杂,同学们可能会读不懂。《湘行散记》是一部很经典的作品,它也被收录在初中七年级的语文教材中,我个人认为大家还是有必要读一读、品一品它的。

我们阅读会的主题是"消除与经典的隔膜"。我们希望传递阅读经典文本的方法,让孩子们能够近距离地接触、感知经典,从而更好地读懂它们。这是我们今天导读的意义。今天分享会的标题是"纯净的热爱,深沉的忧思"。我将主要从两个方面出发进行分享。第一,对于这样一部经典的作品,初中生应该怎么读;第二,通过专题式的梳理、比较,来感受沈从文对故乡风土人情的热爱,读懂他的乡土悲悯意识和悲痛的隐忧之情。

五个环节,品读沈从文的返乡之旅

我觉得,阅读可以分为五个环节:第一,通过检视,去抓住这本书的重点,这要求我们拿到一本书后,先要快速提取书籍重点信息,快速浏览书名页、作者页和序言,思考书名内涵,了解作家概况、成书背景,初步判断书籍的类型和主题等;第二,在阅读中,我们可以做一些批注,来记录我们阅读时的感受与思考;

第三,我们可以摘录一些精彩的语句;第四,我们可以细细地品读一些关键的句子;第五,我认为比较阅读的意义是十分深刻的,它能让我们离沈从文的内心世界更近,更好地体悟他内心的感情。

《湘行散记》的主要内容是沈从文回乡途中的经历和感受。沈从文15岁当兵,21岁独自到北京谋求发展,成为当时的"北漂"一族。他从22岁起陆续在《晨报副刊》《语丝》等当时的"大牌"报刊上发表文章;32岁就写出了"田园牧歌式"的代表作《边城》,轰动一时,影响深远;36岁时就成为西南联大中文系最年轻的教授。从这短短的过程中,我们可以看出沈从文满腹才情,人生经历也非常丰富。

《湘行散记》以沈从文的返乡历程为线,以他所停泊的地方为点,点线相连,让我们看到了一幅优美的山水画卷。当然,在沈从文诗情画意的描述中,也暗含着他深深的忧思。对于我们来说,了解作家是阅读的一个起点。因为《湘行散记》是散文,和小说不一样。散文最强调的是"我"——个体的感受。所以,我觉得了解作者的经历和他写作的动机,对阅读这本书是很有帮助的。

接下来,我们来看看这本书的目录。这本书总共有十二个篇章,可以分成三个部分:前四篇描写了返乡途中作者见到的风土人情和人事,中间四篇写了返乡途中新结识的朋友们和他们的故事,最后四篇更多地写了作者的回忆以及他遇到的故人。

对于《湘行散记》有这么一段评价:"在淳朴的湘西风光里,作者描述了一份难言的美好,同时也呈现了作家对生命、对社会的真诚思考。"这也引导我们在阅读的时候,不应该只看到沈从文笔下所呈现出的风景美和人物美。我们还要去悟:透过那些文字,他在想什么?他在忧思什么?这句话能起到提纲挈领的作用。其余的几点阅读方法,我将在后面的内容中展开、渗透,就先不做具体的

介绍。

我们先一起来赏赏沈从文笔下的湘西美景。沈从文的故乡地理位置特殊，处于湖南、贵州、四川交界的地方，地处中国地势的第二个阶梯，又是云贵高原的东北部，所以地势会比较陡峭。他所写的故乡并不是一马平川的平原，而是地势陡峭且相对闭塞的一个地方。它的景物优势可能也跟这样的地貌有一定的关系。大家可以在阅读的时候对每一篇文章中的地点进行记录，然后进行总体的地点梳理，并且按照这个阅读线索跟着沈从文来一次湘西之行。《湘行散记》记录的起点是湖南常德（武陵）、桃源，再顺着沅江找到终点，沈从文的家乡凤凰。

我建议大家在两周内完成《湘行散记》第一轮阅读的同时，从游记散文的角度找出这一趟行程经过的地点，圈画出有湘西特色的写景片段，并且体会一下文章的语言特点，也可以批注一下自己的阅读感受，感受沈从文笔下秀美的自然风光和独特的风土人情。

四个角度，感悟沈从文的乡土悲悯意识

汪曾祺是沈从文的学生，他说："沈先生笔下的湘西，总是那么安安静静的。边城是这样，长河是这样，鸭窠围、杨家是这样。静中有动，静中有人。沈先生擅长用一些颜色，一些声音来描绘这种安静的诗境。在这方面，他在现代散文作家中可称圣手。"沈从文先生自己也说，"我的心总得为一种新鲜声音、新鲜颜色、新鲜气味而跳"。我觉得，这给我们去赏读沈从文笔下的那些湘西风景打开了一个窗口。

我今天也想带着大家主要从色彩、声音、人物、抒情方式这几方面来看一看沈从文笔下的那些风景。

（一）色彩

首先，我们来讲讲色彩。在《辰河小船上的水手》有这样一句话："沿河两岸连山都深碧一色，山头常戴了点白雪，河水则清明如玉。"我读这句话时，便很敏感地抓到了"深碧""清明如玉"这些描写颜色的词，它们本身就带有一种富有静止感的美好。这样一幅画面是非常宁静平和的。而且，沈从文在修饰雪的时候，说"山头常戴了点白雪"，"点"字一用，白雪轻薄秀气的感觉就出来了。所以，沈从文笔下的那个世界是如此的秀美。

还有这样一段文字，选自《一个多情水手与一个多情妇人》："天已亮了，雪已止了，河面寒气逼人。眼看这些船筏各戴上白雪浮江而下，这里那里扬着红红的火焰同白烟，两岸高山则直矗而上，如对立巨魔，颜色淡白，无雪处都作一片墨绿。奇景当前，有不可形容的瑰丽。"沈从文用"白""淡白""墨绿"，还有"红红的"构成的这幅场景，给我们营造的画面是明丽的，是令人愉悦的。船在流动，而两岸的高山是静默的，这个画面动静相呼应，就有了湘西特有的风景之美。沈从文笔下的湘西色彩不是五颜六色到让人眼花缭乱的，是永远可以让人感觉到沉静的氛围的。这是沈从文笔下的色彩的世界。

（二）声音

接下来，我们来说说声音的角度。沈从文还很善于写声音。《辰河小船上的水手》还有这么一句话："船停时，真静。一切声音都为大雪以前的寒气凝结了。只有船底的水声，轻轻的流过去，——使人感觉到它的声音，几乎不是耳朵却只是想象。"可以看出，沈从文在写作时很少用形容词，而是表现一种用形容词能够体现的意境。这句话很好地表现出了船停泊之处宁静的氛围。

当然，湘西还有沈从文很多引以为傲的家乡的物产风俗。他在《桃源与沅州》中写道："真可称为桃源名产值得引人注意却照例不及注意的，是家鸡同鸡卵，街头巷尾无处不可以发现这种冠赤如火庞大庄严的生物，经常有重达一二十斤的。凡过路人初见这地方鸡卵，必以为鸭卵或鹅卵。其次，桃源有一种小划子，轻捷，稳当，干净，在沅河中可称首屈一指。"再来看在《箱子岩》中写："船只狭而长，船舷描绘有朱红线条，全船坐满了青年桨手，头腰各缠红布。鼓声起处，船便如一支没羽箭，在平静无波的长潭中来去如飞。河身大约一里路宽，两岸都有人看船，大声呐喊助兴。且有好事者，从后山爬到悬岩顶上去，把'铺地锦'百子鞭炮从高岩上抛下，尽鞭炮在半空中爆裂，形成一团团五彩碎纸云尘，嘭嘭嘭嘭的鞭炮声与水面船中锣鼓声相应和。"从描写色彩的词中可以看出来，这是很喜庆的画面，然后"鼓声起处，船便如一支没羽箭，在平静无波的长潭中来去如飞"一句，把船只那种灵动活泼的感觉显现出来。再来看最后的那些拟声词，"嘭嘭嘭嘭"的鞭炮声与水面锣鼓声相应和，那种热闹的气氛就渲染出来了。我们能够在他的文字里面，看到有别于我们生活经验的另外一种生活。这种生活让我们充满向往，所以在这样的描述中，我们能够感受到沈从文对他的故乡充满了热爱，也有人评价沈从文写的这段文字叠加了他的回忆。正是因为回忆，他笔下的这个湘西世界更加多了一层美好的色彩。我们可以感受到，这个美的环境也是沈从文心情的一种写照，同时为下面人物的活动创设了一个外部环境。

（三）人物

沈从文一路随船前行，接触到了形形色色的人物。在阅读的时候，我们可以梳理书中的主要人物，然后再去记录下让人印象深刻的那些人、那些事。比如在武陵桃源（陆路）上戴水獭皮帽子的人，辰河上水手和妓女们的生活，箱子岩的跛脚青年，等等。我们可以按照地点，在记录、画出那些风景的时候，也为那些人物做一个档案。我们今天重点来关注两类人：一类是水手，一类是妓女。这是沈从文在写底层人民的时候，用最多的笔墨描绘的两类人物。

我们先来看看水手群像。第一段文字来自《一九三四年一月十八》："一只大船，正搁浅在滩头激流里。只见一个水手赤裸着全身向水中跳去，想在水中用肩背之力使船只活动，可是人一下水后，就即刻为激流带走了。在浪声哮吼里尚听到岸上人沿岸追喊着，水中那一个大约也回答着一些遗嘱之类，过一会儿，人便不见了。"沈从文在写他们的生活的时候，笔触是非常冷静的。我们看到的是一个活生生的生命一下子消逝的过程，可是沈从文写这种消逝，仅仅是用了一些副词。这个水手赤裸着全身，他不是不怕冷，而是为生活所迫，因为随时要下水拉船。大家应该关注"即刻"这样的副词，去仔细品读，就能够体会出他言语背后的一些深情，"即刻为激流带走了""回答着一些遗嘱之类""人便不见了"，看上去是那么轻松、平静的叙述，但是背后是水手们的凄凉与悲苦。再来看在《桃园与沅州》里面对一个小水手的描写："上滩时一个不小心，闪不知被自己手中竹篙弹入乱石激流中，泅水技术又不在行，在水中淹死了，船主方面写得有字据，生死家长不能过问。"我们可以从中体会出这群水手的生存面貌，他们的生命仿佛如同草芥、蝼蚁一般。《一九三四年一月十八》中写道："他们那么忠实庄严的生活，担负了自己那份命运，为自己，为儿女，继续在这世界中活下去。不问所过的是如何贫贱艰难的日子，却从不逃避为了求生而应有的一切努力。"我们从这样的评价里能感受到水手们是如何努力地生活。他们热爱生活，从不抱怨生活。

我们来具体分析一下水手这个群体之下鲜活的个体人物性格。令我印象很深刻的一个人物是牛保。作者见到牛保的时候,他刚从吊脚楼人家回来。《一个多情水手与一个多情妇人》中写道:"我就冒昧的喊他,同他说话:'牛保,牛保,你玩得好!'……那家伙回过头来看看是我叫他,就笑了……经我一问,他有点害羞起来了。他把那口袋举起带笑说道:'先生,冷呀!你不怕冷吗?我这里有核桃,你要不要吃核桃?'"这个"冒昧"一词就足以说明他们两人之间是不熟识的。沈从文说:"牛保,你玩得好!"牛保就笑了。我觉得这个"笑"其实隐含着他的一种淳朴。牛保还把口袋里的核桃举起来说,"你要不要吃核桃?",体现出乡下水手的一种热情。但牛保不光对作者"我"热情,他还对吊脚楼里的那个妇女有深厚的情感。尽管他和吊脚楼里的妇女的感情是畸形的,但他也充满深情。这种深情源于人与人之间一种质朴的、真诚的、直接的互动和回应。沈从文没有直接说牛保多么多情,但是他通过对言语和神态进行细腻的描绘,让我们感受到了这样一个鲜活的、热爱生活的人。他的感情是那么真诚,那么质朴。

我们再来看看沈从文笔下特殊的群体——妓女。妓女在我们常规的思维里是一份不太光彩的职业。沈从文特写了一个人物,叫夭夭。沈从文对她有很长的一段外貌描写:"门开处进来了一个年事极轻的妇人,头上裹着大格子花布首巾,身穿绿色土布袄子,挂着一条蓝色围裙,胸前还绣了一朵小小白花。那年轻妇人把两只手插在围裙里,轻手轻脚进了屋,就站在中年妇人身后。说真话,这个女人真使我有点儿'惊讶'……她却不肯坐下,只把一双放光的眼睛尽瞅着我,待到我抬起头去望她时,那眼睛却又赶快逃避了……我们若稍懂人情,就会明白一张为都市所折磨而成的白脸,同一件称身软料细毛衣服,在一个小家碧玉心中所能引起的是一种如何幻想,对目前的事也便不用多提了。"运用这样的语言,我们看到的并不是一个沦落风尘的妓女,而是一个羞怯的少女。但夭夭是不幸的,她年纪轻轻就被一个老兵给"占有"了。老兵是一个烟鬼,为了钱随时可以出让她。但这是夭夭无法选择的命运。她"生在不能爱好的环境里,却天生有种爱好的性格。"她的出现,并不是来消解愁闷的,而是专门来看外乡回来的读书人。沈从文说:"他们的欲望同悲哀都十分神圣,我不配用钱或别的方法渗进他们命运里去,扰乱他们生活上那一份应有的哀乐"。沈从文对这群底层人物是怀着一种人性的赞美的。他所写的故事多是水边的故事,他故事中的人物性格,全为他在水边船上所见到的人物性格。

(四)抒情方式

最后,我们要感悟的是文章的抒情方式。直抒胸臆是这本书中常见的表达方式。沈从文在《一九三四年一月十八》中写道:"我心中似乎毫无渣滓,透明烛照,对万汇百物,对拉船人与小小船只,一切都那么爱着,十分温暖地爱着!"他用如此直接的语言,毫不吝啬地抒发自己内心的情感。沈从文的情感还融在湘西的风土人情中。他在《桃源与沅州》中写道:"那种黛色无际的崖石,那种一丛丛幽香眩目的奇葩,那种小小回旋的溪流,合成一个如何不可言说迷人心目的圣境!"运用高度赞美的词语,再通过前面景物的描写,情景交融,让我们能够体会到沈从文对湘西的热爱。一位著名的文学评论家孙绍振曾说:"独特性,是艺术的生命。"在《鸭窠围的夜》中,沈从文写道:"我认识他们的哀乐,这一切我也有份。看他们在那里把每个日子打发下去,也是眼泪也是笑,离我虽那么远,同时又和我那么相近。这正同读一篇描写西伯利亚农人生活动人作品一样,使人掩卷引起无言的哀戚。"这一段话所表达的可能就是沈从文内心深层的那种情感所在。在《鸭窠围的夜》中还有这样不少语句的表达:

"固执而且柔和的声音,使人听起来觉得忧郁。"

"我仿佛触着了这世界上一点东西。看明白了这世界上一点东西,心里软和得很。"

"明白也罢,不明白也罢,这小畜生是为了过年而赶来,应在这个地方死去的。"

"我所看到的仿佛是一种原始人与自然战争的情景。那声音,那火光,皆近于原始人类的战争,把我带回到四五千年那个'过去'时间里去。"

这些文字都透露出人事变迁的对比。首先是故乡的人事变迁,其中很有特点的是《箱子岩》里的一句话:"一列青黛崭削的石壁,夹江高矗,被夕阳烘炙成为一个五彩屏障……石罅隙间横横的悬撑起无数巨大横梁,暗红色长方形大木柜尚依然好好的搁在木梁上。"这句和下文的"没有太阳的阴沉酿雪天,气候异常寒冷。停船时还只下午三点钟左右,岩壁上藤萝草木叶子多已萎落,显得那一带斑驳岩壁十分瘦削。悬岩高处红木柜,只剩下三四具。其余早不知到哪里去了"形成了鲜明的对比。前者热烈欢快,透着诗情画意;后者寒冷破败,给人一种单调凄凉之感。从景象与人物的变迁中,我们能看到这个地方可能存在着的一种落后、一种封闭,给人一种不变的悲哀。作者又由此想到"这些不辜负自然的人,与自然妥协,对历史毫无担负,活在这无人知道的地方。另外尚有一批人,与自然毫不妥协,想出种种方法来支配自然,违反自然的习惯",是不是这样也是一种活法?其实,读完《箱子岩》整篇文章,我们能感受到民族文化旺盛持久的生命力,也能感受到乡民们与世无争的淳朴生活。但是,乡民们安于客观环境、不思改变,被动地承受着外界对他们身体乃至精神上的毒害,这是令作者感到忧虑的。

我们可以比读的第二篇文章是《老伴》。《老伴》中的主人公是沈从文儿时一起当兵的伙伴。他为人勇敢伶俐,家中盼望他继承先人之业(裁缝),但他却梦想做个上尉副官。此时,我们可以看到一个年轻的、蓬勃的、有朝气的生命,他对于爱情也会勇敢追求。但是当沈从文在回乡路上再见到他的时候,在文中对他的形容是"这人简直可说是一个老人"。他苍老的速度超乎沈从文的想象。这么一个相对古老，或者说封闭的地方在现代文明的冲击之下，人们的精神状况逐渐萎靡，这让沈从文倍感忧伤。文中还写道："他们那份安于现状的神气，使我觉得若用我身份惊动了他，就真是我的罪过。"也就是说，乡民们对现状是十分麻木的，又像是长久地沉迷其中。在这样的新旧对比中，作者深感惆怅与焦虑。他既希望家乡有所发展和变化，受文明的熏陶，但又不希望变成像老伴赵开明那样，麻木、健忘、衰老，也不希望他们的女儿一成不变，安于现状。而《滕回生堂的今昔》中描述到，很多的店铺已经变成了烟馆和烟具店，这又是当时现状的一种反映。在看到这样一种变化以后，沈从文的内心其实是很沉重的。战争、鸦片给这里的老百姓的生活带来了极大的改变。所以沈从文说，"这桥头的今昔情形，把我照相的勇气同兴味全失去了，"因为故乡已经不再是他所认识的故乡。我在阅读的时候，每看一篇都能够体悟到他文字背后的情绪表达。文中写的尽管只是沅水流域各个水码头及一只小船上纤夫、水手等人琐细又平凡的得失哀乐，作者却对于他们的过去和当前，都怀着不易形诸笔墨的沉痛和隐忧，甚至可以预感到他们明天的命运——这么平凡卑微的生活，也不容易维持下去，终将被一种来自外部的巨大势能所摧毁。这是沈从文深深的担忧。我们可以感受到他对故乡爱得激动，却又伴有无法言喻的痛苦。这样一种复杂的情绪让他放纵认知，但内心深处却还是保有希望。他在《箱子岩》中有一句话："我们用什么方法，就可以使这些人心中感觉一种对'明天'的'惶恐'，且放弃过去对自然和平的态度，重新来一股劲儿，用划龙船的精神活下去？"沈从文产生了这种深刻的乡土悲悯与忧虑，从而萌发出对湘西不可言说的爱和强烈的责任感，也使得他能够更深切地去关注湘西的命运，更积极地探索各种生命的形式。

今天，我给大家简短地讲了一些《湘行散记》的内容，现在我们回到开篇——

初中生如何走近经典？梳理架构是前提，涵泳言语是重点。散文不像小说，故事情节那么完整、有趣、曲折。散文的言语及其背后的东西需要我们在阅读的时候用心去体悟，从而对这本书有更深刻的认识。那些你曾经觉得难懂的地方，也会慢慢渗透入你的心里。

最后，我觉得散文阅读最重要的是思辨作者的情感。我们每拿到一本书，不管是《湘行散记》，还是初中生必读的鲁迅的《朝花夕拾》，都应该去看到故事背后作者的所思所想和他传递、表达出的情感。这才是真正读好一本书、读懂一本书的关键。我们也可以从一本书去认识一位作家，从一位作家去认识一个时代，或者认识一个过去的、我们未曾感知的一个世界。

真挚地感谢大家聆听我的分享，谢谢各位。

文字整理：骆柯漫

做一个优秀的纪实文学的阅读者

扫码观看活动视频

分享嘉宾　钟　艳
主持嘉宾　李晓波
活动时间　2022 年 11 月 5 日

图　书　《红星照耀中国》
作　者　［美］埃德加·斯诺
译　者　董乐山
出版社　人民文学出版社

嘉宾简介

钟艳，宁波东海实验学校语文老师，中学高级教师，北仑区骨干教师。曾获宁波市教坛新秀、宁波市优质课一等奖、宁波市原创命题一等奖等荣誉。

李晓波，中共党员，区名师，区语文学科骨干教师，曾获宁波市优质课一等奖、宁波市教坛新秀等荣誉。

李晓波

各位书友大家好,非常高兴能够跟大家相聚在一起。我和主讲老师钟艳都是来自北仑的初中语文老师,我们今天要分享的这本书——《红星照耀中国》恰好是我们这学期与学生共读的一本书。所以,我们不仅仅是以读者的角度,还将以教师的角度来看这本书。

我个人觉得今天坐在这里是一件非常浪漫的事情。屋外秋阳明媚,室内充满了书香。据说在座的朋友们已经跟着钟老师共读了 21 天了,相当于你们在线上已经"神交"已久了,所以能在线下相见也是一件很浪漫的事情。

《红星照耀中国》是一本红色的书。作为一名中共党员,读这本书的时候,我感到这也是一本很浪漫的书。它的封面是非常单纯明亮的红色和白色,你仿佛能够听到那种嘹亮的、充满希望的号角声。但这种浪漫的底色是非常残酷的,因为中国共产党在成立之初,经过了一段艰难困苦的岁月。但是我们又想,中国共产党在黑暗的天际当中撕出一角,去开创一个这样的时代,这是一种带有革命主义的浪漫,让人在阅读之时,内心洋溢着一种激情。

接下来,我们把时间交给钟老师,听钟老师分享该如何读一本纪实红色作品。

钟艳

下午好!在迎来祖国母亲生日的十月,我们开启了对红色经典《红星照耀中国》的整本书阅读。在座的八年级同学也知道,这本书是我们部编教材八上的必读书目。我很高兴能在这个深秋的午后,和大家一起来分享和交流这本书。我给今天的分享会取的题目是"做一个优秀的纪实文学的阅读者"。

今天的阅读交流会,我想从这样几个方面来展开:"作家"和"作品"、"纪实"和"文学"、"态度"和"关怀"。

"作家"和"作品"

第一组关键词是"作家"和"作品"。

一个是外国记者(斯诺),一个是中国故事(在红色根据地),它们的相遇有什么渊源呢?

让我们从"抗战时期,外界对中国红军的报道"开始讲起。

在斯诺访问中国之前,国内外广大民众对中国红军的情况知之甚少。抗战期间,西方有关中国红军的报道几乎都是笼统的、不客观的,如《太平洋事务》在1930年7月的一份报道中,就使用了"红色暴动"和"土匪活动"等字眼。由此可以看出,当时的西方对中国红军的认识和了解几乎都是基于南京政府通讯机构发布的消息,真实信息来源严重不足。抗战期间,国民党模糊不清的报道严重贬低了中共在国际历史舞台上的地位。

1936年,越来越多的远东专家、外国记者开始对"残匪论"持怀疑态度。一群年轻又具有冒险精神的探险家冲破重重阻碍,想要深入了解这片红色的土地。斯诺就是其中一个。

下面再来聊聊这位外国记者——斯诺。

斯诺不仅具有专业的新闻学知识,对于中国社会和历史也有很深厚的了解。下面,我们来看一下他的人生履历:

1905年,出生于美国密苏里州堪萨斯城。

1925年，进入密苏里大学新闻学院学习。

1928年，离开美国来到上海，寻找"东方魅力"。斯诺曾担任欧美多家报社的驻华记者、通讯员，并在此期间走访了中国各省。

1929—1930年，斯诺到内蒙古灾区和东北一带考察，看到了一幅幅悲惨的景象：沉重的苛捐杂税迫使贫困农民背井离乡，成千上万的儿童由于饥饿而奄奄一息。斯诺回忆道："那场饥荒最终夺去了500多万人的生命。这是我一生中一个觉醒的起点。"

1933—1935年，斯诺兼任北平燕京大学新闻系讲师。

1936年，当斯诺得知在黑暗的西北有一个闪耀着曙光的苏区存在时，便心向往之。中共领导人为了抗日民族统一战线的主张可以得到支持，也期望一位公平正直的外国记者到苏区考察。在宋庆龄等人的推荐和帮助下，斯诺最终于1936年7月突破了当时所谓"白区"的重重封锁，只身进入陕北革命根据地进行实地采访，获得了大量的一手资料。他也成为第一个采访苏区红军的外国记者。

随后，他将苏区的采访资料整理成书《红星照耀中国》（又名《西行漫记》）并出版，一经发表就轰动全球。书中对中国红军真实的生活状况及抗战情景进行了客观的报道，颠覆了有关中共红军的不实报道和舆论，以及当时"妖魔化"的红军形象。

"纪实"和"文学"

《红星照耀中国》是斯诺的成名之作。书中以作者在红区之旅中的行程为主线索，讲述了中国共产党及中国工农红军1936年6月到10月期间的真实故事。

主要内容包括：

1. 关于红军长征的介绍；

2. 对中国共产党和红军主要领导人的采访；

3. 介绍中国共产党的抗日政策、红军的军事策略；

4. 作者的采访经历和感受等。

这是一部文笔优美、纪实性很强的报道性作品。胡愈之先生在1979年8月为该书中文版所作的序中指出："即使是杰出的报告文学，在事过境迁之后，往往成为明日黄花，唯有四十三年前写作的《红星照耀中国》始终是许多国家的畅销书。直到作者去世以后，它仍然是国外研究中国问题的首要的通俗读物。"

接下来，我们就来聊聊最核心的第二组关键词"纪实"和"文学"。

（一）纪实

其实，对在座的不少同学而言，我们日常接触更多的是小说、散文这类文艺类作品，而今天分享的《红星照耀中国》是一部纪实类文学作品。对于纪实文学，我们首先需要把握的就是"纪实"两字。它最大的特点是：力求客观、真实。

作者斯诺是站在怎样的立场、采用哪些方式来力求作品的真实、客观呢？

第一，作者本身的立场是客观中立的。

在动身之前，斯诺并没有预设的立场。他既与国民政府的一些官员熟悉，同时也结识了中国共产党党员。为了能够使自己的苏区采访成行，他向这两方都寻求过帮助。同时，像许多没有到过苏区的人一样，对苏区、对红军、对中国共产党，斯诺心中也难免有着一些误会或成见。因此，这次苏区之行是斯诺的探索之旅，并不存在预设的"标准答案"。

第二，作者通过大量的采访，并采用多元讲述者的方式，力求客观、真实。

斯诺在苏区进行了广泛细致的考察，他既访问了中国共产党和红军的干部、普通党员、普通士兵，又访问了很多普通农民群众。除访谈外，他还对苏区生活的方方面面进行了自己的观察和记录。但对于这些讲述，甚至对于自己眼中所见的场景，他都在承认事实的基础上，保持了怀疑与追问，最终澄清了他所关心的问题。

斯诺在中译本的《作者序》中写道：

从严格的字面上的意义来讲，这一本书的一大部分也不是我写的，而是毛泽东、彭德怀、周恩来、林伯渠、徐海东、徐特立、林彪这些人——他们的斗争生活就是本书描写的对象——所口述的。

那么，作者斯诺又承担着怎样的讲述任务？大家有没有发现，斯诺在不同人的叙述后时时出现一些简短的评论或抒情，这是读者需要关注的重点。

语段一：

我到西安府不久，就去拜访陕西省绥靖公署主任杨虎城将军。杨将军在一两年以前，在陕西那些未被红军控制的地区，还是个唯我独尊的土皇帝。

语段二：

对吴起镇这些工人来说，不论他们的生活是多么原始简单，但至少这是一种健康的生活，有运动、新鲜的山间空气、自由、尊严、希望，这一切都有充分发展的余地。

斯诺在吴起镇待了三天，在工厂里访问工人，"考察"他们的工作条件，观看他们的演出，出席他们的政治集会，阅读他们的墙报和识字课本，同他们谈话，还参加了锻炼。在纪实的基础上，他发表了自己的评论。

第三，作者用大量的数字来说话。

在总结长征时，斯诺引用了大量的数字：

红军一共爬过十八条山脉，其中五条是终年盖雪的，渡过二十四条河流，经过十二个省份,占领过六十二座大小城市,突破十个地方军阀军队的包围。

这些数字,让读者直观地了解了红军长征的历程,感受到了红军长征的艰难。

在阅读的过程中,我们能感受到斯诺采用"流水账"的方式来记录他的所见所闻。在采访毛泽东、朱德等时,斯诺更是直接引用了他们的话语,读者在这样的阅读气氛中无须多做思考,只要跟随斯诺一起进入"现场"即可。

可以这样说,作者在这部纪实作品中,既是一个没有明显预设立场的讲述者,也是实地考察的见证者,同时还是整理、记录不同声音的判断者。

(二)文学

斯诺的《红星照耀中国》在出版后的几十年间,始终是许多国家的畅销书。这不仅是因为它作为"独家新闻"具有一定的轰动效应,也是因为它拥有极高的文学艺术价值。《红星照耀中国》的语言文字和创作手法都堪称同类作品中的典范,其人物刻画、环境描写和叙事角度都融会贯通,完美地结合在一起,最终形成它独特的文学魅力。

《红星照耀中国》的文学魅力,体现在对人物的刻画上。

斯诺在书中详细介绍了中国共产党的许多高级领导人,如毛泽东、周恩来、朱德、彭德怀等,其中对毛泽东的介绍最多。全书总共有10篇文章写了毛泽东同志,内容涵盖了他的外貌特征、生活习性和人生经历等诸多方面。

看看斯诺是怎么写毛泽东同志的外貌的:

他是个面容瘦削、看上去很像林肯的人物,个子高出一般的中国人,背有些驼,一头浓密的黑发留得很长,双眼炯炯有神,鼻梁很高,颧骨凸出。

为什么斯诺觉得毛泽东很像林肯?为什么在写毛泽东的时候,要将他和林肯做类比呢?林肯是第十六任美国总统,推动了美国废除奴隶制的进程,被公认为是美国历史上最伟大的总统之一。斯诺对毛泽东的第一印象是他的外形和气度像极了美国人心目中伟大的总统——林肯,这样的描写让人明白了这本书在西方社会引起极大反响的原因。斯诺实在是个跨文化传播的高手,他用西方家喻户晓的人物和概念来表达准确的信息和思想。

有一个战士告诉我,他曾经亲眼看到毛泽东把自己的上衣脱下来给一位在前线受伤的弟兄穿。他们又说当红军战士没有鞋穿的时候,他也不愿意穿鞋的。

此外,斯诺记录了这样的瞬间,并借助战士的一番话,来证实毛泽东同志心中有下属,是一个有温度的领袖人物。

小小的窑洞里非常热。毛泽东把身子向床上一躺,脱下了裤子,向着壁上的军用地图,仔细研究了二十分钟——偶然只有林彪插口问他一些日期和人名,而毛泽东都是一概知道的。他随便的习惯和他完全不在乎个人外表这一点相一致,虽然他完全有条件可以打扮得同巧克力糖果匣上的将军和《中国名人录》中的政治家照片一样。

这段文字,是不是特别有画面感?我们作为读者是很愿意去想象这样的画面的,而且会忍不住发笑。斯诺的笔触很幽默。这段文字的最后一句话也是很有意思的。为什么要提"巧克力糖果匣上的将军",还有"《中国名人录》中的政治家"呢?这些形象,给人的感受是一丝不苟、一本正经、严肃的。这么一比较,斯诺笔下的毛泽东则有些不修边幅,有着中国农民的质朴和纯真。

对于现代的读者来说,斯诺去除了大人物的"神圣化"。毛泽东、周恩来、贺龙、朱德……这些革命领袖如今已经成为历史伟人,现代读者一般都是从历史书的记载中了解他们近乎被神化了的伟大事迹。然而,斯诺的作品改变了现代读者对伟人们的刻板印象,丰富了现代人对他们的认知。在斯诺笔下,周恩来是一位"书生出身的造反者","胡子又长又黑,外表上仍不脱孩子气,又大又深的眼睛富于热情"。他既羞怯又自信,"讲英语有点迟缓,但相当准确";彭德怀直言快语,雷厉风行,"他像兔子一般蹿了出去,在我们之前到达山顶";贺龙身材高大,"像只老虎一样强壮有力",虽脾气急躁,但性格谦虚;朱德沉默谦逊、说话轻声、爱护战士、极端温和;邓发热情豪爽,初见斯诺时"把我的两条胳膊紧紧地握在他的那双铁爪子中"……

斯诺记录了最原生态的共产党执政人员的生活、思想、面貌。这种毫无神化的叙事让这些伟大人物们从天上降临凡间,让身处现代的读者仿佛能够坐在他们旁边,跟他们促膝畅谈,感受伟人的风貌。

看了大人物后,我们再来看看"小人物"。他们精神饱满、聪明勤劳,又富有理想,斯诺称他们为"红小鬼"。"红小鬼"第一次出场是在斯诺刚到根据地时,他在百家坪交通处对两个孩子喊了声"喂",但没人理睬。当李克农提醒他这个错误后,斯诺改口称他们为"同志"后,才被这两个"红小鬼"原谅。

在后来的文字中,斯诺用单独的一篇来写"红小鬼"。这是他最喜欢的一个少年,我觉得写得特别精彩:

由于他父母缺少考虑,这个娃娃的名字恰巧叫作向季邦(译音)。这个名字本来没有什么不对,只是"季邦"听起来十分像"鸡巴",因此别人就老是叫他"鸡巴",这给他带来无尽的耻辱。有一天,季邦到外交部我的小房间来,带着他一贯的庄重神色,咔嚓一声立正,向我行了一个我在红区所看到的最普鲁士式的敬礼,称我为"斯诺同志"。接着,他吐露了他小小心灵里的一些不安来。他是要向我说清楚,他的名字不是"鸡巴"而是"季邦",两者是完全不同的。他在一张纸上细心地写下他的名字,把它放在我面前。

这个"红小鬼"超级可爱,衣着装扮很可爱,个性行为也很可爱。斯诺用大胆、幽默的语言来写他的装扮,"毛泽东在他旁边也显得像一个江湖流浪汉"。这个"红小鬼"纠正自己名字的时候,原来是担心作者把他的名字写进报纸时,给别人留下坏印象……也正是在这个桥段之后,斯诺打趣地说,"经他这样一说,我在这件事情上就别无选择,他就走进来同蒋总司令并排站立在一起了,尽管有失历史的尊严"。当然,"红小鬼"没有失了历史的尊严,而他的天真、认真和纯真,从斯诺幽默的笔尖流淌出来,也让斯诺发出了这样的评价:

> 他们(红小鬼)精神极好。我觉得,大人看到了他们,就往往会忘掉自己的悲观情绪,想到自己正是为这些少年的将来而战斗,就会感到鼓舞。

另外,斯诺还写到了很多红军战士,他们健康活泼、训练有素、勇敢有谋、勤于学习;也写到了苏区的广大妇女,她们追求自由平等……在斯诺的笔下,写大人物,去除了神圣化;写小人物,赋予了他们人的尊严。斯诺这本书之所以产生这么大的影响,不仅是因为他记录下了当时不为外人所知的红色中国,更是因为他笔下的普通农民、战士、工人并不是历史长河中籍籍无名的一个数字而已,他们是和你我一样的鲜活的人。

《红星照耀中国》的文学魅力,体现在对场景的描绘上。

斯诺有很强的驾驭文字的能力,他用细腻的笔触描写人物,也用生动形象的笔调描绘场景,文字中还夹带着西方记者特有的幽默。

让我们一起看看斯诺《大渡河英雄》中的文字:

> 铁索上面铺了厚木板做桥面,但是当红军到达时,他们发现已有一半的木板被撬走了,在他们面前到河流中心之间只有空铁索。……反正谁会想到红军会在没有桥板的铁索上过桥呢,那不是发疯了吗?但是红军就是这样做的。
>
> 四川军队大概从来没有见过这样的战士——这些人当兵不只是为了有个饭碗,这些青年为了胜利而甘于送命。他们是人,是疯子,还是神?迷信的四川

军队这样嘀咕。

夺桥的情节描写中用了一连串动词,显示出了战斗的异常激烈。作者采用幽默的写法来描写夺桥成功后的场景,以此来体现红军士兵们的喜悦之情,渲染出将士们胜利后的高昂情绪,读来非常有画面感。

《红星照耀中国》的文学魅力,体现在对景物的描绘上。

斯诺的报道将中国自然风貌与地域文化间蕴含的东方色彩展现得淋漓尽致。如:

一小时以后,我们摆渡过了渭河,在这个肥沃的渭河流域,孔子的祖先、肤色发黑的野蛮的人发展了他们的稻米文化,形成了今天在中国农村的民间神话里仍是一股力量的一些传说。

可以看出,斯诺对中国,尤其是他经过的区域的特色和历史是有一定了解的,他沉浸式的采访也体现了他作为一名优秀的新闻记者的综合素质。

在黄土高原,"那些奇形怪状、不可思议有时甚至吓人的景象,好像是个疯神捏就的世界——有时却又是个超现实主义的奇美的世界";在去保安的路上"登上崎岖的山顶,看到下面苍翠的山谷中保安的一片古老城墙,确实使人觉得十分意外";在陕北黄昏时,"紫色的山巅连成一片壮丽的海洋,深色的天鹅绒般的褶层从上而下,好像满族的百褶裙,一直到看去似乎深不及底的沟壑中"。这样的景物描写在书中比比皆是,给读者带来一种精神上的愉悦,令人感到赏心悦目。

在《红星照耀中国》一书中,斯诺的语言风格切换自如,或风趣幽默,或诗情画意,或深沉庄重。这些不同的风格互相辉映、极富魅力,让这部纪实作品获得了文学之美。

"态度"和"关怀"

最后一组关键词是"态度"和"关怀"。

温儒敏认为,《红星照耀中国》作为新闻报道纪实性作品,虽然写的是事实,但是也有立场和态度,有一种人性的关怀。

如果说,报告文学的启蒙作用主要表现在"当新生事物还处于萌芽状态,还不被多数人理解的时候;当腐朽的事物还猖獗弥漫,许多人还在观望、沉默的时候……发扬大无畏的革命精神,扬善弃恶,为新生事物大喊大叫,对腐朽事物进行鞭笞",那么斯诺做到了。在风雨如晦的时候来到中国,斯诺目睹了中国人民的苦难,并进行了深刻思考。斯诺说:"作为一个富裕的、开放的和新开发的文明社会的一员,比起旧中国生计艰难的人们,我的际遇不知好了多少倍,大自然是慷慨大度的,人们只要劳动就可以得到报偿。而在有数千年人剥削人的历史的旧中国,最严酷的弱肉强食的争斗还要继续下去。"

斯诺用对比的手法来叙事。例如,国民党统治下,苛捐杂税繁重得惊人,民不聊生,百万穷人死于饥荒,而官员、高利贷者和地主们却歌舞升平,在灾荒中获得巨大利益;而红军在长征的过程中,如有无法携带的物资,他们都会分发给穷人,所到之处,他们销毁地契、取消捐税。毛泽东和周恩来居住的窑洞四壁简陋、空无所有,唯一的"奢侈品"是一顶蚊帐;而斯诺会见杨虎城将军时,看到了花五万元新建的"石头大厦"。南京国民政府以数十万元的金额悬赏毛泽东、周恩来、朱德、彭德怀等党的高级领导干部的首级,可他们在延安的办公室外却只有一个警卫员把守而已;毛泽东在街上毫不介意地跟行人走在一起,而蒋介石驾临西安时戒备森严,城门口所有的道路都遍布宪兵和军队的岗哨。正是在这些真实而细腻的对比叙事中,读者清晰地认识到了国民党和共产党截然不同的内外政策和精神风貌,强烈地感受到了斯诺善恶分明的立场和悲天悯人的情怀。

那时候的中国,在黑暗中艰难摸索,正需要一颗一颗的红星,来照亮前行的方向。斯诺将这部作品取名为"红星照耀中国",其实已经表明了他对于中国共产党以及红色革命的赞誉。而斯诺的这部纪实文学,也是一颗红星,让世人看到中国那一个角落的光。

今天,我们通过三组关键词,走进了斯诺的《红星照耀中国》,试着学习做一个优秀的纪实文学的阅读者。感谢大家。

李晓波

不知道大家是不是有和我一样的感觉,我听得都有些入迷了。因为这本书是八年级的共读书目,所以我跟钟老师一样读了好几遍,但是在刚才分享的过程当中,我依然萌发出了想要重读此书的愿望。钟老师读得很仔细,分享得真诚,她把自己在阅读过程中获得的感动都用语言表达出来了。

举办这样的共读活动非常有意义,阅读本身就是有价值的。任何一部经典,之所以能被称为经典,都是因为它有深厚的内涵和独特的魅力。通过钟老师的领读,我相信在座的朋友们的阅读习惯已经与之前不同。钟老师站在一个文学爱好者和一个语文老师的角度分享了很多心得和发现,让阅读变得更加容易。

在座的各位大多是带着亲子阅读愿望的家长,希望孩子能够爱上阅读,希望自己能够在孩子阅读道路上给予帮助。作为一个母亲,我有两个想法。第一,阅读要永远在路上,不要给自己设限;第二,阅读真的有方法。刚才钟老师给我们列了三对关键词,这不仅是她对这本书的总结,也是我们读这一类书时通用的秘诀。当你既从它的纪实性的角度切入，又站在文学的立场细品语言文字，就能学会阅读这一类作品。有的时候孩子不爱读书，就是因为缺少方法。今天，钟老师给我们提供了一个非常好的示范。最后，如果撇去所有的功利性，也许你会发现你能在读书的过程中获得幸福。回望那一段岁月，被伟人们在黑暗中怀着的革命的浪漫主义和乐观情绪所感染，你的心灵也会得到洗礼。当你走出图书馆的时候，尽管已是夕阳西下，你会不会依然觉得这个世界非常美好，充满光明？

因为我们不仅是在读书，还在读人、读故事、读历史，我们也在把这些收获与感悟沉淀在自己的内心，沉淀在自己成长和带领孩子成长的路上。当我们的生命变得很充实、很丰盈的时候，我们也会获得很强的幸福感。

文字整理：施晓宇

把一本书读活

扫码观看活动视频

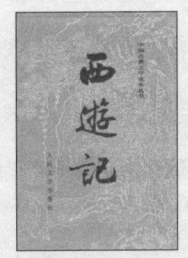

分享嘉宾　吕新辉　张亚波
主持嘉宾　朱欢颜
活动时间　2023 年 8 月 20 日

图　书　《西游记》
作　者　[明]吴承恩
出版社　人民文学出版社

嘉宾简介

吕新辉，语文正高级教师，慈溪实验中学教科室主任。宁波市名班主任，宁波市名教师，宁波市"王宽诚育才教师"，慈溪市名教师。曾在《教学月刊》《语文教学通讯》《中学语文教学参考》等刊物发表多篇论文，多次获宁波市论文评审一等奖。个人阅读经历、书单曾在《中华读书报》《新民周刊》《中国教师报》等刊物报道、发表。

张亚波，宁波大学青藤书院政教处主任。曾获宁波市第二届骨干班主任、宁波市新秀班主任、宁波市语文教坛新秀、江北区骨干班主任、江北区优秀班主任等荣誉。

朱欢颜，鄞州区惠风书院教师，曾在鄞州区经典诵读大赛、鄞州区诗词讲解大赛、鄞州区地方课程论文评比中获奖。

朱欢颜

经与典,是智慧和哲思,历千年流逝,熠熠生辉;文与字,是气韵与风骨,经万世磨砺,字字珠玑。欢迎各位老师、家长、亲爱的同学们来到我们"甬上家长共读一本书"阅读分享会的现场。本次活动,我们特别邀请了来自慈溪实验中学的吕新辉老师和来自宁波大学青藤书院的张亚波老师。让我们用热烈的掌声欢迎吕老师和张老师。

本期共读的是经典名著《西游记》。首先,吕老师将带来《西游记》整本书阅读指导讲座"把一本书读活"。接着,张老师将带来"从儿童文学角度去解读《西游记》中的众神归来——关于成长的隐喻"讲座。在两位老师结束阅读分享后,我们会进行简短的交流探讨。

混沌未分天地乱,茫茫渺渺无人见。自从盘古破鸿蒙(濛),开辟从兹清浊辨。覆载群生仰至仁,发明万物皆成善。欲知造化会元功,须看《西游释厄传》。

下面,我们就请吕新辉老师来谈一谈怎么把整本书"读活"。

吕新辉

大家好。《西游记》是一本适合9岁到99岁的人阅读的名著,阅读它不存在代沟。

今天选择"把一本书读活"这个话题,可能同学们听了以后心里会有疑惑,难道是我以前读书都把书给读"死"了吗?当然不是这个意思。我们读书的时候,书常常被看成是一种静态的东西。比如我有一部手机,手机是个物品,它是静态的,它没有生命;但如果给它充电,安装上 App,用它来支付,从而方便了我们的生活,它就变成了"活"的了。读书也是这样的道理。

读来"困难重重"的经典

在交流之前,我们先了解一下——什么是经典?经典的含义是难以确定的。意大利有一位作家,同时也是一位著名的教授,叫卡尔维诺,他对经典的定义非常有影响力:经典是那些你经常听人家说"我正在重读",而不是"我正在读"的书。"正在重读"是读了多次,而"正在读"可能是第一次读。所以当一本书被我们反复阅读时,它或许就成为你心目中的经典。有的小朋友喜欢读曹文轩、沈石溪的小说,读了一遍又一遍;有的小朋友喜欢读《哈利·波特》,也读了很多次。你能够反复阅读,说明它有吸引你的地方,在你的心目当中它就是经典。当然,我们今天要探讨的经典是人们普遍认同的书,而非个人心目中偏好的书。

经典作品是这样的一些书:它们为已经读过并喜爱它们的人提供一种宝贵的经验;但是对那些未曾读过它们,想等到享受阅读的最佳状态时才会翻阅它们的人来说,它们也仍然是一种丰富的经验。不管你是第一次读还是读了很多次,经典带给我们的经验都在积累并且不断地丰富。

经典作品是一些产生某种特殊影响的书。它们要么本身以难忘的方式为我们的想象力烙下印记,要么乔装成个人或集体无意识地隐藏在深层记忆中。《西游记》之所以深受全年龄层读者的喜欢,是因为它蕴含的想象力符合孩子的理解,也贴合成人的思维。作为经典,它跨越了年龄界限。同学们有时候会把唠叨的人称作"唐僧",这样的想法就是由阅读《西游记》的经验里面得来的。

已成为经典作品的这些书,我们越是道听途说,以为我们懂了,当我们实际读它们时，我们越会觉得它们独特、新颖，令人意想不到。经典名著不同于普通作品，它是独一无二的，让读者惊喜的、眼前一亮的。

《西游记》的读者群体没有明显的年龄界限，不同年龄的读者都有自己的阅读经历。小学生看《西游记》，主要是看动画片、电视剧、电影，看小人书、故事书，玩角色扮演，比较关注人物形象和故事。比如，很多小男孩拍照摆姿势时就会情不自禁地模仿孙悟空的动作。初中生看《西游记》，主要是看原著小说，看电视剧、电影，做批注、写读后感，比较关注人物成长经历、情节逻辑、主题理解等。初中时，同学们一定要读原著小说，因为《西游记》是语文老师指定的必读书，读完原著也可以看电视剧、电影，还可以把二者放在一起比较。初中生读书要学会批注阅读。批注需要写得很高大上吗？不一定，只要表达自己当时的阅读感受就行。金圣叹在读《水浒传》时写批注，觉得某个地方写得很好，他就写一个字——"妙"，表达自己的感受。

我向学生布置了用批注法来阅读名著的作业，一名同学点评"妙"，再翻几页，点评"非常妙""很妙""妙得不得了"，对一本书的批注阅读就这样完成了。这是偷懒吗？有两种情况。第一种情况，这个学生确实偷懒，但他点"妙"的地方确实有可取之处，说明他至少进行了阅读；第二种情况，他体会到了"妙"却无法表达。这好比我们大部分人在评价食物时，除了"好吃"，通常不会有其他表达。而语文能力强的人会说，这种食物的味道像什么，吃起来甜甜的，吃完以后唇齿留香、余味无穷，把自己的体验细腻、生动、充分地表达出来。而通篇都写"妙"的同学能用心体会却无法表达，这说明对他来说，提高自己的表达能力确实很重要。

写读后感让部分同学感到非常头疼，自己不愿意写，但是老师布置的任务必须完成。有的初中生写的读后感跟小学生写的差不多。这是保持初心吗？

不是。一般情况下，小学和初中两个阶段的学生写的读后感是不同的，初中阶段的学生通常写得更深刻，因为他们的阅读能力增强了，思维和精神也成长了；如果一成不变，那么说明孩子的生理年龄虽然在增长，但心理年龄停滞、阅读经验零增长，这种现象肯定是不合常理的。初中生看名著，比较理性，会从人物成长经历、情节逻辑的角度去尝试理解主题；小学生更感性，爱看有趣的人物和曲折的故事。这个跟思维发展水平有关。

家长们也看《西游记》，一般是看电视剧、电影，讨论剧情，比较关注人性的善恶、宗教派别、社会关系等。有家长聊起《西游记》里道教和佛教谁更胜一筹，镇元大仙是道教的还是佛教的，还有镇元大仙和如来佛祖谁厉害，等等，这些问题都挺有意思的。

有的同学会觉得阅读《西游记》困难重重。为什么呢？第一，词句难以理解，文言词语、方言词语数量不少，还有不少生词，导致阅读经常中断。第二，情节部分拖沓冗长，难以激起阅读兴趣。比如"三打白骨精"，为什么不一次打死，非要打三次呢？第三，篇幅太长，没有耐心读完。第四，文中穿插了许多诗词，一些同学读不懂。有的同学喜欢诗词，对照诗词能够复述原著故事，因为诗词有凝练性；有些同学对诗词没有兴趣，阅读时可以跳过。第五，内容远离生活实际，难以理解。比如《西游记》中描写宴会上的菜肴，我们阅读后无法想象，也无法体会它的珍贵。

让阅读更"通透"的五个小技巧

如果不了解《西游记》的结构，就很难读懂它。九九八十一难，有详有略。为什么某个故事写了整整四回，另一个故事只占了半回的篇幅？我们读一本书,应当先了解它的结构,明确它的框架。现在有很多读书的辅助工具,大家可以充分利用起来,帮助我们了解结构。

在这里,我列举了初中生必须掌握的五个阅读方法,帮助同学们把这本书读得通透些。在座的小学生朋友们可以利用小升初的暑假时间,尝试练习、逐渐掌握。

浏览:运用思维导图,串联故事情节。

筛选:按照传记模式,记录人物成长。

聚焦:抓住重点内容,分析矛盾冲突。

探究:选择合适角度,分享独特发现。

改写:深刻理解内容,表达个人见解。

第一个方法是浏览。

思维导图是高效的阅读工具,可以帮助我们将整部书的故事情节串联起来。目录具有检索功能,对故事情节的概括非常凝练。同学们可以根据标题提供的信息迅速锁定重点,挑选重要事件所在的回目进行阅读。阅读完成以后,概括主要的故事情节时,同学们会发现每个人的概括都不一样,甚至会有非常大的差异,这是正常的。每一次概括时,大家聚焦的重点不同,概括的内容就不同。概括的故事情节有不足也不要紧,再次读的时候可以修正、丰富,使成果逐渐趋于完美。通过阅读《西游记》,我们可以培养自己的概括能力。书中的每一个故事都是培养能力的资源。我和张老师在领读时,每天都在概括《西游记》的故事情节,一天至少两百字,十六天积累下来就有三四千字。同学们可以参考一下。

另外,思维导图在把握故事情节方面也很有价值,通过简单的箭头标示就能把这部书的主要情节高度概括、串联成线。小学生朋友们可以在家长帮助下多搜几个思维导图进行比较,选择自己最适合、最喜欢的,打印出来作为阅读参考,也可以选取重点情节自己动手绘制思维导图。

第二个方法是筛选。

接下来,大家可以以喜爱的人物为中心,根据思维导图选择相关的篇目阅读。例如,我对"三打白骨精"比较感兴趣,我就着重读那三回,观察这三回里孙悟空有没有变化,有变化就可能有成长。这就好比同学们如果在生活当中跟别人出现了矛盾或冲突,可能会很生气、很沮丧,产生一些心理反应,但这其中也蕴含了你成长的机会。如果这次你能顺利地解决问题,以后再遇到类似的问题,你也能够更自如地处理。这就是人物成长。

阅读相关篇目后,我们可以规划、梳理人物的成长路线。比如,孙悟空在成长的路上遇到了一些关键的人物。须菩提祖师,是他成长中的第一个关键人物。没有须菩提祖师,孙悟空学不到七十二变,所以须菩提祖师改变了他的人生道路。第二个师父,唐僧,同样改变了孙悟空的人生,带领他修成正果。这些对人物成长起到决定性作用的角色就叫关键人物。除了了解关键人物,我们还要熟悉关键事件。大闹天宫之后,孙悟空跟以前相比就有变化。这是关键事件对人的影响。梳理结束后,我们可以看到人物的蜕变史。

我们共同回顾一下孙悟空的成长阶段。幼年,我们可以把它理解为幼年阶段,他的名字是"石猴",石头里面蹦出来的猴子。没人养活他,他必须自给自足,食草木、饮涧泉、采树果,与狼虫为伴、虎豹为群、獐鹿为友,自由自在、野蛮生长,这培养了他独立生存的能力。到童年阶段,他的称号就发生了变化,叫"美猴王",突显褒扬的情感色彩。孙悟空逐渐开始接受外界的称赞、认同,并因为被赞美而自信。他是花果山之王、水帘洞之主,这时候的"美猴王"处于昂扬自信的状态,十分享受别人的称赞。到了少年阶段,成长的重点是认识自我、认识世界。这时候他取了名,叫"悟空",犯了错误会受到惩罚。在此之前,即幼年和童年阶段,他几乎没有受到过惩罚。接下来,到了"青春期",唐僧给他起了名,叫"孙行者",努力修行的行者。努力修行即慢慢战胜自己的缺陷,不断发挥自己的优势。成年时期,他的称号是"斗战胜佛",孙悟空成功地战胜了自我,实现了蜕变。

第三个方法是聚焦。

此方法着重分析矛盾冲突。一方面,取经团队与外界有冲突,大多数妖怪想吃唐僧肉,唐僧不愿被吃,孙行者也不答应;另一方面,取经团队内部也有冲突,比如唐僧跟孙悟空之间存在矛盾冲突。我们读得越深入,就发现矛盾冲突越明显。

第一次冲突在第十四回《心猿归正 六贼无踪》,因孙悟空杀了六个盗贼,唐僧埋怨了孙悟空。孙悟空受不了,一气之下便走了。唐僧是这样说的:"这厮!这等不受教诲!我但说他几句,他怎么就无形无影的,径回去了?——罢!罢!罢!也是我命里不该招徒弟。"唐僧确实责备了孙悟空,而内心却希望他留下来。

第二次冲突在第二十七回《尸魔三戏唐三藏 圣僧恨逐美猴王》,唐僧对孙悟空既恨又厌的情感达到了极限。起因是孙悟空"三打白骨精",把白骨精变作的村姑、妇人、老丈通通打死,因此唐僧认为孙悟空没有一点慈悲之心,也没有资格做和尚,写了一纸贬书给孙悟空。唐僧说:"猴头!执此为照!再不要你做徒弟了!如再与你相见,我就堕了阿鼻地狱!"意思是我要是再与你做师徒,就让我下地狱吧!与先前一次冲突的情况又不同,这里唐僧是在发毒誓。前者是"我命里不该招徒弟",即失去孙悟空对我来说仍然是损失;后者是"我一辈子都不想再看到你",是发自内心的恨。

第三次冲突在第五十六回《神狂诛草寇　道昧放心猿》，唐僧又因孙悟空狂乱杀生而"道昧"赶走了孙悟空。唐僧道："你这泼猴，凶恶太盛，不是个取经之人……况又杀死多人，坏了多少生命，伤了天地多少和气。屡次劝你，更无一毫善念，要你何为！"孙悟空第三次被赶走。如果我们仔细分析就会发现，书中的矛盾冲突不止这几处，而这三处较为典型。矛盾冲突背后的根源是什么？唐僧和孙悟空的观念不一样。虽然他们的目标一致，都为取经而西行，但观念不同导致他们在对待"杀生"问题上存在冲突。

唐僧认为，出家人"扫地恐伤蝼蚁命"，应心存慈悲。不论善恶，只要改过，就应放其一条生路。唐僧的观点即坏人也是人，也有向善的一面，今天是坏人，将来不一定是坏人，所以不能杀死他。用我们今天的话来说，唐僧主张人性化。假如我们犯了错误，是希望其他人用唐僧的态度来对待我们，还是用孙悟空的方式来对待我们呢？大多数人可能都更接受唐僧的这种方式，所以我们不能说唐僧的观点是错的。

孙悟空疾恶如仇，他坚持认为，不管是妖魔还是人畜，只要干了坏事，就要给予相应的惩罚，特别是对待妖魔鬼怪，更是要斩尽杀绝。我的一个学生曾提问："老师，孙悟空一直在降妖除魔，那你说，他是不是妖魔？他也是猴子呀，一只老虎、一只狮子成精了是要被打死的，那猴子成精了，要不要被打死？"这个问题把我难住了。我说，你看孙悟空干的都是好事啊，他不害人。但那个学生说："那也不对吧，孙悟空有的时候也会把无辜的人打死的呀。比如他把六个盗贼给打死了，这六个人没有犯死罪，为什么把他们打死呢？"这个同学这样来考虑，觉得孙悟空也有妖的性质，这其中就体现了人物形象的复杂性。我们系统地看问题会发现，孙悟空与妖精有显著区别。孙悟空有三面，他有人的一面，有猴的一面（即兽的一面），也有神的一面；而大多数的其他妖怪，只有兽性而没有人性、神性。

唐僧和孙悟空的观念冲突，导致他们在面对白骨精事件时，一定会出现问题。除了观念冲突，矛盾冲突的产生还有其他原因。比如唐僧识别不了妖精，这是肉眼凡胎的限制；孙悟空火眼金睛，一眼辨真假，这就属于能力问题了。

第四个方法是探究。

探究两个字听起来深奥，其实是很简单的阅读方法。比如，我看到很多小朋友喜欢金箍棒，扛着金箍棒就自信了不少。那么，假如你对兵器感兴趣，你就可以把《西游记》里所有的兵器研究一下，看看神仙使什么兵器，妖怪使什么兵器。或许你会发现，对手能赢不是因为他法力高强，而是他的武器实在是太先进了。你拿的是手枪，他拿的是原子弹，这叫降维打击。我们还可以从观点碰撞的地方入手进行探究。亲子阅读里有一个好做法，就是分享阅读感悟。父母和孩子之间会持不同意见，分享感悟时，观点就在碰撞。在讨论之后，双方可以继续读书，代入不同人的思维模式去思考。以他人研究的解读点入手也是个很好的角度。《西游记》的神仙们飞天遁地，孙悟空一翻跟头就十万八千里，他们为什么发现不了地球是圆的呢？为什么《西游记》里的九重天、离恨天只有高度，而没有空间的概念？能提出这类问题的学生读得很较真，他们用现代的科学观念解读神魔小说。我记得新闻里报道过一个小学生的发现，说《西游记》里的菜肴主要是淮扬菜。虽然也有西域的美食，但大多仍是淮扬菜，甚至在西域吃的还是淮扬菜。为什么会这样写呢？因为作者吴承恩是江苏人，只吃过淮扬菜，他无法超越认知、打破局限把西域美食写出来。

西游记中值得探究的问题还有很多。比如，书中许多角色拥有神奇的本领。谁有神奇的本领？本领是如何得来的？本领的用途是什么，结果如何？从这个角度去思考问题，联系角色使用的兵器，我们会得到结论：工具不能决定事情的结果,决定结果的是使用工具的人。再比如书中关于宗教的谜团。佛教和道教谁的影响力大?在有的国家,和尚无容身之处。有的地方,佛与道之间存在争执,并且争执的范围从权力高层到底层百姓,包含了整个社会。孙悟空打上天庭,大闹天宫,玉皇大帝无计可施,请来如来佛祖。如来佛祖是佛教的最高统治者、最高的神;而玉皇大帝是道教中高级别的神。玉皇大帝遇到问题请来如来佛祖,就意味着在《西游记》中佛教的地位比道教要高。唐僧团队与车迟国斗法,也是佛教跟道教的争斗。再比如,角色的复杂性也值得我们探究。孙悟空是不是兽?是,因为他是动物。是不是人?是,因为他有人性。是不是神?也是,因为他有广大的神通。当你在读孙悟空的时候,把兽、人、神三个层次都探究到位,你对孙悟空的理解会更加深刻。

我在这里重点讲一下唐僧的取经团队。在这个团队里,优势和缺陷可以共存,没有作用和功能完全相同的角色。唐僧在取经团队中代表着理想,但显而易见,仅仅凭理想,唐僧取不了经,必须有团队的力量辅助他。然而,团队中的其他成员不一定有理想。孙悟空说"我回我的花果山去",猪八戒脱口而出要回高老庄,他们的理想不坚定。而唐僧意志坚定,即便是死也无法阻挡他踏上取经的道路,这是唐僧的优势。唐僧的缺陷在于他的肉眼凡胎,无法分析、解决复杂的问题。唐僧有理想却没有解决问题的方法,吃喝住行都依赖团队成员,生活能力弱。孙悟空正义、勇敢,本领高强,但处事冲动。他惩处妖怪不跟唐僧商量,不善于协调沟通,疾恶如仇,一言不合就开打。猪八戒贪嘴好色,极为懒惰,常在巡山时偷懒睡觉,被孙悟空捉弄一番。在《西游记》的取经团队中,每个人都有缺陷,也都有优势。决定他们成功的不是短板,而是他们的长处。他们的长处相互叠加形成了团队优势,缺陷在成员的磨合中被不断弥补,彼此的宽容造就了团队的强大力量。

第五个方法是改写。

多次重读《西游记》后,部分同学可能会认为有些桥段写得不够精彩。胡适先生也有过同样的想法。胡适对《西游记》有一个经典的改写,他改动了小说的第九十九回,外界对此褒贬不一。同学们也可以试着改写,前提是认真阅读相关回目。大家在改写的时候可以按照自己的理解去细说、解构,但要注意改写的内容须符合原著主题。

胡适的改写是符合原著的。原著中,唐僧师徒经历了八十难后,到达灵山取得真经,观音菩萨根据诸神的报告发现还差一难才能九九归真。于是,唐僧师徒被打落人间,落到了通天河西岸,又经历了老龟翻江,弄湿经书才凑齐了九九八十一难。原著的情节较有喜感,有惊无险。但胡适认为,"十年前我曾对鲁迅先生说起过《西游记》的第八十一难未免太寒碜了,应该大大的改作,才衬得住一部大书。"胡适改写的版本,第九十九回的标题为"观音点簿添一难 唐僧割肉度群魔",是说唐僧试图来到天竺的婆罗涅斯国,在佛教著名古迹"三兽窣堵波"前,唐僧对徒弟们讲述如来修行时烧身供养天帝的故事,而后唐僧扫塔打坐,梦中割肉度群魔。胡适认为这个结局更符合《西游记》的主题,唐僧效仿如来佛祖,舍弃肉身,留下了他的精神。有人认为胡适改写的版本与原著中许多地方相呼应,可见他对原著的结构、隐喻等都有极为精熟的把握。也有人认为,胡适的这个改写也有不完美之处,那就是辜负了老龟的期望。唐僧师徒过通天河时,承诺过老龟,致使老龟在通天河日夜等待唐僧的回复。胡适是伟大的学者,他的改写我们可以批判,也可以认可。改写是高级别的读书方法,同学们可以一试。

对初中生来说,读书的第一个功能是提升能力、训练思维。小学生能发现《西游记》中的一些问题,我们能发现吗?这就要求我们进行批判性阅读。第二个功能是陶冶情感、启迪思想。同学们看了《西游记》,对孙悟空感兴趣,希望像他一样有广大的神通，但是没有须菩提祖师教授法术，所以需要自己修行。经典会给我们展示很多人生经验。第三个功能是生活休闲、传承文化。我们要让读经典成为我们的一种生活方式。名著阅读也是对传统文化的继承和弘扬。

今天，我们就《西游记》的阅读进行了简单的交流。我的很多看法还不够成熟，希望大家多批评。这次活动的目的之一是呼吁同学们、家长们一起阅读《西游记》。如果大家爱上阅读《西游记》，那是多么快乐的事情啊。谢谢大家！

朱欢颜

吕老师用幽默的语言，深入浅出的讲解，让我们对《西游记》有了更多"活"的认识、新的认识。孙悟空最早待在花果山的时候，他想到自己也会老，也会死。于是，他走出了那片方寸之山，开始寻求属于他自己的长生之道。其实，我们每一个孩子都经历过这样的阶段。他们渴望自己做主，渴望学习到更多知识，变得更强大，寻找自身存在的价值。

接下来，就有请张亚波老师，从儿童文学的角度去解读《西游记》，大家掌声有请。

张亚波

各位家长，各位大朋友、小朋友，大家下午好！刚才吕老师介绍了五种读书方法，而我将用文本细读的方法，从成长的角度与大家一起探讨这本小说。我一直觉得中国的传统文化中缺少"儿童文学"这个概念。同学们阅读较多的可能是中国现当代文学作家曹文轩、沈石溪的作品，而常见的绘本《猜猜我有多爱你》《精灵鼠小弟》等都是外国文学作品。那么在中国传统文化当中，就没有成长小说吗？不，我觉得《西游记》就是一部当之无愧的以成长为主题的经典。

父母的学习
"甬上家长共读一本书"分享精选

让英雄在集体中成长

成长小说或神话中,英雄的冒险故事屡见不鲜。这类故事的结构往往是这样的——一个平凡的人因为各种各样的机遇,获得了各种能力,而后他与当下的现实分离,踏上了历险的道路,最后他一定会归来,并带来造福同类的力量。同学们很熟悉这样的故事结构,例如,漫威电影中的英雄,往往在超自然的情况下,获得了某种能力。接着,他们必然会面临挑战。挑战过后,英雄的观念会发生变化,以新的样貌重新归来并造福同类。这样的叙述传统在《奥德赛》等经典名著当中就有体现。阅读《西游记》时,我们也会发现它以同样的结构来构建故事。接下来,我将围绕四个主要人物,细细地解读他们的成长之路。其中有一些内容可能跟刚才吕老师分享的有所雷同,但我会带领大家从成长的角度走进文本。同学们也许会发现,在我们生活当中也存在这些熟悉的人物,甚至你的个性当中同样存在和他们相同的特点。

定心猿 —— 悟空的成佛之路

首先,让我们走近最耳熟能详,也是最具代表性的英雄形象 —— 孙悟空。孙悟空最后被封为"斗战胜佛",我把他的成长之途概括为"定心猿"。《西游记》章回中"心猿"所指代的就是孙悟空。"心猿"实为"心"的代称。王阳明的"良知说"也蕴含了对本心认识的思考。王阳明认为,人生来具备对"道"的潜在感知和理解能力,即良知,然而心虽向善,仍有邪念,因此要驱除内心之恶。每个人都有良知,但良知会受到外界的污染,只有摒弃世俗的污染才能得到自己善良的本心。大闹天宫时,孙悟空呈现出的私欲功利,显然就是恶念。"五行山下定心猿"是对恶念的压制,但不等同于彻底驱除。孙悟空出了五行山后,依然有很强的杀戮之心。在紧箍咒所代表的道德制约之下，他才慢慢走上了自己的修心之路。

我们可以根据孙悟空名称的变化，以及所处环境的改变对他的成长之途进行划分。孙悟空在还未踏上取经之路前，已然达到了妖怪境界的顶峰。在这个时期，他被称作"齐天大圣"。从籍籍无名的"石猴"到成为天上地下无人不晓的"齐天大圣"，他仍然称不上是一个成功的英雄。孙悟空在世俗眼中的成功，并不意味着他符合"英雄"的定义。孙悟空被解救出五行山后，经过的第一座山就是两界山，而我个人认为，这"两界"是物质和精神上的分界。"齐天大圣"是在世俗观念中的英雄形象，"斗战胜佛"则是在精神上得到成长的英雄形象。两者相比，物质欲望无穷无尽，孙悟空封了"齐天大圣"后大闹天宫，还要做玉帝，而精神成长则切实给他带来了内心的安宁。我们的成长又何尝不是如此。

如果我们参照马斯洛的需要层次理论，分析孙悟空的成长历程，会发现他在每一阶段所要达到的目标有所不同。少儿阶段，即从"石猴"到"美猴王"再到"孙悟空"时期，主要体现了孙悟空的生理需要、安全需要、渴求爱和归属感的需要。在"弼马温"和"齐天大圣"时期，即青春期阶段，孙悟空渴求被尊重的需要，即需要别人来尊重我，这是他自尊心最强烈的时间段。到后期"孙行者""斗战胜佛"时期，是他向成年的过渡，突出自我实现的需要。纵观整个过程，我们会发现孙悟空不单单追求过物质上的名利双收，还体验过精神上的磨炼。

须菩提祖师给少年时期的孙悟空取名时，孙悟空还是猴王身份，表露的是自然本性。"孙"姓含义深厚，既指代其动物属性，又喻其童蒙本性。名字"悟空"也点明了石猴成长的终极目标——解悟什么是"空"。这正是"鸿蒙（濛）初辟原无姓，打破顽空须悟空"。

到了青春期，孙悟空说："'皇帝轮流坐，明年到我家。'只教他搬出去，将天宫让于我，便罢了；若还不让，定要搅攘，永不清平！"在他心里，他是至高无上的，人人都要尊重他。这时，孙悟空也如青春期的孩子一般，经历了自我统一性的混乱。孙悟空自认，做齐天大圣还不够配得上他，要做玉帝才行。以世俗的眼光评判，他只是小小弼马温，只是个石猴。当现实与他的理想发生了矛盾，他无法完成自我统一性的建构，就必然作出反抗以试探上限。相信家长们也能感受到孩子青春期时强烈的宣示主权式的反抗和大无畏精神。孙悟空的反抗结果如何呢？孙悟空严重受挫，被如来佛困于掌心压在五行山下。小说最精彩的不是孙悟空真的通过反抗成为玉帝，或是在世俗的高位上获得成就感，而是让孙悟空在一朝失势后体悟到，总有些东西是他无法突破的，进而改变了原有的世界观，转变了自己的性格。这些变化使他摆脱了童年的天真，把他引向了真实而复杂的成人世界。

　　孙悟空又是如何在自己的努力和同伴的帮助下，最终成佛的呢？首先，向世俗的六尘沾染告别。《西游记》第十四回《心猿归正　六贼无踪》中提到了"眼看喜""耳听怒""鼻嗅爱""舌尝思""意见欲""身本忧"这六贼，喻指佛教中"六境"或"六尘"，即色、声、香、味、触、法。如果放纵这"六贼"，就无法得到成长，于是孙悟空杀死了六个盗贼。此后，他收束自己的心性踏上了西行之旅。但西行之旅并非一帆风顺，孙悟空暴躁狂妄、虚荣好胜。在与唐僧的旅途初始，孙悟空的虚荣之心就非常旺盛，常向肉眼凡胎的唐僧炫耀，做齐天大圣时其他神仙如何尊敬他，又看不上无能的、居于领导者地位的唐僧。

　　唐僧的小白马被白龙马吞了，唐三藏泪如雨下："既是他吃了，我如何前进！可怜啊！这万水千山，怎生走得！"孙悟空见此状，哪里忍得住暴躁，大怒，"师父莫要这等脓包形么！你坐着！坐着！等老孙去寻着那厮，教他还我马匹便了。"唐僧扯住他说："徒弟你不能去，万一我又被妖怪抓走了，可怎么办呢！"孙悟空听得这话，愈加嗔怒，就"叫喊如雷"道："你忒不济！不济！又要马骑，又不放我去，似这般看着行李，坐到老罢！"领导不给力，孙悟空更是暴躁。但是后面他发生了怎样的变化呢？第二十七回中，孙悟空因唐僧辨不清白骨精，第二次被逐，回到了花果山。这时孙悟空接了贬书，软款对唐僧告辞，并向唐僧道谢叩头再离开。孙悟空逐渐成长起来，收起了自负之心，懂得感恩，念着师父的教导，变得重情重义。

而后，孙悟空更是为唐三藏几度落泪。孙悟空何等骄傲，"我为人做了一场好汉，止拜了三个人"，拜了谁？西天拜佛祖，南海拜观音，还有一人则是将他救出两界山的师父。唐僧受困受辱于人，孙悟空竟下拜九尾狐妖。在同伴安危面前，个人尊严的让步，是孙悟空的又一次成长。

第五十七回《真行者落伽山诉苦　假猴王水帘洞誊文》中，孙悟空第三次被唐僧赶走，又大哭一场。孙悟空望见菩萨，泪如泉涌，放声大哭："当年弟子为人，曾受那个气来？""只指望归真正果，洗业除邪，怎知那长老背义忘恩，直迷了一片善缘，更不察皂白之苦！"前两次孙悟空被逐，径直回了花果山，因为那是他的净土，更是舒适区、避难所。但此次他受皂白之苦，去观音面前号啕大哭，则是真真切切受了委屈。因此遭遇，孙悟空的性格更加坚韧，此后再未无故打伤他人。

第九十三回中，九头怪盗走宝珠，孙悟空与猪八戒直捣龙宫，杀了龙子龙孙。此时，龙婆出现了，求他们饶命，八戒拒绝了她，孙悟空却道："家无全犯。——我便饶你，只便要你长远替我看塔。"杀妖无数的猴王，作为最大的"魔头"，面对龙婆讨饶刀下留人，并且要求"本国土地、城隍与本寺伽蓝，每三日送饮食一餐"，照顾好龙婆的生活。孙悟空不再赶尽杀绝，开始劝导他人改邪归正，正是因为他懂得了尊重生命、宽厚待人。所谓一念成佛，一念成魔，孙悟空放下魔念，有了好生之德。在后期，他在除妖的过程中更加注重借助外界的力量，思虑更加周全。例如，在剿了龙宫后，他抓来犀牛怪，请来四位星官，"将此四只犀角，拿上界去，进贡玉帝，回缴圣旨"。可见，他在人情练达上也有所进步。这些恰是孙悟空最后被封为"斗战胜佛"的原因。

守信念 —— 唐僧的成圣之路

孙悟空的成长在于心性的锤炼，由遵循个人英雄主义到融入集体，而唐僧成圣在于西行九九八十一难中对信念的坚守。"贫僧乃东土大唐差往西天取经者。"类似的话在书中反复出现，表明唐僧西行信念之坚定。在西行途中，唐僧意志坚定，多次受美色、财富的诱惑不改其志。

正如吕老师所言，唐僧是"单干户"，"舍身拼命归西去，莫倚旁人自主张"。唐僧认为他能够靠自己的力量取得真经，徒弟靠不住，"这届队伍不太好带"。但当剧情发展到后期，唐僧再度驱逐孙悟空时，他的缺点暴露无遗：不辨是非、昏庸懦弱。猪八戒在旁搬弄是非、扭曲事实，唐僧便盲目听信。等到真假美猴王乱局时，唐僧第三次恨逐孙悟空，可见唐僧的狠心，此时团队仍然离心。直至唐僧"遵菩萨教旨，收了行者，与八戒、沙僧剪断二心"，整个团队才是真真正正的团结在一起 —— "锁靶猿马，同心戮力，赶奔西天"。

唐僧虽是一个目标坚定的领导，但他内心有很多的惊惧、忧思。遇到高山，"哎呀！这个山这么高，我怎么走啊，悟空你来看看"；遇到大河，"哎呀！这水这么急，我怎么走啊"；没有吃的，"哎呀！悟空你去化点斋"……唐僧代表的是普通人的形象，在路途中不断地锻炼自己。第八十五回中，即便已经快行至西天，唐僧仍然惊惧不止，悟空安慰师父："但要一片志诚，雷音只在眼下。似你这般恐惧惊惶，神思不安，大道远矣，雷音亦远矣。且莫胡疑，随我去。"倘若没有前文的三次矛盾，也不会有这一次悟空说一句"随我去"，唐僧便心神顿爽，万虑皆休。

祛意驰 —— 八戒的戒欲之路

唐僧作为凡人经历八十一难，坚守信念才取得真经，而猪八戒和沙和尚最终都未能封佛，分别为净坛使者和金身罗汉。这说明，在西行一路上他们仍有缺点未能改正。八戒始终在犯错，人气却极高。为什么这样一个贪财好色、好吃懒做、搬弄是非的角色不令人讨厌呢？我为八戒成长之途写的主题是"祛意驰"，取自明代谢肇淛所写："以猿为心之神，以猪为意之驰。"八戒就是意驰的代表。

八戒在小说中是一个惯于偷懒的角色，悟空派他巡山，他总爱睡觉，于是孙悟空跟踪他，要他回来后回答地形山貌，猪八戒便不敢再偷懒。除了懒，猪八戒还十分贪吃：一顿要吃三五斗米饭，早间点心，也得百十个烧饼才够。除此以外，他还相当贪色，这一特点在《三藏不忘本　四圣试禅心》中最为明显，猪八戒被招婿不说，三个女儿都要收下，就连丈母娘也意图纳入，经过四圣点拨后，才逐渐收敛。后遇蜘蛛精一事，他才不敢肆意妄为。猪八戒的贪财体现在第九十六回中，寇员外贡献大量的金银，送师徒四人一站又一站，八戒却总是流连忘返。快到西天时，猪八戒"零零碎碎有五钱银子。因不好收拾，前者到城中，央了个银匠煎在一处，他又没天理，偷了我几分，只得四钱六分一块儿"，藏在自己的左耳朵眼儿里。

除好吃懒做、贪财贪色之外，八戒也是一个相当可爱的形象。他武功高强，护送唐僧一路西行，斩妖除魔。他聪明，孙悟空被逐回花果山后，他用激将法引出孙悟空救唐僧。见了海上三星，给寿星戴自己的僧帽："好！好！好！真是'加冠进禄'也！"像孩童一般。唐僧教他，他就说："既不是人家奴才，好道叫做'添寿'、'添福'、'添禄'？"出门的时候瞅着福星眼不转睛地发狠，福星道："夯货！我那里恼了你来，你这等恨我？"八戒道："不是恨你，这叫回头望福。"猪八戒出得门来，只见一个小童，拿了四把茶匙，方去寻锤取果看茶，就冲过去一把夺过，跑上殿,拿着小磬儿,用手乱敲乱打,两头玩耍。大仙道:"这个和尚,越发不尊重了!"八戒笑道:"不是不尊重,这叫做'四时吉庆'。"

为什么猪八戒只能做一个净坛使者?因为他在人情练达上没有达到孙悟空的境界。猪八戒的成长在于他收敛了自己的欲望,保留了天真烂漫的色彩。

洗心虑 —— 沙僧的净化之路

沙僧此人,忧思重,因打破琉璃盏,被贬流沙河。沙僧西行的决心仅次于唐僧,"宁死也要往西天去,决不干此欺心之事"。红孩儿诓骗三个徒弟,称唐僧已下了他的肚,连孙悟空都要分行李离开,沙僧却说:"一旦俱休,说出这等各寻头路的话来,可不违了菩萨的善果,坏了自己的德行,惹人耻笑,说我们有始无终也!"沙僧任劳任怨、勤劳稳重、少言寡语,是个实干派,在团队中做事多,藏锋芒。

个人 + 团队 = 成长

了解了四个人物后,我们来探讨什么是成长。每个人都有自己的自由、追求和个性。个人的自由,如悟空上天入地,长生不老;个人的追求,如悟空要做齐天大圣;个性,像八戒好吃懒做,沙僧勤劳能干。这些个人所有的,就能够带来成长吗?其实是不能的。只有个人加入团队,在分歧中懂得合作,合作中各展众长,众长中互相信任,才能获得成长。在师徒四人的成长过程中,孙悟空从自负、自我,到慢慢地学会尊重别人、尊重差异;猪八戒克制自己的欲望,同时能够看到别人的优点;唐僧逐渐能够信任他人,在这个团队当中起到主心骨的作用。从团队中我们也会发现,人与人之间有了羁绊,信任就能慢慢地建立,对待彼此也会越来越宽容。同学们可以思考一下,你像《西游记》中的谁,处在哪一个阶段,你需要在心性上提高什么。你的成长契机也可能从他人身上获得,包括你讨厌的对象。遇到困难时，要像唐僧一样坚定信念，也可以寻求同伴的帮助。这些成长是同学们这个年纪特有的独一无二的财富。

经典是常读常新的，阅读的体验往往与大家的成长经历相联系。同学们正处于想象力最丰富的时间段，可以把自己代入不同的角色，斩妖除魔。当同学们成年后再看《西游记》，就会以更理性的思维去思考人与人之间的关系。丰富的想象力恰恰是这个年纪读这些小说的魅力所在。阅读和现实生活都是重要的经历。我们要让阅读成为一场想象力的旅行，激发、促进想象力的发展。让孩子们在无限广阔的幻想世界里自由行动，能增强他们解决问题、克服困难的能力，更有助于他们进入自己的未知领域，与真正的自我发生联系，从而超越自我。但是，孩子们也要注意，绝对不能逃避现实。在少年儿童时期，如果你有一个可以随时前往的想象世界，你也一定会像悟空一样不惧现实当中的各种挑战。

最后，我想说《西游记》和西方成长小说相比还是有所不同。西方的英雄小说更强调个人主义，但在中国的语境中更强调团队的力量。大家在集体中也要约束自己的心猿，从集体中获得更大的成长，同时也关注个人的内在修为。今天我给大家提供了一个新的角度，希望大家能以自身经验去感受独特的成长旅程。我的分享到此结束。

朱欢颜

张老师以成长为线，讲述了师徒四人在西行过程中每一个人物的变化。将这些内容与生活的经验相结合，相信能给大家带来更多的思考和启发。一个人但凡有了读书的癖好，也就有了看待世界的独特眼光，甚至有了一个属于他的丰富多彩的世界。今天的分享会，就像是一群人在同行，我们都在人群中获得力量和进步。

两位老师在讲座中分享得非常详细,我们还有几个问题想要请教。《西游记》是一本非常长的小说,章回多,并且有很多地名和妖怪名,有时候可能会混淆。二位有没有一些帮助记忆的小窍门能够跟大家分享一下呢?

张亚波

《西游记》中有很多雷同之处,容易搞混。比如说黄袍怪、黄风怪……大家可以通过记笔记的方式,把自己易记混的内容做好笔记。另一个方法则是分类归纳法。孙悟空请了好几次外援,它们分别出现在几个章回,可以对这些章节进行总结和梳理。关于各种地名、妖怪如何记忆,我在教《西游记》时,和同学们一起做了一套西游棋,把西行途经的地点和遇到的劫难做成飞行棋样式的棋谱,结合大富翁的玩法,比较生动有趣,寓教于乐。

朱欢颜

谢谢张老师的分享,希望同学们能得到一些启发,自己在家里也可以尝试着去做这样的卡牌或者棋类活动,相信一定能够有更深的印象。吕老师也在刚才的讲座中提到,大家可以利用思维导图来加深记忆,方便自己梳理。把一本书读薄后再读厚,是很棒的体验。

《西游记》是非常经典的名著,翻拍成了许多影视作品,有些人没有阅读过原著,凭着这些影视作品认识了其中的人物。吕老师,您能不能谈一谈,看这些改编的影视作品,可以代替原著的阅读吗?

吕新辉

这个问题其实非常普遍。《西游记》毕竟是一本篇幅特别长的小说,学生到了初中，课业压力比较大，一般都会选择看电视剧来代替。电视剧可以快进，三倍速播放，基本上一两天就能看完。对此我们是不反对的，大家可以选择看电影、看电视剧，还可以听评书。但是如果我们把这些跟原著来比较，大家就会发现，一种是经典原著，一种是衍生品。书籍是源头，动画片、电影、电视剧都是以经典为基础演绎出来的，二者有明显差别。我们看完影视作品以后，还是要去找到原著相关的情节，做一个比较，会发现影视剧通常都有很大的改编。初三的课堂中有戏剧单元，如果大家有兴趣，完全可以把《西游记》里某一个篇章改编成剧本。小说改剧本，有利于学生融合自己对原著的理解，也是一种有深度的探究性阅读。所以我的建议是，不反对看电视剧、电影、动画片，但要将它与原著结合起来，经过比较之后，有自己新的发现、新的理解，这才是真正的阅读。

张亚波

我们可以把原著想象成地基，改编就像是在地基上创作。"一千个人心中有一千个哈姆雷特"，别人的理解并不代表着我的理解。建议同学们自己阅读，构建自己心中的"哈姆雷特"。

快问快答

读者1

我曾看到一篇导读里说，在"大闹天宫"这一个故事里，孙悟空代表的是人民，而玉皇大帝则是封建社会皇帝的代表。对此，老师们有什么理解？

吕新辉

这个问题问得非常好。《西游记》虽然是一部神魔小说,但它有现实社会的背景。天宫里的神确实可以代表封建社会的统治阶层,而孙悟空就代表民间的反抗者。表现反抗精神也是《西游记》的主题之一,你可以顺着这个思路,去理解书中其他势力的争斗。这是当时的政治形势和社会现实的反映,也是我们理解原著的一个方向。

读者2

撒贝宁老师说,《西游记》表明了自律的人也有等级。例如,高级的自律者是唐僧,不用问他为什么取经,取经的目的是什么,取经路上要注意什么事项,他在心中早已有了答案。但是孙悟空哪怕已经成长了,仍然需要紧箍咒的压制。对此,两位老师有什么看法?

吕新辉

紧箍咒在这部小说里代表的是什么?孙悟空大闹天宫,无法无天,认为"你在天上称王,我在人间也可以称王"。观世音菩萨让唐僧给孙悟空戴上"紧箍儿",是对他的限制,我们可以看作是他律。唐僧和孙悟空西行的动机略有不同。唐僧是个理想主义者,执着专一,想要取经带回东土大唐,造福百姓。孙悟空愿意保护唐僧去西天取经,一开始是因为想通过此举脱离五行山的压制,获得自由。对不服从管教的悟空而言,紧箍咒就是道德、规则、纪律上的限制,只有紧箍咒,但没有松箍咒。孙悟空被封为"斗战胜佛"后,一摸自己脑壳,发现"紧箍儿"不见了,这就说明他的成长是从他律走向自律的过程。自律者方可成功,是《西游记》给我们的人生启示之一。

读者3

我想请教张老师,看完《西游记》后我有一个疑问,沙僧被收徒后便很少登场,甚至不出现,这个人物对《西游记》有何作用?

张亚波

从篇幅来看,沙僧确实是作者所用笔墨最少的人物,但他并非不出现。沙僧在取经路上有两个重要时刻。第一个是圣僧恨逐美猴王时,孙悟空回了花果山,八戒去化缘却睡着了。沙僧找八戒时,唐僧误入了妖怪洞被妖怪抓走。沙僧见八戒有动摇,劝说八戒,稳住八戒取经的决心。第二个重要时刻我在刚刚讲座时分享过,红孩儿谎称吃了唐僧,只有沙僧坚定要取得真经,走完西行之旅。所以,沙僧并不是一个可有可无的角色。我们以不同的视角来解读这四个人物形象,会发现他们四人缺一不可,分别代表了四种不同的个性。沙僧是绝对不能少的。他的坚定、沉默寡言,为团队的付出是《西游记》里浓墨重彩的一笔。

朱欢颜

读书让我们认识世界,透过他人人生反观自己的人生。每个人的人生都是一场《西游记》,在向理想的高峰攀登的过程中,不断成长。虽然历经九九八十一难,但当你取得人生的真经,就会发现所有的磨难都只是磨砺,所有的坎坷终将成为生命中的财富。本次阅读会到此结束!谢谢大家!

文字整理:王睿宁

认知自我，走向成功

扫码观看活动视频

分享嘉宾 徐 巍
主持嘉宾 孙彦辉
活动时间 2023 年 2 月 11 日

图 书 《成功，动机与目标》
作 者 ［美］海蒂·格兰特·霍尔沃森
译 者 汤珑
出版社 译林出版社

嘉宾简介

徐巍，浙江万里学院法学院教师，浙江大学管理学博士。

孙彦辉，又名礼彬。原《阿拉新生活》主持人，国际认证高级演讲培训师。

孙彦辉

直播间的观众朋友们,现场的热心读者朋友们,大家下午好!欢迎大家来参加由宁波大学园区图书馆主办的"甬上家长共读一本书"活动。这一期我们共读的这本书叫作《成功,动机与目标》。我是主持人孙彦辉。请允许我给大家隆重介绍一下我身边的这位嘉宾——浙江万里学院法学院的徐巍老师。重要的时间交给重要的人,我们有请徐老师为我们分享这本书。

徐巍

读者朋友们,大家下午好。这是一本在成功、动机和目标相关领域非常权威的书。一看这个题目,大家可能会觉得这有点像成功学的书。但事实上,这是社会心理学领域非常重要的一部作品,它的作者是哥伦比亚大学动机科学中心的副主任海蒂·格兰特·霍尔沃森女士。书里汇集了动机、目标、执行力等多个方面的社会心理学知识。本书不是我们平常所讲的那种空喊口号的心灵鸡汤。它包含大量的社会科学实验,通过数据和结果来告诉我们:怎样的目标是好的目标?人到底是怎样的?人的动机是怎么回事?怎样能够科学地实现我们的目标?

无论是从专业性来说,还是从可读性来说,这本书都非常优秀。全书大概分为三个部分:第一部分介绍如何确定目标,第二部分分析如何认知目标的动机来源,第三部分介绍如何通过行动来达成目标。每一部分的主体内容里面还会有一些互动,让大家根据自己的理解去填写一些东西。在主体内容之后,本书还会有一个实践性的总结，把这一章节里最核心的、最具有实践性的知识提炼出来。如果你看过书后，过了一段时间想再回过头去重温一下，但没那么多时间通读全书，你就可以直接去看实践性总结的内容，这也能够让你回想起书里 80% 的内容。整本书的内容架构是非常明晰的。今天的分享，我们不按照书的章节逐一讲解，而是以下面三个部分来分享这本书。第一个是制订计划，实现目标；第二个是发现自我，强化动机，就是对于自我和动机的理解；第三个是自我控制，保障成功，即关于自控力的部分。

制订计划，实现目标

　　首先，我们提出一个问题：怎样的目标是好的目标？比如，我们有的朋友可能会说"我要用两年时间塑造完美身材"，有的说"我要取得令人吃惊的成就"，这些是不是好的目标呢？不算。为什么呢？这些目标的描述过于含糊和笼统了，它们会让我们在疲惫、灰心的时候妥协，发出"我反正已经尽力了，我也至少做了"的感慨。这本书里面提到，想要制定好的目标，第一个要求就是要具体、明确，最好是可以用数据衡量的。比如，"两年塑造完美身材"这个目标就不如"两年内减肥5公斤"。"完美身材"是你说了算的，即使你的身材马马虎虎，但你也可以自我暗示目标已经实现了。但是成功减肥5公斤，这个是秤说了算的，你再怎么自我安慰都不可能让秤改变它的数据。所以，以减肥数据为标准就比单纯地说追求完美身材要好。"取得令人吃惊的成就"就不如说"通过雅思考试"。雅思考试的结果很明确，过了就是过了，没过就是没过，这是没有办法自欺欺人的。

　　第二个制定目标的要求是要有一定的难度，有难度的目标才能够让我们真正获得成长。刻意练习理论中将学习状态分为了三个区域。第一个是舒适区，在这个区域里我们将会非常舒服，比如，我每天背一个单词，这非常容易完成。第二个，即最外围的区域，叫恐惧区，比如，我要在一个月里完成托福考试，我一听就怕，因为这是不可能完成的。而第三个区域则是介于舒适区和恐惧区之间的区域，我们把它称之为学习区。学习区的学习是最有效的，不会让我很舒服地完成，而是需要努力垫一垫脚，甚至跳一跳才能够得到。在这个区域，你才能真正有效率、有价值地学习，这样的学习才让你有成就感和幸福感。所以，我们要充分地去权衡目标的合理性和可行性。有的朋友可能会说："我一直踮着脚，一直在跳，会不会太累了？"其实不会。从心理学的角度说，成功克服困难会让人特别地有成就感和满足感，也会极大程度地提高我们的幸福程度。所以说，完成这些目标并不会降低你的幸福感，反而会让你更有成就感、更有幸福感。

另外，我们也要了解目标。关于目标，其实有两个思考层次：你的目标是什么？你为什么要确定这个目标？比如，我的目标是每天跑五圈，为什么要确定这个目标？为了保持身体健康。简而言之，这有两点值得关注，一个就是目标的微观细节，一个是目标的宏观意义。微观细节层面，即我们每天跑步；而宏观意义就是我们要有更强壮的身体，少去医院。考虑目标的微观细节，能够让我们专注于具体的、必要的行动，知道每一步要去做什么，防止拖延。而考虑目标的宏观意义，会让我们更有动力、备受鼓舞，增强我们的自制力和毅力。当你想到宏观意义的时候，往往需要把一件很小的事情跟一个更宏大的、更有意义的目标关联到一起。这个时候，你就更容易进入"打鸡血状态"，更容易有使命感。比如，你工作的时候要加一会儿班，如果想到的是要再做 20 分钟 PPT，你就会感到很枯燥和无聊。但如果你想，"我是在为我的职业生涯添砖加瓦"，那你可能就更有使命感。所以，如果你缺乏动力，或者需要避免诱惑，就可以多去思考目标的宏观意义。当你正在做一件困难的，特别是生疏的事情的时候，你就可以多思考一下目标的微观细节，想想"我怎么去一步步完成它"。比如，你在滑雪的时候，要想膝盖怎么弯曲、滑雪板怎么对齐，这样你就更容易上手，迈出第一步，避免拖延。

接着，我们要讲一讲正面思考和不轻敌，就是在实现目标的过程中如何正确地保持乐观。在平时生活中，我们面对的概念往往都是很含糊的。我们经常说做事情要乐观，只有乐观才能成功。然而，乐观一定就有助于我们成功吗？在这本书里，作者就区分了两种乐观。一种是相信自己能够成功，对于成功概率的乐观；一种是相信自己能够轻而易举地成功，对于达成目标过程的乐观。这两者完全不一样。这两种乐观对于我们成功有怎样不同的意义呢？

我给大家举个例子。大山和大壮这两个人都要减肥。大山说："我很乐观，我有能力减肥，我相信我一定能够减肥成功。"大壮说："以我这好吃懒做的性格，估计要减肥是不大可能的。"那么，大家觉得哪个人更可能成功？答案肯定是大山。连对自己能够减肥的信心都没有，那又怎么会成功呢？所以，对于实现目标可能性的乐观是有助于我们获得成功的。但是我们换一个说法。大山说："我一定能够轻松抵御奶茶的诱惑，我一定能够每天跑2公里。"大壮说："以我这好吃懒做的性格，我还是躲开奶茶店，我肯定抵挡不住它的诱惑。最好找个人来监督我跑步，我一个人的话是坚持不下去的。"这两种乐观的人中，更容易成功的明显是大壮。如果一个人觉得自己能够轻松抵御奶茶的诱惑，那他就更容易去接触奶茶，接触的过程中就更容易被诱惑。所以说，对于实现目标过程的乐观是不利于成功的。

在很多的社会科学实验里，也有相似的发现。比如，相信自己考试能够考好可能会有助于我们在考试中取得成功。但是，如果我们相信题目很简单，能够轻易考好，就可能不怎么复习，一不复习可能就考不好了。认为考试比较难、相对保持不乐观的那批人，会投入更多的精力去准备考试，然后他们往往会取得更好的成绩；而认为考试很简单、绝对能够过的那批人，往往会投入更少的时间，结果考试成绩往往更不如人意。求职也是一样。那些认为能轻易找到好工作的人，往往投出更少的简历，最后找到好工作的概率会更低；而那些觉得找工作不容易的人，他们往往会投更多的简历，做更多的准备，最后往往能找到更好的工作。所以，乐观不一定就是好的，我们要对成功的概率乐观，但是要对实现成功的过程保持适当的悲观。相信前途是光明的，道路是曲折的，这样才能更有助于我们成功。

在这本书里，让我感觉收获最大的是它对于我们人生目标选择的启示。我们到底需要一个怎样的目标？我们需要怎样的人生？怎样才是幸福的人生？当今社会充斥着浮躁的气息，大家都在拼命地追逐：追逐财富，追逐地位，追逐权利，追逐各种各样的成就……那么，这些真的是我们需要的吗？这些真的是好的目标吗？其实，这些都是需要我们进行反思的。在社会科学领域里，我们对人的需求做了大量的研究。

美国心理学家德西与瑞安在一篇非常经典的论文里，把人的需求归纳成了三种：一种是自主性，一种是胜任感，一种是关联感。自主就是"我能感觉我的行为是自发的""我的选择是我自己主动去作出的""我认为我的生命、生活掌握在我自己手中"。胜任是"我感觉我能够胜任手头的工作""我能够做好手头的事情""我有一定的成就感"。关联感是指人和人之间亲密关系的需求，"我感觉我跟周围人的关系是融洽的""我能够被爱、被需要""我能跟自己的社区、跟自己的家庭都有非常和谐的关系"。这三大需求其实是我们人生的三大基本需求，对于我们幸福的影响是最大的。我们长大之后往往失去了对于幸福最基本的认识。我们去看那些小朋友，他们不会只是因为拥有好多好多钱就感觉幸福了，也不会只是因为当班长就感觉幸福了。小朋友会说，爸爸妈妈陪着他，爱他，他就会感觉幸福。孩子要学爬行，要学走路，要把积木一点点地搭起来。当实现这些目标时，他会感到很有成就感、很幸福。孩子需要感受到他做的事情都是他自己想去做的，而不是有人逼他去做的。如果他要去拿绿色的积木，你一定要让他去拿红色的钢笔，他是绝对不开心的，他要去做他自己想做的事情才会开心。其实，人从小就知道真正的幸福到底是怎样的，知道真正的需求到底是怎样的。有了这三大基本需求，我们才能在这个基础上进一步去了解人生的目标应该是什么，我们需要怎样的人生，需要怎样的幸福。

书里很明确地提到了以下这些目标是不会给我们带来长久的幸福感的，比如，名誉、权力、财富、公共形象等。那为什么我们总是在追求这些目标呢？一方面，这可能跟我们整个社会氛围有关系，大家都希望赚更多的钱，有更多的权力，有更多的成就；另一方面，书里也提到，当我们感到压力特别大、面临太多拒绝、觉得做什么都不对的时候，我们会开启防御策略，不去追求那些真正让我们幸福的，而是转向去追求那些比较简单的、浅显的、大家都在追求的那种目标。但是，名誉、财富、知名度永远是代替品，代替的是我们本该追求的目标。它们会让我们很忙，却很难让我们真正快乐。

那么，我们该如何去更好地实现目标呢？这本书重点给我们分享的就是"如果……就……"的力量，心理学上把它叫作执行意图。

我们给大家举几个例子。一个例子是，让一批准备考试的学生在圣诞节结束后48小时之内写一篇关于如何过圣诞节的短文。这批学生分成两组，一组需要当场确定在什么时候、什么地点完成这个写作任务；另外一组则没有决定何时何地完成。后来，进行回访研究时，研究者发现没有当场决定何时何地写作的人中，有32%的人完成了这篇短文，而确定了何时何地写作的人中，有将近71%的人完成了短文。两者间唯一的差别就是是否确定了何时何地完成任务，就这样一个很简单的因素，让目标完成度的差距变得非常大。

彼得·戈尔维策（Peter Gollwitzer）发明的执行意图工具告诉我们，人其实可以像计算机一样，用"if/then"（如果……就……）来执行计划，告诉自己什么时候去做什么事情，制定确切的时间、确切的地点并采取确切的行动。比如，"我要少吃"，这个目标很含糊，但是如果很明确地说，"我晚饭只吃一碗、只吃蔬菜"，这个就很具体。"多运动"这个目标很含糊，而"每周一、三、五下午下班后直接去健身房锻炼"就很具体。一旦周一、周三、周五下班这个情景发生，你大脑里就开始自动输入"我要去健身房"的指令。其实，所有的目标在执行的时候，最难的就是开始的那一步。所谓执行意图，其真正的价值就在于让你能够更好地启动，让启动这个过程的心理成本尽可能降低。

关于执行意图，我推荐一本书叫作《WOOP思维心理学》。WOOP取自愿望（wish）、结果（outcome）、障碍（obstacle）、计划（plan）的英文首字母。首先，大家要明确你制订计划时的愿望是什么，即你的真正目标到底是什么；第二，你要想一下完成这个目标之后，美好的情景是什么样的，给自己一个憧憬；第三，你要想象可能的障碍会有哪些，哪些东西可能会阻碍你去实现这个目标；最后，想想发生什么事情的时候你会怎么做。用这种方式来设计你的计划，会让你更容易去执行并达成你的目标。比如，以锻炼身体为目标，你的愿望可能是傍晚要跑步，结果就是跑完步会身体健康、身心舒畅。之后，你要将拥有马甲线、精神饱满的状态作为愿景。接下来，你要考虑可能的障碍，比如，下班回家后会有点累，那随之而来的应对措施就是换上跑鞋出去跑步，克服这个障碍。当你用"如果……就……"的方式,充分考虑达成目标之后美好的情景和中间过程中可能的障碍,再去进行这个计划,就会让你更容易实现这个目标。

发现自我,强化动机

关于对于自我的认识和对于动机的认知,发展心理学家德韦克进行过一个非常经典的研究。他给一些小朋友做拼图测试,这些测试最开始比较简单,后面越来越难。他发现,大部分小朋友起初还是有耐心的,但有一部分孩子一旦拼不起来,就会非常急躁。但是,有一些孩子,拼图即使变难,他们也可能只是抿着嘴说:"我喜欢挑战,我要再试试看,再给我一点时间,我能试出来。"在多次实验之后,德韦克发现了两种很不一样的思维方式:面对挑战,一种人觉得自己肯定是不行的,而另一种人则会不断去挑战自己。后续,研究者们又对这两种人做了更进一步的研究,发现了两种不同的思维模式,一种叫作成长型的思维模式,一种叫作固定型或者僵固型的思维模式。在《看见成长的自己》这本书里,对此有非常详细的论述。

成长型和固定型来自英文单词"growth"和"fixed",一个是可变化、可成长的,一个是固定住的。这两类思维模式的人最大的差别就是对于自己的认知不同,认为自己的能力是天生决定的还是后天决定的。如果一个人认为自己所有的能力和聪明才智是天生的,那么他就属于固定型的、僵固型的思维模式。而如果一个人认为能力是可以后天学习和成长的,那他就属于成长型的思维模式。成长型和固定型,两种不同的思维模式的人,在面对挑战时、遇到困难时会表现出非常大的差别。大家可以想想,如果我认为我的智商是天生的,那么我就会想让自己显得聪明一点。这样,遇到简单的题目我会愿意做,遇到难的题目我还愿意做吗？我不愿意做了，因为我会觉得没做出来就显得我不聪明，我就更不容易去面对这些挑战，更容易故步自封。既然成就和智商是天生的，我也就不会太努力了。而成长型的人则认为智商是可以不断提高的，可以后天学习的，所以他会更愿意去面对挑战，更愿意去做各种各样的尝试。在尝试过程中，他会越来越熟练，习得新的技能，获得成长。成长型思维模式的人往往会更多地去关注他们的成长和进步，而僵固型思维模式的人则认为自己的能力是天生的，他们会更注重他们的表现。当一个人更注重表现时，就会有更大的压力，就会不愿意去挑战特别难的东西。

有很多心理学实验论证过这一理念。其中有一个实验是让公立学校七年级的学生每周聚集一次，向他们介绍大脑的相关机能。其中，有一部分学生属于实验组，实验人员会不断地跟他们强调智力是可塑的，通过经验与勤奋，可以不断地提高智力。而另外一部分学生，作为控制组，他们所接受的课程里没有涉及智力的相关讨论。在八周之后，实验组的数学成绩明显提高，而控制组的成绩还略有下滑。这相当于给我们一个启发：是否接受"你能够进步""你能够成长"的暗示，会对行为有很大的影响。

另一个非常经典的实验中，实验人员让两批学生完成拼字游戏。一批学生有实验人员提前跟他们说"这是一次检测你智商的机会"，这就相当于给他们灌输了一个固定性的、表现性的想法；另外一组则会被告知这是一次非常好的学习和交流的机会。在难度比较简单的时候，关注表现的那批学生会更想表现得更好，所以往往会全力以赴，更容易取得好的成绩。但是当难度不断增加的时候，差异就产生了。关注表现的那批学生对于挑战的接受程度明显下降，他们的表现也明显下降，而关注成长和进步的那批学生则愿意去做那些有挑战性的事情，他们的成绩反而越来越好。所以，聚焦于进步能够让我们提高更快，也会

让我们抗挫折能力更强，会有更多的乐趣、更少的抑郁。

由此，我们可以认识到，在教育孩子的时候，如果你总是夸孩子聪明，其实就是在潜移默化地给他灌输这种固定型的思维模式，就相当于告诉他，他所有的表现都是由他的智商来决定的、是天生的。那么久而久之，孩子就会形成这种固定型的思维模式。而如果你夸孩子这次做得很认真，他能成功是努力的成果，那他就知道他所有的成绩都来自他的努力和进步，就会慢慢地把成功归结于自己的努力，跟自己的成长关联起来，就更容易养成成长型的、进步型的思维模式。每个人都会有一种对掌控感的需求，希望人生是掌握在自己手中的。如果我认为我的人生是掌握在自己手中的，我会比较有安全感。而如果我认为我的人生是掌握在别人手中，受到天赋的限制的，我就会没有安全感。所以，把目光聚焦在那些自己能够掌控的东西，比如自己的努力和成长，会给我们带来更多的安全感，让我们更有动力去采取行动。

另外，我们要对自己动机的类型有一定的了解。我给大家讲一个故事。一个小区里有个老爷爷，他特别喜欢安静。但是那天，小区里来了一群"熊孩子"，他们在踢易拉罐，吵得老爷爷没法午睡。他下楼对小朋友说："你们踢得太好了，我给你们每个人5元钱，你们用力踢。"小朋友们觉得自己踢得开心还有钱赚，简直是太好了。第二天，那批小孩子又来了，老爷爷又下楼说："今天我的钱不多，要不今天给你们每人2元钱，你们还是踢得用力一点。"小朋友觉得2元钱也行，就继续踢。第三天，小朋友又来了，老爷爷说："今天我刚买完菜，没钱了，能不能不给钱，你们也踢给我看？""熊孩子"们觉得没有钱凭什么还让他们踢，就走了。生活中，我们很习惯用奖励和惩罚的手段去让孩子做一些事情，但其实，外在的奖励往往会损害内在的动机。刚刚那些小朋友最开始踢易拉罐是因为好玩、开心。但是，一旦给予了奖励又撤掉之后，他们反而不玩了，因为外在的奖励把他们内在的动机给消耗了。

能证明这一点的不光有故事，还有一个非常经典的养老院实验。一群老人被分为两组，一组是自由选择组。这组中的老人可以自由选择去看望其他人，也可以自由摆放室内的物件，参加丰富的自选活动，提出怨言和建议，还可以认养一盆自己的植物进行照顾。另一组是被决定组。这组老人探望其他人前要被批准，且被告知照顾他们是工作人员的职责，植物也有护士替他们浇水。在几个月之后，自由选择组的老人更开心，更有好奇心，更爱社交主动，甚至死亡率也明显低于被决定组。所以，我们自主的动机是非常可贵的，我们要保护自主选择的内在动机。

我们最强的动机和最大的满足，来自自己选择的目标。我们采取行动的根本原因应当在于自己的选择，而不是外在的奖励。外在的奖励多了，反而会损害我们内在的动力。当我们的内在动力被激发时，会更享受追求目标的过程，觉得一切都是非常有趣的。

除奖励以外，很多因素都会破坏我们的内在动机，比如，威胁、监视、限期、压力等。为什么现在孩子越来越不爱学习？他们的学习过程都是在被监视、被监管、被奖惩的环境下进行的。要是你让孩子去学自己喜欢的东西，他可以乐此不疲。但如果你给他奖惩、给他限期、给他压力，他的学习过程就会没那么舒服。所以，我们与其给孩子奖励，还不如给孩子塑造一个好的学习环境。家长可以给孩子树立榜样。比如，你希望孩子多看书，那你自己就多看书；你希望孩子多学东西，你自己就先去学，让他感觉到学习的魅力。营造环境比奖惩更加有效。但在现实生活中，外部的控制是不可避免的，我们还是要给孩子适当的限制，但要在布置任务的时候留下自主选择的空间。

有一个关于数学游戏的实验很有趣。实验人员让孩子们在数学游戏软件里学习数学知识。学生分成两个组，一个组可以在游戏里选择头像，命名自己的物品；另外一个组不可以在游戏里选头像，也不可以命名自己的物品。其实，这些可以自由选择的东西跟核心目标没有关系，核心目标是学习数学知识。但是，正因为有一定的自主选择空间，可以选择自己的头像和命名物品的这一组孩子对于这个软件的兴趣，甚至数学学习的效果都远远高于被决定组。这些例子告诉我们，如果一定要有所限制，我们也要尽可能地给孩子多一点的选择，让他们能够自己决定生活中的一些事情，拥有一定的掌控感。

自我控制，保障成功

我要分享的第三部分是自我控制和保障。这也是我们这本书里比较重要的内容。其实关于"自我控制"，有很经典的一本书叫作《自控力》，专门讲自控力、自制力、意志力，有兴趣的话大家可以做进一步的阅读。书中认为，自控力是可以恢复、可以锻炼、可以提高的。

有一个自控力的实验就验证了这一点。这个实验的对象是刚上完一上午课且进食后的大学生，他们被分成了两个组。两组实验对象的面前都放了巧克力和酱萝卜，但一组实验对象可以吃巧克力，而另一组只能吃酱萝卜。吃完之后，研究者马上让他们做很难的题目。其实这个题是无解的，只是为了让实验对象去尝试，看看他们能坚持多久，能用多少种解题方法。结果证明，吃巧克力的实验对象尝试的时间明显多于吃酱萝卜的，而且他们使用的方法也比酱萝卜组多了好多种。因为酱萝卜组成员的自控力在抵抗吃巧克力的诱惑时消耗了，再去做题就没有充沛的自控力了。

如果要打一个比方的话，我们可以把自控力比作"肌肉"，它会被消耗，也能够增长。就像锻炼肌肉一样,我们要经常锻炼自控力,例如,克制自己说脏话的冲动,用左手来刷牙和开门,定时看书或者健身打卡。每天坚持做一些不是特别难的小事,你的自控力的"肌肉"就会被锻炼起来。如果自控力不够用了,我们也可以采用目标感染的方式——用比较宏大的目标来感染自己,或者放松、休息。这些都会给我们带来一定的自控力。

另外,这本书还给我们带来了一些其他的收获。比如,如何帮助他人来实现目标,特别是如何帮助孩子去实现他们的目标。我们可以让孩子们参与到目标的制定过程中,让他们进行一些公开的承诺,和大家一起制订一个计划。还可以给孩子的房间里挂一些他曾经比赛得奖的照片,或者一些名人或者偶像的照片,用一些目标感染的技巧,让孩子多接触一些自制力强的偶像,这些都会有助于孩子们去实现目标。这本书里还提到了如何有效地赞美。比如,家长要真实、准确地表达孩子做的那些事情,正面提出问题的本质和解决方法,不要过于轻率和笼统,对事不对人;强调勤奋、毅力、决心,不要表扬孩子天生的东西,而要去表扬他们的努力,肯定他们的认真;避免把孩子跟其他人进行比较,不要用过多的奖励或者惩罚来削弱他的自主性。

纸上得来终觉浅,绝知此事要躬行。《成功,动机与目标》里提到了很多的方法,但是想要有真正的收获,还是需要大家不断地将这些知识运用到自己的生活中去,在生活中不断地实践、体验、体会。在不断操作的过程中,大家会对书中的很多观念有更深刻的理解。我的分享就到这里,谢谢大家!

孙彦辉

再次感谢徐老师和我们一起拆解这本书。我自己在读这本书的过程当中也有很多的疑惑。这本书的前半部分讲的基本是偏理论的底层逻辑,后半部分则告诉了我们一些具体的做法。但是今天,徐老师在讲解时调整了思路和顺序,更有助于我们理解。

今天,除这本书之外,徐老师还和我们分享了一些其他的相关书籍。我们在读一本书的时候,可能会遇到一些不解的地方,过段时间可能会在另外一本书中找到答案,给我们一种茅塞顿开、豁然开朗的感觉。我觉得,这也是坚持阅读、博览群书的乐趣所在。

快问快答

读者1

徐老师,您说追求财富并不是真正的幸福,那么请问:财富存在的价值,或者对于人生的价值是什么?

徐巍

人不能完全脱离财富生存。我个人对于财富的理解就是,财富是我们自主生活中很重要的一部分。如果你没有任何财富,你就谈不上有自主选择的权力。但是,财富并不是值得我们追求的唯一。我们需要适当地追求一些物质上的东西,但是我们不能把它作为人生的唯一追求。

读者2

徐老师,您能以您的视角讲一下如何帮助孩子找到最感兴趣的东西吗?

徐巍

找到自己感兴趣的东西不是一件容易的事情。发现兴趣的前提是孩子是否有足够的试错空间。如果他有机会去尝试，在尝试的过程中，你就可以去观察，看看哪些东西是他擅长的，哪些东西是他不擅长的。在不断的观察中，你就会发现孩子的兴趣点。人生很长，你不用很着急。慢慢地，你就会知道孩子的闪光点在哪儿了。孩子本身的兴趣是会慢慢显现出来的。

孙彦辉

我们这些做家长的，往往会觉得教育孩子是很辛苦的。但在这个过程中，孩子会让你变得更优秀。如果没有这个孩子，你可能会过得很颓废。但是为了孩子，我们必须要逼着自己做一个更自律的家长，逼着自己做一个更加爱学习的家长，逼着自己为孩子营造一个更好的学习环境。感谢徐老师给我们带来的分享，也感谢大家的观看。本期活动到此结束。

文字整理：叶凯明

父母的学习
"甬上家长共读一本书"分享精选

后 记

■ 傅卫平

父母,是孩子的第一任老师,也是终身老师;家庭,是孩子的第一所学校,也是终身学校。如果把为人父母当作一份职业,家长不需要执证就能上岗。但在养育孩子的过程中,随着孩子慢慢长大,家长遇到的问题会越来越多,挑战也会越来越严峻。无论家里有几个孩子,伴随着孩子成长的各个阶段,家长要学习的如此之多。

现代家长,既要工作又要照顾家庭,空余时间本就较为紧张。可就在宁波,有这样一群家长,他们在紧张的工作之余,捧起书本,每月坚持阅读一本书,用读书笔记打卡交流,互相激发,共同进步,真正深入读懂一本又一本书。"家长整本书阅读"工作开展几年以来,不少家长表示,阅读书籍中的案例分析、亲子关系相处方法等,已经在潜移默化地影响着他们。在尊重和理解孩子的基础上,孩子在学习及其他各方面都有提高,家长和孩子也养成了良好的阅读习惯。是啊,家长,才是孩子真正的阅读榜样!家长爱上阅读,才能增强孩子的阅读主动性。而当家长和孩子捧起同一本书时,就能"共同阅读,有了共同的语言,避免成为同一屋檐下的'陌生人'"。

教育家斯宾塞在《教育论》中指出:父母要承担起抚养教育子女的责任,就必须具备教育子女的科学知识。"家长整本书阅读",有利于家长形成良好的道德品德和健全的人格,家长通过主动阅读大量书籍,习得不同阶段孩子的发育特征、不同孩子的心理特点,掌握与孩子沟通和自我情绪管理等技能,为其科学育儿提供正确的行动指南。育儿之路需要家长不断去探索、学习和改进,任何时候,家长加入"图书馆共读大家庭"都不晚。期待有更多的家长走进图书馆,走近书籍,"修炼"自我的同时,用心、用爱陪伴孩子成长。

  特别感谢参与的每一位嘉宾,特别感谢参与文字整理工作的大学生们,特别感谢参与活动的每一位家长和孩子!